사로브의 천사
세라핌 성인

지은이 발렌틴 젠더
옮긴이 그리고리오스 박노양

사로브의 천사
세라핌 성인

사로브의 천사
세라핌 성인

교회 인가 : 2007. 5. 1

초판1쇄 인쇄 : 2007년 6월 29일
초판1쇄 발행 : 2007년 6월 29일

지은이 : 발렌틴 젠더
옮긴이 : 그리고리오스 박노양

발행인 : 암브로시오스 주교
발행처 : 한국정교회 출판부
        121-011 서울 마포구 아현1동 424-1
        www.orthodox.or.kr
        orthodox@orthodox.or.kr
전 화 : (02) 365-3744, (02) 362-7005
팩 스 : (02) 392-7322
등 록 : 105-91-07984

Valentine Zander
Saint Séraphim
L' Ange de Sarov
Editions Bénédictines
Copyright © 2001 Editions Bénédictines
Korean translation copyright © 2007
"ORTHODOX EDITIONS"
All rights reserved.
Korean translation edition published by arrangement with Bomyung Change & Innovation (주)보명씨앤아이

* 이 책의 한국어판 저작권은 Editions Bénédictines출판사와 독점계약한 한국정교회 출판부에 있습니다.

* 저자와의 협의에 따라서 인지는 붙이지 않습니다.
* 저작권법에 의해 한국 내에서 보호를 받는 저작물이므로 무단전재와 무단복제를 금합니다.
* 잘못된 제품은 구입하신 곳에서 교환해 드립니다.

The publication of this book was made possible through the generous donation of the Holy Metropolis of Lambe, Syvritos and Sfakia (Crete, Greece).

차 례

한국어판에 붙이는 머리말 ………………………………………… 3

머 리 말 ……………………………………………………………… 12

1장 빛을 향한 등정 ………………………………………………… 19

2장 하느님 안에 숨겨진 사람 ……………………………………… 34

3장 만인의 형제 ……………………………………………………… 46

4장 수녀들의 영적 아버지 ………………………………………… 65

5장 깊은 곳으로 들어가라 ………………………………………… 83

6장 하느님 안에서의 삶: 그 정점을 향하여 …………………… 109

7장 가르침과 마지막 대화들 ……………………………………… 131

8장 스타레츠가 돌아가신 후의 디베예보 ……………………… 149

9장 성인 세라핌 …………………………………………………… 174

맺는 말 ……………………………………………………………… 178

참 고 문 헌 ………………………………………………………… 180

한국어판에 붙이는 머리말
거룩함의 의미

　이 책처럼 어떤 성인의 삶을 다루는 책을 출판하는 것은 하나의 도전이기도 하다. 도전이라고 말하는 이유는 옛날과는 달리 오늘날에는 거룩함이라는 것이 거의 잊혀진 개념이며, 대부분의 경우 오해를 받고 있는 개념이기도 하기 때문이다. 오늘날의 많은 그리스도인들은 돈이 최고라고 생각하는 세상에, 또 유명한 축구선수나 할리우드의 배우들이 우상인 세상에 살고 있기 때문에 거룩함이 자신들과는 전혀 상관이 없다고 생각하거나 아니면 이해하기도 어렵고 도달할 수도 없는 그런 것이라고 생각한다. 반면에 어떤 그리스도인들은 지난 수세기 동안의 성인들의 경험을 아예 무시하거나 경멸하면서 거룩함으로 나아가는 자신들만의 길을 고수하려고 한다. 이리하여 그들은 결국 성서의 내용과 교회의 정신에 어긋나는 잘못된 길로 빠지고 만다.
　거룩함이란 자신의 의지로 하느님의 뜻에 절대적으로 순종하면서 도덕적으로 하느님을 닮기 위해 끊임없이 노력하는 사람의 상태이다. 하나이고 나누이지 않는 초대 교회의 전통을 그대로 지키고 있는 정교회는 교인들에게 거룩한 사람이 되어야 한다고 권고한다. 왜냐하면 하느님께서 우리에게 거룩한 사람이 되어야 한다고 요구하시기 때문이다: "하느님께서 여러분에게 원하시는 것은 여러분이 거룩한 사람이 되는 것입니다."(1데살로니카 4:3) 그리고 "여러분을 불러 주신 분이 거룩하신 것처럼 여러분도 모든 행위에 거룩한 사람이 되십시오. 성서에도 '내가 거룩하니 너희들도 거룩하게 되어라'고 기록되어 있지 않습니까?"(1베드로 1:15-16) 이제 정교회가 거룩함이란 주제를 어떻게 이해하고 있는지에 대해 잠시 살펴보기로 하자.

1. 우선 정교회의 가르침에 의하면 거룩한 사람이란 죄가 없는 사람이 아니라 죄를 짓지 않기 위해 매일 투쟁하는 사람이다. 인간이 갖고 있는 약점으로 인해 넘어지기는 하지만 회개와 하느님의 은총으로 다시 일어서서 자신의 투쟁을 계속하는 사람이 거룩한 사람이다. 거룩한 사람은 자신의 병이 무엇인지를 너무나 잘 알고 있기에 자애로우신 주님에게 자신의 병을 고쳐달라고 애원하면서 "우리 영혼과 육신을 치유해 주시는 분"의 손에 자신의 온 생명을 전적으로 맡긴다. 어떤 사람은 십자가 위에 있던 강도처럼 죄를 많이 지었더라도 주님과의 관계를 유지한 덕분에 하느님 나라에 들어갈 수도 있다. 거룩한 사람이란 죄가 없는 사람이 아니라 자신의 욕정을 누르기 위해 회개를 하면서 투쟁하는 사람이라는 사실을 보다 잘 이해하기 위해서는 사도 바울로가 고린토와 데살로니카와 갈라디아에 있는 교인들이 범한 여러 가지 잘못을 꾸짖으면서도 한편으로는 그들을 "거룩한 사람들"이라고 불렀던 것을 상기해 볼 필요가 있다. 그리스도의 교회는 죄를 짓지 않은 사람들로 구성된 것이 아니라 회개하는 죄인들로 구성되어 있다. 우리 주 예수 그리스도께서 가르쳐 주신 그 말씀, 즉 "네 마음을 다하고 네 힘을 다하고 네 생각을 다하여 주님이신 네 하느님을 사랑하라. 그리고 네 이웃을 네 몸같이 사랑하라."(루가 10:27)라는 말씀을 실천하는 사람들로 교회는 이루어져 있다.

2. 정교회는 또한 거룩함이 한 순간에 자동적으로 얻어지는 것이 아니라 계속되는 투쟁과 훈련을 통해서만 얻어지는 것이라고 가르친다. "내가 거룩하니 너희도 스스로 거룩하게 행동하여 거룩한 사람이 되어야 한다."(레위기 11:44, 19:2, 20:7과 26)라고 하신 하느님의 명령도 바로 이를 의미한다. 거룩함이란 끝이 없는 길이며 행진이다. 거룩함이란 평생 동안 계속되는 자신과의 싸움이며 하느님에 대한 추구이다. 그래서 성인들은 결코 "나는 구원 받았다."라는 말을 하지 않았으며, 오히려 마지막 숨을 거두는 순간까지 하느님의 자비를 구하면서 살았다.

자신은 한 순간에 구원을 받아 거룩한 사람이 되었다고 믿는 사람이 있다면 그 사람은 단단히 잘못 생각하고 있는 것이다.

3. 오직 하느님만이 절대적인 의미에서 거룩한 분이시며, 하느님에게서만 그리고 하느님과의 관계에서만 거룩함이 나온다고 성서에는 분명히 드러나 있다. 이런 믿음을 강조해 보이기 위해 구약 성서의 이사야 예언자는 하느님을 거룩한 분이시라고 세 번씩이나 외친다: "거룩하시다, 거룩하시다, 거룩하시다. 만군의 야훼."(이사야 6:3) 이런 방법으로 이사야 예언자는 하느님의 절대성을 특별히 강조하고 있으며, 아마도 이 절대적인 거룩함의 공유자이신 하느님의 세 위격의 존재를 상징하고 있는 듯하다. 그러므로 그리스도인들에게 있어서 거룩함이란 다른 종교의 사람들이 생각하는 것처럼 인간 중심적인 것이 아니라 하느님 중심적인 것이며, 따라서 거룩함이란 단지 인간의 도덕적인 업적에만 달려 있지 않고 −비록 그것이 중요하기는 하지만− 하느님의 은총과 우리와 하느님과의 관계의 정도에 달려 있다. 우리는 우리의 의지로 또 우리의 인간적인 속성이 허락하는 최대한의 힘을 다해 참여할 따름이다. 우리가 그리스도를 우리 영혼의 신랑으로 받아들이고 신부가 신랑을 사랑하듯 그렇게 그리스도를 사랑한다면, 태양이 자신과 직접 접촉하는 모든 것을 비추어 주듯이 그리스도께서는 그렇게 우리를 거룩하게 해 주실 것이다.

4. 우리는 이 시점에서 거룩함이 하느님의 영광과 절대적인 관계를 맺고 있으며 거룩함에는 종말론적인 성격이 있음을 강조해야만 한다. 주 기도문의 첫 요청이 "아버지의 이름이 거룩하게 하시고"인 것에 우리는 주목해야 한다. 이 첫 기도문에서 우리는 하느님께서 모든 사람들의 찬양을 받게 되시기를 바란다. 다시 말해서 모든 사람들이 이사야가 환상 속에서 보고 들었던 대로 "거룩하시다, 거룩하시다, 거룩하시다. 만군의 야훼, 그의 영광이 온 땅에 가득하시다."(이사야 6:3)라고 혜루빔(스랍) 천사들과 함께 말하는 순간이 오기를 우리는 바라는 것

이다.

　하느님께서는 당신의 영광으로 성인들을 영화롭게 해 주신다. 성인들은 자신들의 내부에서 나오는 거룩함과 영광에 의해서가 아니라 하느님에게서 나오는 거룩함과 영광에 의해서 거룩해지고 영화로워진다. 성인들은 "하느님의 모습대로" 만들어진 사람들이며 하느님이라는 원형에 도달하기 위해 끊임없이 도덕적으로 발전해 나간다. 그들은 계속해서 "하느님을 닮아가고" 있는 것이다. 바로 그런 이유 때문에 비잔틴 성화작가들은 성인들의 성화를 그릴 때 빛을 밖에서 안쪽으로 또 위에서 아래쪽으로 사용하지 결코 그 반대로 사용하지 않는다. 성인들은 스스로 빛을 발하는 사람들이 아니라 빛을 받아들이는 사람들이다. 그리스도는 태양이시다. 성인들은 달이며, 빛과 접촉하고 친교를 맺고 있을 때에만 빛이 난다. 성인들은 하느님의 창조되지 않은 빛으로부터 빛을 받아 반짝이며 하느님의 영광으로 인해 영화로워진다. 진정한 성인은 어떤 경우에도 자신의 영광을 추구하지 않고 오직 하느님의 영광을 추구하는 사람이며, 그렇기 때문에 "여러분은 먹든지 마시든지 그리고 무슨 일을 하든지 모든 일을 오직 하느님의 영광을 위해서 하십시오."(1고린토 10:31)라고 말한 바울로 사도의 충고를 따라 무슨 일을 하든지 하느님의 영광을 위해 하는 사람이다. 어떤 사람이 자신의 영광을 추구할 때 그는 거룩함을 잃게 된다. 그는 사탄을 모방하여 오직 유일하게 거룩한 분이신 하느님에게 영광을 돌리지 않기 때문이다. 정교회는 성인들을 공경하는데 이는 성인들을 통해 하느님을 경배하고 찬양하기 위해서이다. 그렇기 때문에 정교회의 한 성가는 "주여, 당신은 성인들의 기억 속에서 영광을 받으시는 분입니다."라고 노래한다. 거룩함이란 하느님의 거룩함에 참여하고 교통하는 것을 의미한다. 거룩함이란 하느님처럼 되는 것(신화)을 의미한다. 하느님에게 근거를 두지 않고 우리 자신의 힘과 우리 자신의 업적에 근거를 둔 모든 윤리는 인간적인 것이며 따라서 우리 정교회가 말하는 거룩함과는 전혀 관계가 없다.

5. 정교회에서 말하는 성인이란 스스로 거룩해진 사람이 아니라 [하느님에 의해] 거룩하게 된 사람을 의미한다. 사도 바울로는 바로 이런 의미로 고린토인들을 "하느님의 부르심을 받고 그리스도 예수를 믿어 하느님의 거룩한 백성이"(1고린토 1:2) 된 사람들이라고 말했는데 이는 참으로 옳은 얘기이다. 왜냐하면 우리를 거룩하게 해 주시며 구원해 주시는 그리스도뿐만 아니라 거룩하게 되고 구원을 받는 우리도 모두 한 아버지로부터 나왔기 때문이다. 하느님은 "거룩하게 해 주시는 분"이시며, 우리는 "거룩하게 되는 사람들"이다(히브리서 2:11). 만일 우리 스스로가 거룩하게 될 수 있다면, 그때는 우리가 인간이 아니라 하느님일 것이다. 그리스도는 고난을 받으시기 직전에 대사제로서 드리는 기도에서 "내가 이 사람들을 위하여 이 몸을 아버지께 바치는 것은 이 사람들도 참으로 아버지께 자기 몸을 바치게 하려는 것입니다."(요한 17:19)라고 성부에게 말씀하셨다. 그리스도는 십자가 위에서의 희생을 통해 자신이 인간으로서 하느님이신 아버지에게 드리는 봉헌을 완수하셨고, 우리가 그분의 몸과 피를 먹고 마심으로써 거룩해질 수 있도록 하시기 위해 자신을 희생의 제물로 바치셨다. 우리는 경건한 마음으로 신성한 감사 성사에 참여함으로써 거룩하게 된다. 다시 말해서 유일하게 거룩한 분이신 그리스도와 하나가 됨으로써 우리는 거룩한 사람들이 되는 것이다. "예수 그리스도께서는 하느님의 뜻을 따라 단 한 번 몸을 바치셨고 그 때문에 우리는 거룩한 사람이 되었습니다."(히브리서 10:10) 그리스도인은 세례를 받음으로써 하느님의 양자가 되며, 신성한 감사 성사를 통해 하느님의 자녀로서 식탁에서 성부의 옆에 앉는다.

누구나 위에서 말한 이 모든 것들을 신성한 감사 성사에서, 특히 사제가 거룩하게 된 예물을, 즉 그리스도의 몸과 피로 변한 빵과 포도주를 두 손으로 높이 쳐들고 "이 거룩한 몸과 피는 거룩한 이들에게 합당하나이다."라고 외치는 순간에 볼 수가 있다. 사제의 이 말은 그리스도의 몸과 피는 거룩하며, 교회의 일원들인 "거룩한 사람들"에게 먹고 마시라고 그리스도의 몸과 피가 제공된다는 의미이다. 이에 대한 신도들의 화답은 참으로 감동적인 것으로서 정교회의 거룩함에 대한 가르침을 간결하게 요약하고 있다: "거룩한 분은 주님 한 분, 주 예수 그리스도는 [우리에게] 하느님 아버지를 영접할 수 있게 해 주시도다." 다시 말해서 우리 모두는 죄인이며, 절대적인 의미에서 거룩한 분은 오직 그리스도 한 분이시지만 죄인인 우리 또한 그리스도의 거룩함에 참여하도록 초대를 받고 있으며, 그리스도의 거룩함은 오직 하느님의 영광을 드러내는 것만을 바라고 있다는 사실을 교인들은 고백하는 것이다.

6. 교인들의 영적 투쟁을 도와 주기 위해서 정교회는 하느님을 기쁘게 해 드린 삶을 살았고 하느님을 찬양했던 성인들을 매일 일과표에 고정적으로 정해 놓고 그분들을 닮으라고 충고한다. 성인들은 우리의 본보기이다. 성인들은 어떻게 하면 거룩하게 되는지를 우리에게 가르쳐주며 하느님을 닮아가는 길을 보여준다. 우리는 성화에 그려진 성인들을 보고 또 성인들의 삶과 가르침을 연구하면서 어떻게 하면 하느님의 뜻을 우리 생활에서 지켜나갈 수 있는지를 배워나간다. 성인들은 이런 방법으로 하늘 나라로 가는 길을 보여주는 이정표가 되며, 사도 바울로가 말한 "내가 그리스도를 본받는 것처럼 여러분도 나를 본받으십시오."(1고린토 11:1)라는 말씀을 우리에게 반복해서 들려 준다. 이처럼 우리는 안내자도 없이 무작정 걷고 있다거나 우리 마음 내키는 곳으로 가는 것이 아니라, 우리보다 앞서 간 사람들이 이미 걸어가서 구원을 찾은 바로 그 길, 즉 올바른 길을 따라가고 있는 것이다. 그렇기 때문에 "무엇이 하느님의 뜻인지, 무엇이 선하고 무엇이 그분 마음에 들며 무엇이 완전한 것인지를"(로마서 12:2) 분간하는 데 실패한 수많은 사람들이 당한 그 일을 우리는 당할 염려가 없는 것이다.

7. 거룩함은 소수의 사람들을 위한 것이 아니라 우리 모두를 위한

것이다. 그 이유는 "하느님께서는 모든 사람이 다 구원을 받게 되고 진리를 알게 되기를 바라시기"(1디모테오 2:4) 때문이다. 우리는 거룩해지기 위해 일부러 사막에 가서 살아야 할 필요도 없고 현실을 무시한 삶을 살아야 할 필요도 없다. 우리가 해야 할 일은 오로지 우리 자신 속에 있는 자기애와 이기주의를 되도록이면 많이 버리고, 적과 친구를 가리지 않고 모든 사람에게 사랑을 베푸는 것이다. 성인들은 모든 사람들과 모든 것들을 너무도 사랑하기 때문에 형제들을 위해서라면 하루에 열 번이라도 불 속에 뛰어드는 희생을 마다하지 않는 사람들이라고, 아니 열 번도 충분하지 않다고 생각하는 사람들이라고 4세기의 이사악 성인은 말했다. 요즘 시대는 거룩함을 무시하는 경향이 있다. 이기주의가 팽배해 있기 때문이다. 그리스도를 믿는 사람들은 거룩해지기 위해 열심히 노력해야 할 의무가 있다. 이 의무를 완전하게 수행할 때에 우리는 이 세상에 대해 진정으로 봉사하고 있다고 말할 수 있다. 많은 사람들이 악이 지나치게 판을 치고 있다고 공통적으로 느끼고 있기 때문에 좀 더 나은 방향으로 세상이 변해야 한다고 생각한다. 하지만 큰 변화는 혁명이나 외적 구조의 변화와 같이 외부로부터 오는 것이 아니라 내적 변화에 의한 내부로부터 온다. 성인은 진정한 의미에서 유일한 혁명가이다. 성인은 죄가 가져오는 윤리적 타락에 맞서 투쟁하기 때문이다. 성인은 세상이 윤리적으로 썩는 것을 막아주는 "세상의 소금"(마태오 5:13)이다. 비록 적은 수라 하더라도 이 세상에 진정한 성인들이 존재한다면 하느님께서는 아브라함에게 약속하셨던 것처럼 "열 사람"(창세기 18:32)때문에라도 죄인들을 멸하지 않으실 것이다.

8. 그런 성인들 중의 하나가 바로 하느님과 인간에 대한 큰 사랑 때문에 성령을 담은 그릇이 되었고 특별한 은사를 받은 사로브의 세라핌 성인(1759-1833)이다. 세라핌 성인은 이 세상에 사는 동안 수천 명의 러시아인들이 영적으로 다시 태어나도록 도와 주었고 어려운 시기에 그들

의 버팀목이 되었을 뿐만 아니라, 안식한 후에는 지난 2세기 동안 전 세계의 많은 사람들에게 영감을 주고 있고 그들을 올바른 길로 인도하고 있다.

  세라핌 성인의 삶과 행적을 그린 이 책은 프랑스어에서 번역되어 한국정교회의 "정교회 출판부"에 의해 출판되었다. 독자들이 이 책을 통해 거룩함이 갖는 지고한 의미를 깨닫고, 이 세상을 사는 동안 하느님을 공경한 사람들이 가게 되는 마지막 목적지에, 하느님의 영광이 있으며 영원한 기쁨이 있는 그곳에 도착하게 되기를 바란다. 그렇게 되면 온 세상이 평화로운 삶을 누리게 되며 올바른 길을 걷게 될 것이다. 덧붙여서 이 책을 번역하신 그리고리오스 박노양 교우와 출판위원회 위원들, 이사야 보제 그리고 이 책이 출판되기까지 도움을 주신 모든 분들께 감사를 드립니다.

질론의 주교 암브로시오스 신학박사

▲ 세라핌 성인

머 리 말

　러시아 정교회의 위대한 영적 스승들 중에서도 사로브의 세라핌 성인이 우리의 특별한 관심을 끄는 이유는 성인의 광채가 점점 더 빛을 발하고 있고 이 시대를 살아가는 사람들에게 영향을 주고 있기 때문이다.
　성인은 이미 안식하셨지만, 두세 명의 화가들은 아주 우연한 기회에 그분의 빛나는 모습을 화폭에 담을 수 있었다. 성인의 초상화들을 보고 있노라면 우리는 영혼의 깊은 곳까지 꿰뚫어 보는 듯한 이글거리는 파란 눈에 사로잡혀 버리고 만다. 성인의 얼굴은 분명 전형적인 러시아인의 모습이었지만 보이지 않는 영원하신 하느님이 비치는 맑은 사람이었기에 시간과 공간의 제약을 벗어나고 혈통의 차이도 뛰어 넘고 있다.
　세라핌 성인의 생애와 기도와 가르침은 우리를 초대 그리스도교 시대로 이끌어 간다. 왜냐하면 예수 그리스도의 첫 제자들이 주님의 계명을 실천하면서 주님의 영광스러운 재림을 기다리고 살았듯이, 하느님의 사람인 세라핌 성인도 비록 인간적으로 볼 때는 비참한 생애를 산 것 같지만 전 생애를 통하여 예수 그리스도의 인간 사랑을 실천하였고 이미 그의 삶 속에서 시작된 하느님 나라의 영광스러운 도래를 간절하게 기다리며 살았기 때문이다. 성인의 가르침은 사람들로 하여금 '참 좋은 몫'(루가 10:42)과 '먼저 구해야 할 것'(마태오 6:33)을 발견하게 하여 그들 자신이 빛이 될 수 있도록 돕기 위해 복음을 사람들의 구체적인 삶 속에 직접적으로 적용한 것이었다.
　그래서 성인의 모습을 어떤 고정된 틀에 가두어 두거나 우리들의 일상적인 기준으로 평가하는 것은 너무도 어렵다. 성인을 '지상의 천사요, 천상의 사람'이라고 노래한 그의 축일 전례 성가들이 표현하고자 하는 것도 바로 이것이다. 사람은 하느님의 성품에 참여하는 자가 되도록 부름 받았다[1])는 성서의 가르침을 반영하고 있는 이와 같은 별칭들은 1903년 성인께서 시성될 때 '십자가를 지신 분이요 성령을 간직한 분', '하느님을 간직한 사제', '하느님을 닮은 사람'으로 선언된 대로 하느님의 거룩함이 성인에게서 흘러 넘쳤다는 것을 아주 제대로 말해 주고 있다.

세라핌 성인의 정신세계는 분명 그 시대와 주위 환경과 당대의 다양한 흐름들을 반영한다. 하지만 성인은 하느님 나라의 신비를 알게 된 주님의 제자들처럼 이 정신세계로부터 '새것과 낡은 것'(마태오 13:52)을 끄집어낼 줄 아는 능력을 가지고 있었다. 이리하여 대 예언자들의 지혜와 경험, 복음적인 순종, 교부들의 영성, 라도녜즈의 세르기이 성인이나 소라의 닐 성인과 같은 러시아 성인들의 모범은 세라핌 성인 자신이 경험한 고유한 하느님 체험의 열매가 되어 그분의 인격 안에서 고스란히 발견된다. 무엇보다도 기도의 사람이었던 세라핌 성인은 교회의 전통을 굳건하게 지키면서도 새로운 모습의 수도원 영성을 보여 주었다. 그분의 영성은 세상을 향해 보다 열려진 것이었고, 기쁨으로 가득 찬 것이었으며, 성인 자신이 복음의 아주 충실한 메아리가 되심으로써 복음적 삶이 누구에게나 가능하다는 것을 입증해 준 그런 영성이었다. 세라핌 성인은 러시아 백성들의 영적 스승이자, 영혼의 치유자요, 스타레츠로 추앙받았기에 시대와 계층과 지역을 막론하고 수많은 순례객들의 발길을 이끌었다. 성인은 병든 사람들을 고쳐 주었고, 마음 속에 숨겨진 비밀들을 읽어 내었으며, 각 사람의 소명을 예견하였다. 성인은 사랑으로 불타는 그의 마음을 모든 사람들에게 나누어 주었다. 성인이 모든 사람들에게 건넨 인사말은 무엇이었을까? 그것은 "나의 기쁨이여, 그리스도께서 부활하셨네!"라는 말이었다. 야생의 동물들도

---

1) 인간의 신화(神化)에 대해서는 다음을 참고하라:
   M. Lot-Borodine, *La déification de l'homme*, Editions du Cerf, Paris; V. Lossky, *Essai sur la Théologie mystique de l'Eglise d'Orient*, Editions Aubier-Montaigne, 1944(한글 번역판: 박노양 역, 『동방 교회의 신비신학에 대하여』, 한장사, 서울, 2003).

그분의 친구가 될 만큼 성인은 변모된 시선으로 자연을 관상하였다.

  그런데 이 모든 것은 역사적, 정치적, 문화적으로 가장 격변하던 시대 상황 속에서 일어났다.2) 74세의 생애 동안 세라핌 성인은 러시아 민족의 군사적 영광, 백성들의 비참함과 억눌림과 노예와 다름없는 생활, 권력자들의 변덕스러움, 궁정에서의 반란들, 1775년에 일어난 푸가체브의 난과 같은 인민들의 봉기, 분노하며 떨쳐 일어선 수백만의 핏발 선 농민들을 목격했다. 하지만 다른 한편으로는 표트르 대제가 서방 세계를 향하여 문호를 개방하자 문화, 과학, 문학 등에서 새로운 사상의 바람이 러시아에 불어 오기 시작했다. 볼테르, 디드로와 친분이 있던 예카테리나 2세 치하의 러시아는 백과전서파의 사상에 완전히 사로잡혀 있어서 많은 부모들이 세라핌 성인에게 찾아와 자식들에게 프랑스어를 가르치는 것이 좋은지를 물어 볼 정도였다. 지식인들 사이에서는 정교회 신앙에 대한 차가운 반응들이 널리 퍼져 있었는데 이를 두고 세라핌 성인은 어느 날 이렇게 경고했다. "이 시대에 사람들은 '계몽'이라는 미명하에서 그리스도교적인 앎으로부터 너무나 멀어졌습니다. 그래서 이 시대의 사람들은 옛사람들이 분명하게 이해할 수 있었던 것들을 도무지 이해할 수 없을 정도로 철저하게 무지의 어둠 속에 갇혀버렸습니다. 왜 그럴까요? 그것은 우리가 앎이 가진 원초적인 단순성을 잃어버렸기 때문입니다." 거룩한 은수자의 눈에 비친 이러한 정신적인 상황은 단순히 외국 문물의 영향 때문이라고 치부해 버릴 수는 없는 것이었다. 오히려 그것은 1666년에 공의회가 '국가 권력이 교회의 권위보다 위에 있다.'라는 내용의 칙령을 선포한 후, 17세기 말부터 서서히 나타나기 시작한 교회의 세속화 경향에 주된 원인이 있었다. 1721년에 표트르 1세는 총대주교좌를 폐지하고 그 대신 제국을 대표하는 종무대리인이 참석하는 '성 시노드'(Saint Synode)라는 기구를 신설하였다. 표트르 1세는 옛 전통의 수호자인 수도원들에 대해 극도

---

2) P. Kovalevski, *Histoire de Russie et de l'URSS*, Paris, 1970.

의 적대감을 가지고 있었고 그래서 수많은 수도원들을 폐쇄하였다. 표트르 1세의 정책을 이어받은 예카테리나 2세의 치하에서도 그때까지 존속했던 954개나 되던 수도원 중 754개의 수도원의 문을 닫았고 정부의 허락 없이는 새로 수도원을 세울 수 없도록 하는 금지령이 내려졌다. 교회의 자유를 수호하기 위해 목청을 높였던 주교들은 종종 감옥이나 유배지에서 생을 마쳐야만 했다. 교회의 권위가 세속의 국가 권력에 종속된 이러한 사태는 수많은 사이비 종파들과 혼돈스러운 신비주의 흐름들이 생겨나게 하는 등 러시아 민족의 종교 생활에 엄청난 변화를 가져왔다.

그럼에도 불구하고 영적 재 부흥의 징조들이 여기저기서 감지되기 시작했다. 1814년에는 '성서공회'(la Société Biblique)가 세워져서 70만 부 이상의 성서가 43개 언어로 출판되어 러시아 전역에 퍼져나갔다. 비록 보수주의자들의 거센 반발이 있었지만 모스크바의 메트로폴리탄이었던 필라렛 주교(1782-1867)의 주도로 교회의 전례 언어인 슬라브어를 러시아 민중의 언어로 번역한 성서도 나왔다. 필라렛 주교는 당시 정교회에 닥친 위험 앞에 마치 바위처럼 버티고 서 있었다. 교부들의 글을 번역하도록 독려한 것도 그였다. 교부적 원천으로 되돌아가는 것만이 러시아 종교 사상을 서방 합리주의의 영향과 독일, 영국 등지에서 건너온 경건주의적 신비주의로부터 벗어나게 할 수 있었기 때문이었다. 교부들의 글을 읽고 연구하는 것은 정교회의 정신을 이미 그 이전에도 여러 번 명확하게 표명된 바 있는 정교회의 참된 기원으로 되돌아가게 해 주었다.

라도녜즈의 세르기이 성인[3])이 항상 러시아 민족의 교육자이자 영적 스승으로 간주되었던 것처럼 사로브의 세라핌 성인도 그러했다. 성 삼

---

3) P. Kovalevski, *Saint Serge et la spiritualité russe*, Editions du Seuil, Paris, 1958; Behr-Sigel, *Prière et Sainteté dans l'Eglise russe*, Editions du Cerf, Paris; Ivan Kologrivov, *Essai sur la sainteté en Russie*, Editions Beyaert, Bruges.

위일체 신비에 대한 깊은 경배, 신성의 빛으로 감싸게 했던 영적 체험들은 이 두 성인을 '거룩한 동정녀께서 선택하신 사람들'이자 제단에서 천사들과 함께 예배를 드리는 천사의 친구들이 되게 해 주었다. 두 분 다 서방에서 통용되는 의미에서의 '신학자'는 아니었지만 러시아의 영성에 신선한 숨결을 불어넣었으며 이로써 자신들의 시대에 위대한 인격으로서 깊이 새겨졌다. 300년의 시간적 간격에도 불구하고 이 두 성인은 오늘날까지도 거룩한 러시아의 가장 정통성 있는 스승이요 증인으로 남아있다.

세라핌 성인은 또한 소라의 닐(1433-1508)[4]이라는 위대한 수도 성인의 영향을 받았다. 닐 성인은 아토스 성산에서 러시아로 돌아오자마자 어느 정도 흐트러져 있던 헤지카스트 기도와 '예수기도' 전통을 새롭게 개혁했다. 사람이 기도의 침묵 속에서 하느님의 사랑으로 불탈 때 이 세상의 경험적인 차원을 초월하여 존재 전체가 하느님의 신화시키고 변모시키는 은총에 참여할 수 있다고 그는 가르쳤다. 특별히 예수의 이름은 하느님 나라의 도래를 준비하는 은총의 누룩이라고 가르쳤다.[5] 세라핌 성인은 이와 동일 선상에서 수련자들에게 이렇게 말했다. "예수기도를 반복하기만 해라. 그러면 하느님께서 스스로 너희들 마음에 오실 것이다."

그와 동시대인이었던 몰다비아의 스타레츠 파이시 벨리츠코프스키(1722-1794)의 영향도 빼놓을 수 없다. 닐 성인처럼 파이시 성인도 아토스 성산에서 오랫동안 머물렀고 이때 성산의 수도원 도서관을 뒤적이며 기도와 관련된 교부들의 수많은 글들을 슬라브어로 번역하였을 뿐만 아니라 고린토의 주교였던 마카리오스와 아토스의 수도자였던 니

---

[4] Behr-Sigel, *Prière et Sainteté dans l'Eglise russe*; Kologrivov, *Essai sur la sainteté en Russie*.
[5] 헤지카즘과 심장(마음) 기도에 대해서는 다음을 참고하라: Meyendorff, *Saint Grégoire Palamas et la mystique orthodoxe*, Editions du Seuil, Paris; Behr-Sigel, "La prière de Jésus", *Dieu vivant* VIII, Paris; Serr, *La prière du coeur*, Spiritualité orientale, Editions Bellefontaine.

코데모 하기오리트 성인에 의해 1782년 베니스에서 그리스어로 처음 출판된 유명한 『필로칼리아』 선집을 러시아에서 간행하기도 했다. 슬라브-러시아어로 번역된 『필로칼리아』는 1793년 모스크바에서 『도브로톨류비에』(*Dobrotolioubié*)라는 제목으로 출판되어 큰 성공을 거두었다.6)

마지막으로는 교회에 의해 시성된 자돈스크의 티콘(1724-1782)이라는 훌륭한 주교를 언급해야 한다. 그는 영적 체험을 통해 세라핌 성인과 같이 찬란한 빛의 계시를 받았다. 온 세상의 변모와 우주적인 부활의 봄 향기가 이미 그의 영혼 안에 거주하고 있었다. 그는 '평신도의 중요성'과 '내면화된 수도원'에 대해 설교하기를 좋아했다. 여기에 작가인 코먀코브와 그의 친구인 철학자 이반 키리예브스키이를 어찌 빼놓을 수 있겠는가? 키리예브스키이의 가족들은 사로브를 방문할 때마다 스타레츠 세라핌 성인을 즐겨 찾았다. 키리예브스키이는 세라핌 성인의 영적 자녀였던 아내의 영향을 받아 독일 철학에 대한 열광을 접고 교부 연구로 전향하였으며, 교부 사상에서 '마음과 지성의 일치'를 발견하게 된다. 작가인 아크사코브도 사제인 세라핌 성인을 알고 있었는데 그의 딸은 나중에 스타레츠 세라핌 성인에 대한 추억담을 모아 『모스크바의 일기』라는 책을 간행했다. 우리는 이와 같은 친분 관계를 통해 세라핌 성인이 살던 당시 사로브 수도원의 영적 영향력을 가늠해 볼 수 있다. 영적 힘을 조금도 잃어버리지 않고 잘 보존한 지적 탁월함이 이곳의 영적 영향력을 더욱 돋보이게 한다.

혁명 전야인 1913년 5월에 나는 사로브 수도원과 디베예보 수녀원에 며칠 간 머물며 다른 순례객들과 함께 '세라핌의 샘'을 방문하는

---

6) Gouillard, *Petite Philocalie de la prière du coeur*, Editions du Seuil.
이 번역이 대부분 당시 상트페테르부르그의 메트로폴리탄이었던 가브리엘 대주교(1730-1801) 덕분에 실현될 수 있었다는 것은 매우 흥미롭다. 그는 사로브에 살고 있었던 스타레츠 테오판의 권고로 이 수도원의 수사 신부이며 기도의 사람이요 교부들의 저작에 매료되어 있었던 나자르(1735-1809)를 불러서 그로 하여금 『필로칼리아』의 간행을 돕도록 했다.

큰 기쁨을 누렸다. 이 샘은 옛날 스타레츠 세라핌 성인이 "그리스도께서 부활하셨네!"라며 부활의 인사로 방문객들을 맞이하곤 했던 우거진 숲 한가운데에 자리하고 있었다. 마치 카펫을 깔아 놓은 듯이 만발한 은방울꽃에다 소나무와 전나무 향이 가득 찬 숲 속에서 한 발자국 한 발자국 발을 뗄 때마다 아직도 거룩한 은수자의 체취가 생생하게 느껴졌다. 디베예보 수녀원에서는 스타레츠에 대한 수녀들의 추억담들이 너무도 생생해서 사람들은 때때로 '동정녀의 오솔길' 저쪽에서 하얀 옷을 입고 나타나는 세라핌 성인을 보려고 기다리기도 했다. 그곳에는 아직도 마지막 스타레츠 중의 한 분인 아나톨리이 신부가 살고 있었는데 나는 그분의 말씀을 들을 수 있는 기쁨을 누리기도 했다. 오늘도 나의 친구이자 그 마음이 마치 태양과도 같이 빛났던 세라핌 성인에 대해 몇 마디라도 말할 수 있다는 것은 너무도 큰 기쁨이 아닐 수 없다.

발렌틴 젠더

1장
빛을 향한 등정

　세라핌 성인은 1759년 7월 19일 쿠르스크(Koursk)[1]라는 도시에서 태어났다. 부모님은 그에게 사도 요한의 제자였던 프로코르라는 이름을 붙여 주셨다. 프로코르는 모흐닌(Mochnine) 가(家)의 세 번째 아이였다. 그의 아버지 이시도르는 건축업자이자 벽돌 공장의 주인이었고 쿠르스크에서 여러 군데 건축 공사를 시행하고 있었다. 그는 1762년에 갑작스럽게 사망했을 당시에 성모님과 라도녜즈의 세르기이 성인의 이름으로 봉헌된 두 개의 제단을 가진 교회를 건축하고 있던 중이었다. 그의 아내 아가피아는 늘 병든 사람들과 과부들과 고아들에게 관심과 배려를 아끼지 않는 착한 심성으로 이웃 사람들에게 잘 알려졌고 존경받았을 뿐만 아니라 매우 용기 있는 여인이기도 했다. 그녀는 남편의 사업을 이어받아 공사 현장을 감독했다. 그녀는 종종 이 곳에 프로코르를 데려가곤 했는데, 어느 날 프로코르는 공사장 비계를 타고 올라가다가 미끄러져서 빈틈으로 떨어지고 말았다. 다행스럽게도 그는 아무 데도 다치지 않았는데, 그 도시의 어떤 '순수한 사람' 혹은 '그리스도를 위한 바보'[2] 가 그 추락 광경을 보고는 이 아이는 분명히 '하느님의 선택된 자'일 것이라고 말했다.

---

1) 요새화된 이 도시의 연원은 9세기로 거슬러 올라가고, 그 이름은 이 도시를 가로지르는 쿠르(Kour) 강에서 유래되었다. 수세기를 거치면서 이 도시는 수차례 타타르인들에 의해 황폐화되고 다시 복구되기를 반복했다. 세라핌 성인의 시대에 이 도시에는 이십여 개의 성당과 네 곳의 수도원이 있었다.
2) 러시아에서 '순수한 사람' 혹은 '그리스도를 위한 바보'들은 구복단(마태오 5:3-12 참조)에서 선포된 '마음이 가난한 자'와 같이 복된 사람들로 여겨진다. 그들 대다수는 정신병자나 바보들이 아니었다. 그들은 오히려 일부러 구차한 모습을 취함으로써 그들이 소유한 은사를 숨기려 했고 이로 인해 수많은 사람들의 존경을 받았다.

▲ 성인이 병들었을 때 성모님이 꿈에 나타나시다

열 살 때 프로코르는 큰 병에 걸려서 공부를 중단해야 했다. 어느 날 밤, 그는 어머니에게 동정녀께서 나타나 그의 병을 고쳐주겠다는 약속을 하셨다고 고백했다. 그런데 며칠 후 거룩하신 성모님의 이콘 행렬이 모흐닌 가의 집 앞을 지나가게 되었고, 아가피아는 아들을 이콘 가까이로 안고 갔는데 그 후로 프로코르의 병은 급속하게 치유되었다. 아이는 다시 공부를 시작했고 성서와 성인전은 그가 가장 좋아하는 독서목록이 되었다. 게다가 늘 열심히 일하는 그의 어머니와 주변 사람들이 보여주는 화목한 생활 모습은 그에게 좋은 본보기를 제공해 주었다. 아이는 또 어머니로부터 이웃 사랑의 정신을 물려받아 후에 수없이 몰려드는 민중들에게 이 사랑을 베풀어 주었다. 세라핌 성인은 이러한 조용하고 평화로운 분위기로부터 단순하고도 지혜로운 권면들을 자주 들었고, 나중에는 그 자신도 이를 본받아 다음과 같은 단순한 권면들을 주곤 했다: "아침에 일어나면 먼저 기도를 한 후 네 방을 깨끗이 청소하고 잘 정리정돈하라." "아침과 저녁에 사모바르를 따뜻하게 데우고 잉걸불은 너무 아끼지 말라. 물은 잘 데워야 한다. 왜냐하면 따뜻한 물은 영혼과 몸을 정화해 주기 때문이다." "무엇을 하든지 차분한 마음으로 천천히 하라. 덕이란 한입에 삼켜버리고 마는 과일이 아니기 때문이다."

쿠르스크의 과거는 격동과 비극으로 점철되어 있었지만 프로코르가 살던 당시의 쿠르스크는 정원으로 둘러싸인 붉은 벽돌집이나 회반죽을 바른 흰 벽돌집들이 많은 아주 아늑한 도시였다. 모흐닌 가 사람들은 성당 가까이에 위치한 오래된 구역에 살았다. 프로코르는 이 성당에서 종종 그의 운명을 예언했던 '그리스도를 위한 바보'를 만나곤 했다. 이름이 전해지지 않는 이 쿠르스크의 '순수한 사람'이 포르코르에게 미친 영향은 대단해서 그는 이런 유형의 성성(聖性)을 항상 염두에 두게 되었다. 하지만 나중에 세라핌 성인은 그것이 진정한 소명이라고 확신이 서지 않을 때는 그 누구에게도 이런 유형의 금욕을 실천하라고 권하지 않았다. 세라핌 성인은 이 길이 결코 연약한 자들을 위한 길이 아니며 오히려 몸이 건장하고 영이 온전히 건강한 사람들의 길이라고 말했다.

프로코르가 열일곱 살이 되자 어머니는 그의 형 알렉시이가 맡고 있던 장사를 거들도록 했다. 하지만 장사에 조금도 흥미를 느끼지 못한 프로코르는 자신에게 지워진 세상적인 과제에 영적인 의미를 부여하여 흥미를 느껴보려고 했다. 복음서에서 특히 그리스도의 비유들을 잘 알고 있었고 올바르게 이해하고 있었던 프로코르는 장사를 통해 이 땅의 여러 가지 세속적 현실들 속에서 영원성의 요소들을 발견할 수 있었다. 물건을 사고 파는 일, 이익을 내는 일, 돈을 빌리는 일, 돈을 모아 자본을 만드는 일 등은 그에게 영적 상징이 되었다.[3] 세라핌 성인은 나중에 형의 가게에서 보낸 시절을 회상하면서 이렇게 말했다. "상인들이 장사 자체가 아니라 장사에서 이익을 추구하는 것처럼, 그리스도인들도 덕과 선한 행위 자체를 목적으로 삼아서는 안 되며 오히려 그것들을 성령의 은총이라는 유일한 목표에 도달하기 위한 단순한 수단으로 간주해야 한다."

쉬는 날이 되면, 그와 쿠르스크의 상인 자식들이던 친구들은 모여 함께 지내곤 했는데, 그 중 다섯 명은 나중에 수도자의 길을 걷게 된다. 긴긴 겨울 밤 그들은 함께 성서를 읽었고, 세상에서 물러나 시리아, 이집트, 팔레스타인 등의 광야에서 고독하게 살아간 교부들의 글도

---

[3] 먼저 마음속에서부터 세상을 변모시키려는 생각들을 우리는 자돈스크의 티콘 주교(1724-1785)와 같은 프로코르와 동시대의 사람들의 저작 속에서 발견한다. 그의 저작 『세상에서 건져 올린 영적 보물들에 대하여』는 러시아에 널리 퍼졌다.

읽었다. 끝없이 펼쳐진 러시아의 들판과 광대한 지평선은 언제나 러시아 사람들의 영혼을 사로잡았지만, 노래와 시에서 끊임없이 경탄되는 광야보다 더 매혹적이지는 않았다. 분명 러시아의 광야는 모래의 바다도 아니고 거친 바위산도 아니지만 은수자들은 이 끝없는 숲 속에 자신들의 은둔처를 만들었다.[4]

옛날 쿠르스크에도 은수처가 한 곳 있었고 거기에는 나무 한 그루가 있었는데 1295년에 이 나무 밑에서 그리스도 임마누엘을 안으신 성모님의 이콘이 발견되었다. 프로코르가 가까이 다가가서 병을 고쳤던 이콘이 바로 이것이었고 사람들은 이 이콘을 '기적의 이콘' 혹은 '발현 이콘'이라 불렀다.[5] 사람들은 여름에는 이 이콘을 은수처[6]에 보관했다가 겨울이 되면 쿠르스크로 옮겨 왔다. 그런데 은수처는 수도원 생활의 중심지라기보다는 오히려 순례지였다. 왜냐하면 그 당시에는 국가의 수도원 억압 정책 때문에 쿠르스크의 다른 수도원들에는 거의 사람이 살지 않았기 때문이다.[7] 또 광야를 열망하던 사람들의 시선도 쿠르스크가 아닌 다른 곳으로 옮겨갔다. 그래서 한 삼백 여 킬로미터 떨어진 탐보브와 니즈니-노브고로드 경계 지역에 위치한 사로브의 깊은 숲 속에 큰 수도원이 있었고 이곳에 상인들의 자녀들인 쿠르스크의 젊은 이들이 몰려들었다. 프로코르의 몇몇 친구들도 이 수도원에 들어갔을 뿐만 아니라 프로코르 자신도 이 수도원의 수련자가 되고 싶다는 내적

---

4) 사람들은 또한 은수자들이 사는 지역에 세워진 수도원들에 '고독'이나 '광야'(푸스트니)와 같은 이름을 붙이곤 했다.
5) 1917년 혁명 후 이 이콘은 망명자들의 손에 의해 외국으로 옮겨졌으며 지금은 미국에 있다. 가끔씩 사람들은 이 이콘을 유럽으로 옮겨왔고 파리의 정교회들은 여러 번 이 이콘을 모셔 공경했다.
6) 여름에 이 기적의 동정녀 이콘을 보관했던 은수처는 '뿌리의 은수처'(ermitage de la Racine)라 불렸다.
7) 표트르 대제의 국유화 개혁 후, 수많은 수도원들이 사람들에게 아무런 유용성도 없다는 짜르와 자문관들의 견해에 따라 폐쇄되었다. 예카테리나 2세는 표트르 대제의 정책을 계승했다. 예카테리나 2세 이전에는 네 곳이나 되었던 쿠르스크의 수도원은 한 곳 밖에 남지 않았고 수도서원은 점점 희박해지게 되었다.

동경을 점점 강하게 느끼게 되었다. 하지만 최종적인 결정을 내리기 전에 그는 몇몇 친구들과 함께 러시아 수도원의 요람인 키예브 수도원의 동굴 수도처로 순례를 떠나기로 하였다. 그들은 이곳에 모셔져 있는 러시아의 첫 번째 수도자 안토니와 테오도시이의 성해(聖骸, 성인의 유골) 곁에서 기도드리기로 하였다. 더욱이 테오도시이는 쿠르스크 출신이지 않는가. 그 후에는 영적 지도 경험이 많은 수도자와 영적 상담도 나누기로 하였다. 키예브는 쿠르스크에서 사백오십 킬로미터나 떨어진 곳이기 때문에 이 젊은이들은 '러시아의 어머니 도시'인 이 도시에 걸어서 당도하기 위해 아주 긴긴 여행을 각오하지 않으면 안 되었다.

성체성혈을 영하고 동굴들을 방문하면서 프로코르는 한 은수자를 만났는데 이 젊은이가 들어서는 것을 보자마자 나이든 은수자는 곧바로 이렇게 말하는 것이었다. "내 아들아, 너는 사로브로 갈 것이다. 너는 거기서 이 땅에서의 순례를 마칠 것이다." 이어서 그는 이렇게 덧붙였다. "성령께서 네가 사는 동안 너를 인도하실 것이고 네 안에 거처를 마련하실 것이다." 프로코르는 사로브로 가고 싶다는 열망이 자신의 의지만은 아니었다는 것을 알고는 매우 기뻤다. 그는 희망으로 부풀어 집으로 돌아온 다음 자기 몫의 유산을 모두 형에게 넘겨주고 어머니에게 하직인사를 올렸다. 어머니는 축복의 표시로 그의 목에 집안에서 대대로 내려온 커다란 구리 십자가를 걸어 주었다. 프로코르는 평생 동안 늘 이 십자가를 가슴에 품고 다녔다. 이렇게 해서 프로코르는 함께 순례의 길에 올랐던 두 명의 친구와 함께 사로브를 향해 길을 재촉했다.

▲ 어머니가 프로코르(성인의 어릴 때의 이름)가 수도원에 들어가는 것을 축복하시다

사로브의 수도원

울창한 숲으로 둘러싸인 채 언덕 위에 오롯이 올라 서 있는 '사로브의 광야'는 원시적인 정취가 물씬 풍기는 장소로 옛적에는 방어 요새가 건설되었던 곳이었다. 이 요새는 1298년 타타르인들이 침략했을 때, 그들의 손에 넘어갔고 결국 타타르 왕자의 거주지가 되었다. 타타르인들은 거의 1세기 넘게 그 주변 지역을 지배했었고, 패퇴 당했을 때는 이 요새를 파괴하고 그냥 내버려둔 채 도주하였다. 후에 울창한 숲이 그 자리에 우거졌고 주변에 사는 거주민들이 붙여준 '옛 마을'이라는 이름만이 이 숲의 과거를 짐작케 할 수 있었다.[8]

1654년 테오도시이라는 이름의 수도자가 이곳에 도착하기까지 거의 300년 동안 이 '옛 마을'은 버려진 곳이었다. 그는 이곳에 오두막 하나를 짓고 주변에 있는 마을들을 돌아다니며 복음을 전하기 시작했다. 사람들이 전하는 말에 따르면 이 '옛 마을'에서는 놀라운 일들이 일어났다고 한다. 마치 자명종 소리가 주변으로 퍼져나가듯이 몇 번이나 찬란한 빛이 언덕 위에서 환하게 비치었다는 것이다. 이것은 앞으로 이곳에서 일어날 놀라운 사건들을 예고하는 징조였을까? 사람들은 또 이곳에 보물이 묻혀 있다고 생각해 땅을 파기도 했는데, 고작 묘비석을 발견했을 뿐이었다. 테오도시이가 세상을 떠나자, 요한이라는 또 다른 수도자가 한 동굴에 정착해서 금욕과 기도의 삶을 실천했다. 그를 중심으로 공동체가 만들어졌고 성당이 세워졌다. 이렇게 해서 새로운 공동체 생활이 이 옛 마을에서 시작되었다. 요한 신부가 정한 규칙은, 수도자는 가난을 철저하게 실천하고 자기 힘으로 노동하여 빵을 벌어야 한다는 아주 단순하면서도 엄격한 것이었다. 더 나아가 요한 신부

---

[8] 사로브의 옛 연대기는 이곳을 이렇게 묘사하고 있다. "그곳은 참나무, 소나무, 전나무가 울창한 거대한 숲이어서 곰, 삵, 고라니, 여우, 흰점박이 단비, 비버, 수달 등 야생 동물들이 사티스와 사로프카 강을 따라 많이 살고 있었다. 그래서 이곳은 거의 사람이 살 수 없는 곳이었고 가끔씩 벌을 키우는 사람들만이 왔다 가곤 했다."

는 대다수가 '구(舊) 예식주의자'였던 주변의 농민들을 대상으로 선교 활동을 시작했다. 하지만 불행하게도 요한 신부는 농민들과의 관계로 인해 의심을 받아 고발되었고, 죄인이 되어 유배된 후 1737년에 상트 페테르부르그의 한 감옥에서 사망했다. 그의 후계자인 에프렘 신부도 마찬가지로 유배당하여 16년 동안이나 한 요새 감옥에 갇혀 있었다. 그는 죽기 얼마 전에 성직자들의 탄원으로 다시 수도원으로 돌아올 수 있게 되었는데 삶의 마지막을 불쌍한 사람들을 돕는 데 헌신하였다.9) 그의 선행과 성성으로 인해 곧 중심적인 순례지가 될 사로브에 수많은 사람들이 찾아왔다. 국가 권력에 의한 세속화 정책은 내적 삶의 안내자를 찾는 백성들의 영적인 목마름을 더욱 증대시켰고 그래서 이때부터 오랫동안 이어져 온 '스타레츠' 전통의 새로운 부흥이 시작되었다.10) 사로브에는 겸손의 모범이었던 에프렘 신부, 덕성이 깊은 시몬, 요아킴 수사 신부, 파호미, 나자르와 같은 스타레츠들이 즐비했다.

  1778년 11월 20일 저녁, 성모 입당 축일의 대만과 때 프로코르가 사로브 수도원의 문에 들어섰을 때, 에프렘 신부의 후임자인 쿠르스크 출신 파호미 수도원장은 프로코르를 기쁘게 맞이해 주었고 그에 대한 영적 지도를 매우 총명하고 착한 요셉 신부에게 맡겼다. 프로코르는 수도자들 중에서 같은 고향 사람을 여러 명 만났다: 알렉산드르, 마태오, 사로브의 도서관 사서가 되어 동료들과 함께 자신의 지식을 나누기 위해 주교 서품과 아메리카 선교를 거부했던 요아킴 수사 신부, 숲 속 동굴로 물러나 기도와 금욕 생활을 실천하고 있던 은수자 마르코가

---

9) 1775년 농민들을 부추겨 봉기를 일으킨 후 스스로 예카테리나 2세의 남편인 짜르 표트르 3세를 자처하다가 궁정 모리배들에 의해 살해당한 코자크 푸가체브의 소요로 인한 대기근 때, 수도원장 에프렘은 수도원의 보리 창고를 열어 근방의 주민들에게 나누어 주었다.
10) 기도와 노동에 삶을 바친 수도자들은 '이구멘'(higoumène) 혹은 '아르키만드리트'(archimandrite)라 불리는 수도원장의 영적 지도를 받았다. 수도자들은 이런 공식적 지도와 아울러 동료 수도자들 중에서 금욕과 영성 분별의 경험이 많은 수도자들을 선택하여 영적 조언자로 삼을 수 있었는데, 이를 '영적 스승', '원로' 혹은 '스타레츠'라고 불렀다.

그들이다. 동료들의 기억에 의하면 프로코르는 아주 강직해 보였고 체격이 건장했으며 눈은 푸른빛이 영혼의 기쁨을 반영하듯 총기로 이글거리는 그런 젊은이였다고 한다. 프로코르는 수도원 규칙들과 순종, 겸손, 예수기도[11]를 익히는 한편, 여러 가지 일들을 맡아 했다. 빵 굽는 일을 맡아 성찬예배에 필요한 봉헌용 빵(프로스포로스)을 준비하기도 했고, 목공 일과 가구를 만드는 일을 하기도 했으며, 묘지용 십자가와 기도매듭과 흉패용 십자가를 만들기도 했다. 그는 손재주가 좋아 '가구장이 프로코르'라는 별명을 얻기도 했다. 그는 이 모든 일들을 인내하면서 명랑함을 조금도 잃지 않고 해냈다. 그는 나중에 '순종보다 더 위대한 것은 없다.'라고 말했다. "이때 내가 얼마나 재미있게 일을 했는지 보았다면 좋았을 게야! 가끔씩은 나와 함께 성가대에서 찬양하는 수도자들이 노래할 힘조차 없을 만큼 기력이 다 빠져 일터에서 돌아오곤 했지. 그럴 때면 나는 그들에게 뭔가 힘을 주는 이야기들을 해 주어 그들에게 기운을 북돋워 주었지. 그러면 그들은 피곤함을 잊어버렸고 찬양은 순조롭게 이어졌지. 보게나, 주님께서는 사람들이 그분 앞에서 즐거운 마음을 가지길 원하시고 그래서 서로 힘이 되는 말을 건네는 것을 아주 좋아하실 걸세. 그곳이 성당이라 해도 이런 것은 결코 죄가 아니라네."

프로코르는 일하면서도 예수님께 끊임없는 기도를 드렸다. 그는 나중에 젊은 수련자들에게 이렇게 말했다. "자네들이 알아야 할 모든 것이 여기에 있다네. 길을 오고 갈 때나, 앉아 있거나 일어서 있거나, 일터에서나 성당에서나, 언제 어디서든지 '주 예수 그리스도시여, 죄인인 나를 불쌍히 여기소서.'라는 탄원이 자네들의 입술에서 끊임없이 흘러나오게 하는 거야. 그러면 마음 안에 깊이 새겨진 이 기도와 함께 내적인 평화, 몸과 영혼의 순수함을 발견하게 될게야." 또 이렇게 말하기

---

11) 참회의 절을 곁들여 예수 이름을 반복적으로 부르며 드리는 기도로 몸과 영의 완전한 일치를 만들어내어 수도자들로 하여금 성령의 은총의 도구가 되도록 준비시킨다.

도 했다. "이 기도를 시작할 때는 영의 모든 내적인 힘을 모아서 그 힘들을 마음의 힘들과 결합시켜야 해. 그리고 깨어 있는 거야. 하루나 이틀 혹은 며칠 동안 낱말 하나하나를 분리하여 집중하여 되뇌는 방법을 통해 단지 생각만으로 이 기도를 드리는 거야. 주님께서 은총을 베푸셔서 자네들의 마음을 훈훈하게 하시고 또 모든 힘들을 단 하나의 영 안에 결합시켜 주시면 내적인 기도는 메마르지 않고 항상 흘러넘치는 생수의 샘처럼 될 거야. 그 샘이 목마름을 적셔 주어 자네들을 살아있게 할거야." 이러한 권면들은 어떤 책에서 나온 것이 아니라 개인적인 경험에서 온 열매들이고 그의 개인적인 노고와 성령의 은총이 함께 만들어낸 월계관이었다.

프로코르의 상급자들은 그의 인내심과 전례 봉사에서 보여준 열심과 열정을 보고 그를 봉독자로 임명했다. 이때부터 그는 매일 아침저녁으로 성당에 항상 제일 먼저 도착해서 제일 늦게 나가는 수도자가 되었다. 동시에 그는 계속해서 바실리오스 성인의 『육일 동안의 창조』, 요한 크리소스톰 성인의 작품들, 마카리오스 성인의 설교들, 요한 클리마코스 성인의 『거룩한 사다리』, 그 밖의 영적 스승들의 다양한 저서 등을 읽으면서 부지런히 공부했다. 당시에는 아직 『필로칼리아』가 출판되지 않았기 때문에, 비록 표트르 대제가 수도자들의 거처에 잉크를 둘 수 없도록 칙령으로 금지했어도 수도자들은 개의치 않고 이 모든 책들을 필사하는 데 큰 노력을 기울였다. 하지만 당연하게도 프로코르는 지식의 원천 자체인 성서에서 특히 많은 영감과 지식을 길어 올렸다. 그는 성서를 '영혼의 보급 창고'라고 불렀다. 그는 거룩한 이콘 앞에서 일어선 채로 독서하는 습관을 길렀다. 그는 이렇게 수도자와 사제로서의 삶을 준비해 나갔다. 그가 우리에게 남겨 준 가르침을 살펴보면 성서와 교부 전통이라는 풍부한 샘을 어디서나 발견할 수 있다. 하지만 독서 하느라 잠을 충분히 자지 못하고 금식일에는 아무것도 먹지 않는 엄격한 금식을 너무 실천해서 격렬한 두통이 자주 그를 공격하였다. 나중에 그는 젊은 수련자들에게 극심한 고행을 권하지 않았다.

오히려 하루에 적어도 다섯 시간이나 여섯 시간을 자고, 낮에도 쉬도록 권면했다. 그 이유를 그는 이렇게 말했다. "억제해야 할 것은 몸이 아니라 정념들이기 때문이다. 몸은 완덕의 길에서 영혼의 친구이자 조력자가 되어야 한다. 그렇지 않으면 몸이 탈진함에 따라 영혼도 약해질 수 있다." 그는 확실한 경험에 근거를 두고 말했다. 왜냐하면 수도원에 들어간 지 4년 후 프로코르는 수종에 걸려 자리에 누울 수밖에 없었기 때문이다. 프로코르가 나중에 "젊은 수련자들에게는 아버지와 같은 권위도 필요하지만 그보다 더욱 필요한 것은 어머니와 같은 관심과 부드러움이다."라고 고백할 정도로 파호미 신부와 요셉 신부가 극진히 보살폈음에도 불구하고 그의 병은 3년 간 아무런 차도도 없었다. 어느 날 저녁, 그가 곧 죽게 될 것이라고 믿은 요셉 신부는 성당에 모든 수도 형제들을 불러모아 철야 기도를 드리게 했다. 나중에 프로코르가 은밀하게 고백한 바에 따르면 바로 이 날 밤에 어릴 때 그랬던 것처럼 성모님이 그에게 나타나셨다고 한다. 사도 베드로와 요한과 함께 찾아온 성모님은 병든 프로코르를 향하여 이렇게 말씀하셨다. "이 사람은 우리와 같은 사람이다." 그리고 손을 프로코르의 몸에 대자 놀라운 일들이 그의 몸에서 일어났다. 몸을 짓누르고 있던 종양이 물과 함께 홍건하게 흘러 나왔다. 프로코르는 이때의 상처를 죽을 때까지 몸에 지니고 살았다. 그는 병에서 완쾌되자 성모님께서 발현하셨던 거처를 소성당으로 만들고, 그 옆에는 부속건물을 지어 간호 병동으로 사용했다. 프로코르는 여러 마을을 돌며 이에 필요한 자금을 모금하였고, 쿠르스크에도 가서 그의 형제들에게 도움을 청하기도 했는데 그들은 상당한 금액을 기꺼이 기부하였다. 사로브로 돌아온 그는 건축 공사에서 팔을 걷어 부치고 일했다. 사람들은 그를 기념하여 그가 직접 실편백 나무로 만든 제단을 오랫동안 보존했다.

 1786년 8월 13일, 프로코르는 마침내 수도서원을 하게 되었고 이때부터 우리가 알고 있는 세라핌이라는 이름을 가지게 되었다.[12] 같은 해 10월에 세라핌은 보제로 서품되었다. 그는 7년 동안 보제로 지냈는

데 그 동안 그는 단 한 번의 전례 예식도 빼먹지 않았다. 오히려 그는 '천사들처럼 쉬지 않고 하느님께 영광 돌리지 못하는 것'이 안타까울 뿐이라고 토로할 정도였다. 나중에 그는 이 시기에 그가 받은 은총들에 대해 몇 가지 비밀을 털어놓았다. 라도네즈의 세르기이처럼 그도 사제와 보제들과 함께 제단에서 예식을 올리는 천사들을 볼 수 있었다. 천사들이 노래하는 것

▲ 성인이 수도사가 되시다

을 듣기도 했는데, '이 천상 천사들의 노래는 그 무엇과도 비교할 수 없는 것이었다.'라고 그는 고백했다. "그 어떤 것도 나의 기쁨을 흔들어 놓을 수 없었고, 나는 나머지 모든 것을 다 잊었다. 나는 내가 지상에 있다는 것조차 의식하지 못했고 그저 성당을 오간 기억만 난다. 그러나 주님의 제단에서 보낸 시간은 나에게 너무도 맑고 밝은 빛이었다. 내 마음은 이 형언할 수 없는 기쁨의 열기로 녹아 내리는 촛불과도 같았다." 그는 또 이렇게 이야기했다. "어느 성 목요일, 파호미 신부와 예식을 집전하고 있었다. 소입당을 하면서 파호미 신부가 '주 우리 하느님이시여, 주는 하늘의 천사와 대천사의 품계와 군대를 세우시어 주의 영광을 받들게 하였사오니 그들로 하여금 우리와 같이 입당하여 우리와 함께 예배를 드리고 주의 선하심에 영광을 드리게 하소서.' 하고 기도드릴 때, 나는 '임금의 문' 앞에 서 있었는데, 그 때 갑자기 눈부신 태양 광선이 나를 비췄다. 그래서 그 빛을 향해 돌아섰을 때, 사람의 아들의 모습을 하신 우리 주님 예수 그리스도께서 천상의 군대들과 세라핌, 케루빔들에게 둘러싸여 찬란한 영광 속에 나타나신 것을

---

12) 세라핌이라는 이름은 빛줄기처럼 찬란한 존재를 상기시켜 준다. 히브리어를 음역한 이 이름은 "불타오르는"이라는 의미를 가지며 그 이름을 통해 천상 영계를 둘러싸고 있는 빛줄기들과 불꽃들을 반영한다.

▲ 성찬예배 때 그리스도께서 나타나시다

보았다. 그분은 공중을 걸어서 서쪽 문에서 성당의 중앙으로 향하셨다. 이어서 지성소 앞에 멈추시고 손을 들어 집전자들과 회중에게 강복하셨다. 그런 다음 변모하시어 그 빛으로 성당을 비추시고 천사들의 호위를 받으시며 임금의 문 옆에 있는 그리스도 이콘 안으로 들어가셨다. 재나 먼지 같은 존재인 나는 주님께서 개인적으로 강복해 주시는 크나큰 은총을 받았는데, 이때 내 마음은 형언할 수 없는 기쁨으로 요동쳤다."13) 그 장면을 목격한 사람들의 증언에 따르면 세라핌 보제는 갑자기 얼굴빛이 변하여 예식을 계속 집전하는 것도 까맣게 잊은 채 그 자리에 미동도 않고 서 있었다. 그래서 두 명의 다른 보제가 그를 두 팔로 붙들고 지성소로 데리고 들어갔는데 세라핌 보제는 아무런 말도 없이 두 시간을 그곳에 머물러 있었다. 그의 얼굴빛은 눈처럼 하얀 빛에서 그를 내부로부터 조명하는 빛의 색깔로 변화되었다.

보제로 있던 기간 동안, 수도원 생활에서 흔히 있는 하나의 사건이 사로브에서도 일어났다. 1792년 살림이 아주 어려웠던 시기에 먹을 빵이 없었던 수도자들은 철야기도를 드리기 위해 함께 모였다. 아침이 되었을 때, 수도자들은 세라핌 보제에게 창고에 남아있는 밀가루를 싹싹 긁어모으라고 말했다. 그런데, 이럴 수가! 곡식창고가 밀, 보리, 호밀 등 온갖 종류의 곡식들로 가득 차 있는 것이 아닌가! 그때부터 수

---

13) "그리스도께서 성만찬 식탁에 현존하실 때, 이 초대의 식탁은 확장되어 사랑과 생명으로 하나 되시는 하느님의 환대하심 한가운데로 우리를 옮겨놓는다." B. Bobrinskoy, "Présence réelle et communion eucharistique", *Revue des Sciences philosophiques et religieuses*, 1969, p. 4.

도원은 결코 빵이 떨어져 본 적이 없다.

스타레츠 요셉이 돌아가시자 파호미 신부가 세라핌 보제의 영적 지도 신부가 되었는데 그는 매일 예식을 집전했고 마을들을 돌아다니며 사목활동을 하면서 자주 세라핌 보제를 데려갔다. 1789년 6월 초 어느 날, 사로브에서 12킬로미터 정도 떨어진 곳에 위치한 디베예보 마을을 지나가던 중 그 마을에 있는 작은 여자 수도공동체의 창립자인 알렉산드라 원장수녀가 심한 병에 걸려 위독하다는 것을 알게 되었다. 원장수녀는 사로브 수도원과 주위의 농민들로부터 그녀의 지혜와 용기와 겸손과 자애로운 마음을 높이 평가받은 분이었다. 그녀는 남편과 외동딸을 잃은 후, 모든 재산을 처분하여 키예브로 향하였는데 성모님이 자기를 철광에서 일하는 노동자들의 거주 중심지인 디베예보 마을로 인도하셨다고 말했다. 그녀는 그곳에서 사로브의 에프렘 신부의 축복을 받아 가난에 허덕이는 사람들을 돕고, 노동으로 지친 아이들과 여인들을 돌보며 고아들을 데려다 키우고, 또 마을 농민들에게 조언을 해 주는 등 대단한 활동들을 하였다. 그녀는 또한 디베예보에 성당을 건축하고 이 성당을 중심으로 기도에 헌신하는 삶을 살고자 하는 처녀들과 여성들을 모았다. 이것이 파호미 신부가 사로브와 똑같은 규칙을 세워 지키게 한 이 공동체의 시초였다. 이 수녀원은 수도원과 한 가족이나 마찬가지가 되었는데, 수녀들은 수도자들의 옷을 만들어 주었고 한편 수도원으로부터는 음식과 난방에 필요한 것들을 얻을 수 있었다.

파호미 신부는 알렉산드라 원장수녀의 임종을 지켜보았고, 그녀를 위해 거룩한 성사를 집행했으며, 또한 알렉산드라 원장수녀가 작은 수녀 공동체를 위해 써달라고 내놓은

▲ 디베예보 수도원의 영적 사제가 성인에게 영적 아버지가 되기를 바라다

4만 루블을 받았다. 그는 공동체를 잘 맡아 달라는 원장수녀의 부탁을 승낙하고 앞으로는 세라핌 수도자가 공동체를 지도해 나갈 것이라고 말했다. 이런 약속을 듣고 평온을 되찾은 알렉산드라 원장수녀는 마지막 인사를 하고 1789년 6월 13일에 안식하였다.

이 방문은 정말로 하느님의 섭리였다. 왜냐하면 때가 되자 세라핌 수도자는 전력을 다해 그리고 그의 모든 영적 은사를 가지고 이 공동체를 헌신적으로 돌보았기 때문이다.

그 후 4년이 지났고 1793년 9월 2일에 세라핌 보제는 30세가 넘어 사제서품을 받아 수사신부가 되었다. 이 때부터 그는 매일같이 거룩한 성찬예배를 드렸다. 나중에 그는 성찬예배가 '영원한 생명의 물이 끊임없이 샘솟는 고갈되지 않는 샘'이었다고 고백한다. 그의 전기에서는 전례를 집전하는 성인의 모습에 대한 증언을 찾기 어렵다. 하지만 연대기 작가들은 세라핌이 항상 성체성혈을 받을 때 사제직분을 나타내 주는 여러 가지 예복들을 입고 있었으며[14], 참회하는 신자들에게는 축복과 사죄의 기도를 해 주었다고 전한다. 그는 항상 신자들에게 자주 성체성혈 성사에 참여할 것을 권면했고, 사제들에게는 신자들이 쉽게 성체성혈 성사에 참여할 수 있도록 도와주라고 부탁했다. 그는 이렇게 덧붙였다. "성체성혈을 영함으로써 우리가 받는 은총은 너무나도 커서 겸손과 참회의 마음으로 주님께 나아가는 모든 사람, 즉 죄인들의 마지막 한사람까지도 완전하게 정화되고 새롭게 된다." 언젠가 성사들을 받지 않고 죽은 남편을 둔 어느 과부를 위로하면서 세라핌 신부가 한 신비한 말씀을 사람들은 오랫동안 가슴에 새기고 있었다. "나의 기쁨이여, 그가 구원받지 못할 것이라고 생각하지 마시오. 때로는 아무런 열매도 맺지 못하면서 성체성혈을 받는 사람이 있는가 하면, 비록 의지와는 무관한 이유로 성체성혈을 받지 못했지만 주님의 천사들이 보이지 않는 방법으로 전해 준 거룩하고 신비한 성사들의 결실을 온

---

14) 영대, surmanches, 패용 십자가.

전히 누리는 사람들도 있습니다!"15)

　1794년 11월 6일, 파호미 신부가 안식하였다. 세라핌 신부는 두 번째 영적 스승을 잃게 되었고 아직까지도 너무나 필요했던 삶의 버팀돌을 잃어버렸다. 그는 이렇게 고백한다. "요셉과 파호미는 그 불꽃이 하늘에 닿은 두 불기둥이었다." 세라핌 신부는 파호미 신부에 이어 수도원장이 된 이사야 신부에게 숲으로 들어가 은둔 수도생활을 하게 허락해달라고 간청했다. 그의 간청은 받아들여졌다. 세라핌은 전력을 다해 기도생활에 전념하려 했지만 수도원을 찾는 순례자들이 계속 많아져서 그가 그토록 사랑했던 침묵생활에 큰 장애가 되었다. 그는 완전하고 순수한 형태로 수도자의 삶을 보존하고 싶었다. 교회는 이런 수도자의 삶을 천사와 같은 삶으로 칭송하면서 잘 동화시켰다. 수도자의 삶이 순결과 끊임없는 기도를 지켜나갔기 때문이다. 자기들을 두고 떠나려 한다는 동료 수도자들의 질책에 대해 세라핌 신부는 이렇게 대답했다. "내가 은둔생활을 하려는 것은 형제들에 대한 사랑이 부족해서가 아닙니다. 오히려 우리 모두가 천사와 같은 삶을 살라는 소명을 받았고, 따라서 그 삶이 불결한 것으로 말미암아 더럽혀지도록 내버려 두어서는 안 되기 때문입니다." 세라핌 신부에게는 매년 갱신해야 하는 증명서가 발급되었다. 수도원 생활과 마찬가지로 은둔생활도 정부의 감독을 받아야 했기 때문이다. 정부의 관련 문서에는 세라핌 수사신부가 공동체 생활을 어렵게 만드는 좋지 않은 건강상태 때문에 수도원의 시골 농가에 물러나 살았다고 기록되어 있다.

　이렇게 해서 수도원에 들어간 지 16년 만인 1794년 11월 21일에 세라핌 신부는 그가 발급받은 휴가증에 기록된 대로 '휴식을 취하기 위해' 수도원을 떠나게 되었다. 그는 평화로이 숲 속에서의 고독을 누리게 되었다.

---

15) 여기서도 우리는 거룩한 성찬예배에서 천사들이 보이지 않게 현존하여 예배를 돕고 있다는 암시를 볼 수 있다.

2장

하느님 안에 숨겨진 사람

수련자 시절부터 세라핌 성인은 광야에 매혹되었다. 그는 며칠씩 광야로 가서 기도하는 것을 좋아했으며 수도원에서 몇 킬로미터 떨어진 사로프까 강을 향해 가파르게 내달리는 우거진 평원에다 작은 통나무 집을 짓기도 했다. 또 이곳에 작은 텃밭을 일구어 돌보곤 했다. 그는 이 은둔처를 '기쁨 중의 기쁨' 되시는 동정녀 마리아께 봉헌했고 자신의 거처에 있던 이콘을 모셔두었다.[1]

은둔 생활을 시작했을 무렵 세라핌 성인은 아직 마흔도 되지 않았지만 나이에 비해 훨씬 늙어 보였다. 나이에 비해 늙어 보이는 성인의 모습은 오히려 그에게 사로브를 쉽게 떠날 수 있도록 해 주었다. 병치레와 금식은 성인을 쇠약하게 만들었고 그의 다리는 상처투성이였다.

이 광활한 숲 속에서 은수자 생활을 하는 이는 세라핌 성인 혼자만이 아니었다. 수도원과 은둔처 중간 지점에는 마르코 은수자, 도로페이 수사신부, 알렉산드르 수사보제, 마태

▲ 광야에서 생활하시는 성인

---

1) 이 이콘에는 "예, 그렇게 되기를 바라옵니다."라고 천사에게 하느님에 대한 순종을 고백하는 동정녀 성모 마리아가 그려져 있다. 눈을 아래를 향하여 내려 보고 두 손을 가슴에 포갠, 겸손이 가득한 모습으로 그려진 성모 마리아는 대천사 가브리엘의 말씀을 듣고 있다. 후에 세라핌 성인은 이 성모 희보 이콘을 결코 떠나지 않았으며 이 이콘 앞에서 무릎 꿇고 기도하던 중 안식하였다.

오 수사 등이 수도 생활을 하고 있었는데 이들은 모두 쿠르스크 출신으로 가끔씩 세라핌 신부를 보러 오기도 했다. 바위와 동굴들이 여기저기 흩어져 있고 개울은 작은 골짜기들을 가로질러 흐르고 있으며 또 백년은 묵음직한 아름드리 전나무, 소나무, 참나무들로 가득 찬 이 울창한 평원은 고요와 고독을 찾고자 하는 수도자들에게 아주 이상적인 곳이었다.

세라핌 신부는 거룩한 땅 예루살렘에서 은둔 생활을 하고 싶었다. 주님의 고향을 순례하고 돌아온 사람들의 여행담과 팔레스타인에서 1년 동안 살다가 최근에 사로브 수도원에 들어온 멜레티 수사신부의 경험담은 언제나 그를 감동시켰다.[2] 이 모든 이야기들은 성인의 일과가 된 복음경 독서를 보충해 주었다. 성인은 한 번도 복음경에서 떠나지 않았으며 언제나 가방에 넣고 다녔다. 그는 나중에 이렇게 고백하였다. "나는 단 하루도 복음경을 읽지 않고 지나간 적이 없었습니다. 내 영혼이 하느님의 말씀으로부터 큰 기쁨을 얻었을 뿐만 아니라 내 육체도 말씀을 읽을 때 아주 편안함을 느꼈기 때문입니다. 그것은 주님의 생애와 수난을 기억 속에 되새김으로써 주님과 대화하는 것 같았습니다. 밤낮으로 나는 그분께 영광을 돌렸고, 그분께 경배드렸으며, 그분께서 행하신 선한 일에 대해 감사드렸습니다." 성인은 그의 '광야'에 주님과 동정녀 성모 마리아의 생애에 일어난 사건들을 기억나게 해 주는 장소들을 정했다. 예를 들어, '나사렛'이라고 이름 붙인 곳에 가서는 동정녀에게 바치는 성가들을 부르고 성모 희보 이야기를 반복해서 읽곤 했다. 또 '베들레헴'이라고 이름 지은 동굴에서는 인간이 되신 하느님의 육화를 기념하고 영광을 돌렸다. 또 '구복 언덕', '타볼산', '겟세마니' 언덕도 있었다. 부활의 기쁨으로 말하자면 성인은 날마다 쉬지 않고 부활 성가를 부르면서 그 기쁨을 누렸다. 이렇게 해서 멀리 떨어진 팔레스타인을 아주 가까운 곳에 옮겨 놓을 수 있었고, '마음속에 있는 예루살렘을 늘 기억하면서' 또 그 입술로 예수의 이름을 끊임없이 부름

---

[2] 그의 경험담은 몇 년 후 모스크바에서 출판되었다.

으로써 거룩한 땅에서 주님을 모셨던 사람들과 같이 주님과 동행하며 살았다.

성인은 여러 가지 필요한 일들을 하며 은둔 생활을 지속시켜 나갔다. 땅을 갈기도 했고, 들짐승들이 집에 들어오지 못하도록 말뚝으로 울타리를 치기도 했으며, 또 먹을 것을 재배하는 텃밭에 필요한 퇴비를 준비해 두기도 했다. 수도원에서는 일 주일 동안 먹을 빵만 약간 가져올 뿐이었는데, 그나마도 숲 속의 들짐승들과 나누어 먹었다. 사람들은 종종 커다란 곰이 양처럼 온순해져서 성인의 손에서 먹이를 받아 먹는 모습을 목격하곤 했다. 성인은 일할 때면 늘 성가를 흥얼거렸다. 특별히 성인이 좋아하는 성가는 은둔처의 수호자이신 성모님의 영광을 기리는 것이었다. 또 가끔씩은 일하던 도중에 영혼이 기도에 흠뻑 빠져 자신을 잊어버리고 하느님께 몰입하였다. 그러면 자신도 모르게 삽이나 도끼를 내려놓고 눈을 감은 채 마치 이 지상을 떠난 사람이 된 듯 가만히 있었다. 성인의 그런 모습을 본 사람들은 잠시 조용히 물러나서 때로는 한 시간 이상씩 지속되기도 하는 성인의 내적 기쁨이 끝나기를 기다리곤 하였다.

▲ 곰에게 빵을 주시는 성인

주일이나 대축일 전날 저녁이면 성인은 보통 대만과와 조과에 이어 다음날 거행되는 성찬예배를 드리기 위해 수도원에 갔다. 이런 날이면 수도자들은 기쁘게 성인을 맞이하고 그에게 몰려와 그가 하는 말을 주의 깊게 듣곤 하였다. 어느 날 성인은 이런 말씀을 하였다. "만약 여러분이 영혼의 내적인 거처를 만들고 싶어 한다면 무엇보다도 먼저 여러분은 천상에 계신 건축가 하느님께서 그 거처를 만드실 수 있도록 필요한 재료들을 준비해 두어야 합니다. 거처는 깨끗하고 통풍이 잘 되어야 하며, 하늘의 빛과 정의의 태양이신 주님께서 우리의 내적인 거처에 빛을 비춰 줄 수 있도록 창문도 있어야 합니다. 이 창문은 우리의 다섯 가지 감각일 것입니다. 집으로 들어가는 문은 예수 그리스도입니다. 그리스도께서 친히 '나는 문이다.'라고 말씀하셨기 때문입니다. 그리스도께서 거주하시는 집을 지키시는 분은 바로 그리스도 자신이십니다. 그렇습니다. 여러분이 이렇게 잘 준비하면 하느님께서 그 속에 들어가셔서 거주하실 것입니다."

성인은 또 이렇게 말했다. "영과 마음이 기도 안에서 아무런 흐트러짐도 없이 일치되면 그리스도로부터 흘러나와서 내적 존재를 평화와 기쁨으로 가득 채우는 영적인 온기를 경험하게 될 것입니다. 그리스도의 빛이 마음에 임할 수 있도록 하려면 눈에 보이는 세상에 초연해져야 합니다. 눈을 감고 그리스도께 온 정신을 집중하여 영과 마음을 일치시키고 존재의 심연으로부터 '주 예수 그리스도시여, 죄인인 나를 불쌍히 여기소서!' 하고 기도를 드리며 우리 주님의 거룩한 이름을 불러야 합니다. 주님을 향한 사랑이 마음을 뜨겁게 할 때, 마르지 않는 행복의 샘이 되는 온화함을 예수의 이름 안에서 발견하게 됩니다."

주일 저녁이 되면 수도자들은 석후소과를 드리기 위해 모이고 이때 세라핌 성인은 일주일을 보낼 빵 조각을 들고 은둔처로 돌아갔다. 숲 속에 살고 있는 가족들은 성인이 돌아오기를 학수고대했다. 새들과 들짐승들, 기어 다니는 동물들이 오두막 문지방 근처로 몰려들면 성인은 그들에게 음식을 나누어 주었다. 이런 장면을 목격했던 알렉산드르 보제는 어느 날 "그렇게 많은 짐승들을 어떻게 다 먹일 수 있습니까?" 하고 성인에게 질문했다. 성인은 말하기를, "나는 아무것도 모른다네. 그렇지만 하느님은 아시지. 나는 그저 내가 필요한 만큼만 가방에 넣어 들고 올 뿐이야." 알렉산드르 보제는 세라핌 성인의 발치에서 쌕쌕거리며 잠들어 있는 커다란 곰을 보기도 했다. 수도원에서도 이미 배고픈 사람들을 먹인 '오병이어의 기적'이 일어났었는데, 이번에는 동물들을 위해서 이러한 기적이 일어났던 것이다. 이 기적은 세라핌 성인이 하느님의 모든 창조물을 얼마나 사랑했는지를 잘 보여주는 것이었다.

성인은 거의 아무것도 없는 텅 빈 자신의 거처를 좋아했지만 그곳에는 누워 휴식할 침대마저 없었다. 세라핌 성인은 사로프까 강가에서 주워 온 조약돌이 가득 든 가방을 베고 잤다. 계절에 상관없이 늘 수단(성직자가 입는 옷)의 일종인 하얀 겉옷을 입고 끈으로 허리를 묶었으며 겨울이 되면 넓은 망토를 걸쳤다. 머리에는 검은 빵모자를 썼는데 겨울이면 장화를 신었고 여름이면 자작나무 껍질로 엮어 만든 샌들을 신었다. 세라핌 성인은 이처럼 거의 헐벗었다고 해도 과언이 아닌 가난한 삶을 사랑했다.

우리는 성인이 아무에게도 알려지지 않은 채 홀로 살고 싶어 했지만 오히려 그의 명성은 점점 널리 퍼져 나갔다는 사실을 금방 이해할 수 있다. 여러 수도자들이 그의 은둔처에서 함께 살게 해 달라고 부탁했다. 세라핌 성인은 반대하지 않았다. 하지만 며칠만 지나면 너무도 혹독한 생활을 이기지 못하고 모두들 떠나버리곤 하였다. 엄격한 의미에서 볼 때 성인이 사로브에 제자를 두지 않았던 것은 사실이다. 하지만 사람들은 기꺼이 '모든 수도자들이 진실로 성인의 제자들이었다.'라고 말한다.

한편 수많은 사람들은 주일날 수도원에서만 성인을 만나는 것에 만족하지 못하고 영적 조언을 구하려고 은둔처에까지 몰려들었다. 이런 방문, 특히 여인들의 방문은 그에게 몹시 당황스러운 것이었다. 성인은 이사야 수도원장을 찾아가 조언을 구했지만 원장은 성인에게 스스로 잘 해결해 보라며 격려할 뿐이었다. 세라핌 성인은 이 문제를 해결할 수 있는 '표징'을 달라고 하느님께 빌었다. 왜냐하면 여인들을 받아들이지 않는 것에서 성인의 사랑이 부족하다고 여인들이 느끼지 않기를 바랐기 때문이다. 성인은 곧 성모님께 도움을 요청했다. 성탄절 다음 날 은둔처로 돌아오는데, 은둔처로 통하는 오솔길이 바람에 꺾인 거대한 전나무 가지로 막혀 있는 것이 아닌가. 그래서 성인은 '표징'의 의미를 이해하고 오솔길을 더 막아놓았다. 그 후 성인의 독거는 극단적으로 더욱 엄격해졌다. 수도자들의 방문도 예전보다 훨씬 뜸해졌다.

사로브의 연보 안에 수집된 증언들은 은둔생활 기간 동안 세라핌 성인의 삶이 어떤 것이었는가를 보여준다. 그것은 지옥 권세와 투쟁하는 기간이었다고 말할 수 있다. 세라핌은 때로는 오두막의 벽이 무너져 내리거나 무서운 적들이 사방에서 공격하고 때로는 야수들이 그의 피난처를 공격할 것 같은 느낌을 받았다. 또 그는 으르렁거리는 소리나 울음소리를 듣기고 했고 심지어는 공중으로 들어올려져 땅바닥에 다시 내팽개쳐지는 느낌을 받기도 했다.3) 사람들은 가끔 세라핌 성인에게 혹시 악마를 보았느냐고 묻곤 했다. 그러면 성인은 말을 끊고, "그 놈들은 아주 비열하지!" 이렇게만 대답했다. 얼마 후에 악마들은 공격의 방법을 바꿨다. 무거운 근심들과 불안들이 그의 마음을 흔들고, 깊은 슬픔이 그를 짓눌렀으며 어두운 생각들은 그의 영혼을 흔들어 놓았다. 세라핌 성인은 하느님에 의해 정죄되고 버림받았다고 생각했다. 그것은 거의 절망에 가까운 고통들이었다.

성인은 나중에 이렇게 말하였다. "은둔 수도생활을 선택한 사람은 끊임없이 십자가에 달리는 경험을 하게 됩니다. 어두운 영들에게 시험받는 은둔 수도자는 마치 바람에 날리는 낙엽이나 천둥 번개에 휩쓸려 가는 구름과 같습니다. 광야의 악마는 한낮에 은둔 수도자를 공격해서 그 마음 안에 심각한 근심과 산란한 욕망들을 만들어 냅니다. 이런 시험들은 오직 기도를 통해서만 이겨낼 수 있습니다."

이 영적 투쟁은 몇 년 동안 계

▲ 천 일 동안 바위 위에서 기도하시는 성인

---

3) 예나 지금이나 그러한 표상들은 금욕수도자들의 삶에 자주 나타난다. 예를 들어, 프랑스에서도 세라핌과 동시대인이었고 아르스의 사제였던 한 성인 (le saint curé d'Ars, 1786-1859)도 동일한 표상들을 경험했다.

속되었다. 성인이 사탄의 권세를 극복하기 위해 화강암 바위 위에서 무릎을 꿇고 혹은 그의 거처에서 맨바닥에 엎드려 기도로 수천 날을 보냈다는 사실은 성인의 생애 마지막에 가서야 겨우 은밀한 고백을 통해 세상에 알려지게 되었다. 어느 날 성인은 어떤 사람에게 "당신은 송곳잎이 아주 먹음직하다는 사실을 아십니까? 3년 동안 나는 그것만 먹고 살았습니다. 나는 겨울을 대비해 그것들을 말렸는데 아주 훌륭한 식량이 되었답니다."라고 말했다. 오두막으로 통하는 길을 막은 뒤 그는 자신에게 필요한 양식을 가지러 수도원에 더 이상 가지 않았다. 그래서 성인이 무엇을 먹고 사는지 아무도 알지 못했다.

▲ 강도에게 습격을 당하시는 성인

세라핌 성인이 숲에서 나무를 베던 어느 날 세 명의 낯선 자들이 갑자기 나타나서 매우 거친 말투로 성인에게 돈을 요구했다. 숲에 보물이 숨겨져 있다는 소문이 순진한 사람들 사이에 널리 퍼졌고 사람들의 욕심을 부추겼던 것이다. 성인은 아무 것도 가진 것이 없다고 대답했지만 그들은 믿으려 하지 않았다. 그래서 그들은 직접 돈을 찾아낼 요량으로 성인을 밀치고 심하게 때린 뒤 줄로 묶어 땅바닥에 메어쳤다. 성인은 실신하고 말았다. 성인이 죽었다고 믿은 그들은 오두막을 샅샅이 뒤졌지만 찾아낸 것은 불과 감자 몇 덩어리뿐이었다. 돈으로 가득 차 있을 거라고 믿었던 성인의 가방에는 잠잘 때 베는 조약돌 무더기 밖에 없었다. 그들은 갑자기 두려움에 사로잡혀 도망치고 말았다. 제 정신이 든 세라핌은 몸을 묶은 줄을 겨우 풀고 가까스로 수도원으로 향했다. 무슨 일이 있었는지 아무 것도 말하지 않은 채 성인은 그저 병동으로 안내해 달라고 부탁할 뿐이었다. 이웃 도시인 아르자마스의 의사들을 불러와 진찰했더니 두개골과 갈빗대가 골절되었고 온 몸은 상처투성이였다. 의사들이 붕대를 찾는 사이 세라핌 성인은 다른 세상으로 옮겨지는 것 같은 느낌을 받았다. 늘 그랬듯이 성모님께서 사도 베드로와 요한과 함께 성인에게 나타나시어 전과 같은 말씀을 반복하셨다. "이 사람은 우리와 같은 사람이다." 성인의 기쁨은 네 시간 동안이나 계속되었다. 성인은 편안해졌다. 상처가 낫는 데는 여러 달이 걸렸다. 그 사이 그의 머리카락은 하얗게 세었고 허리는 구부정하게 구부러져 앞으로 평생을 그렇게 살아야 했다.4)

다시 '광야'로 돌아왔을 때, 세라핌 성인은 지팡이나 도끼 자루를 의지해야 겨우 걸을 수 있었다. 하지만 성인은 텃밭을 가꾸는 등 일손을 결코 놓지 않았다. 그런데 이즈음에 나자르라는 수사신부가 그의 은둔처에서 멀지 않은 곳에 정착하여 새 이웃이 되었다. 그는 전에 『필로칼리아』를 간행하는 데 협력했던 신부였으며5), 정력적인 활동으로 몇 년을 보낸 뒤 사로브로 돌아와 사로프까 강가에 은둔 수도생활을 위한 거처를 짓고 정착한 것이었다. 바로 이곳에서 세라핌 성인은 그를 만나곤 했던 것이다. 나자르 수사신부는 침묵과 마음 기도(la prière du coeur)를 실천하고 있었다. 그는 별들이 총총하게 박힌 밤하늘 아래에서 시편을 음송하거나 성가를 부르며 밤을 하얗게 지새우곤 했다. 곰들과 다른 들짐승들도 안심하고 그에게 다가갔다. 그러면 그는 세라핌처럼 손수 짐승들에게 먹이를 주곤 했다. 그는 74세의 나이로 1809년에 안식한 것으로 보인다.

또 다른 스타레츠, 수도원장 이사야 수사신부는 1805년에 원장 직분

---

4) 사람들은 나중에 강도들을 찾아 내었다. 그들은 이웃 마을의 농부들이었다. 세라핌 성인은 그들이 법정에 불려 가지 않도록 최선을 다해 변호해 주었다. 그들은 모두 크게 참회하고 이 늙은 수사신부의 발 앞에 엎드려 용서를 구했다.
5) 사로브 지방에서 1735년에 태어났고, 이 수도원에서 수련자 기간을 거쳐 40세에 수사신부 서품을 받았다. 그의 설교는 교회 지도자들의 관심을 끌기에 충분했다. 그래서 그는 북러시아에 있는 발라암 수도원으로 보내져 수도 생활을 조직하고 새롭게 하는 임무를 수행했다. 여기서 그는 사로브에서 적용하던 규칙들을 도입했고, 그의 지도로 공동체는 영적 수련의 중심지가 되었다. 이후, 그는 알레우티엔 섬에 선교사로 파견되었고 몇 년 후 가브리엘 대주교는 그에게 「필로칼리아」 간행을 도와달라고 부탁했다.

을 사임하고 세라핌 성인의 은둔처를 아주 열심히 방문하였다. 그는 수도원과 성인의 은둔 거처를 갈라놓은 5킬로미터를 걸어서 갈 힘도 남아 있지 않았기에 작은 마차를 손수 몰고 와 고백 신부로 선택한 세라핌 성인과 함께 몇 시간씩을 보내곤 했다. 하지만 이들의 이토록 친밀한 만남은 이사야 수사신부의 안식으로 갑자기 끊어지고 말았다.6) 세라핌 성인은 수행의 새로운 단계로 올라섰다. 그것은 '보이지 않는 것들을 관상할 수 있게 해 주는' 침묵 수행이었다. 이런 금욕 수행에 이른 수도자들은 거의가 은둔 수도자들이었다. 대 마카리오스 성인, 시리아의 이삭 성인, 클리마코스 요한 성인, 고백자 막시모스 성인, 신(新)신학자 시메온 성인 등이 그들이었다. 세라핌 성인은 쉬지 않고 그들의 영적 저작들을 영혼의 양식으로 삼았고 그들의 영적 가르침에서 '침묵'을 발견했다. 그는 이렇게 말한다 : "어떤 영적 수련도 침묵보다 더 나을 수 없다." "그러나 묶어 두어야 할 것은 혀만이 아니다. 오히려 우리의 영혼을 묶어 두어야 한다." "침묵의 세계에 들어가는 사람은 언제나 그 마음이 한시도 멀어져서는 안 되는 목표를 늘 기억해야만 한다." "주님의 현존 앞에 있다는 것을 느낄 수 있는 것은 오직 침묵을 실천할 때뿐이다."

성인은 '그리스도께서 영혼 안에 들어가실 때 누리는 영혼의 휴식'이라는 이미지를 제시한 이삭 성인의 말씀들을 자주 인용한다. "입을 다물고 침묵할 때는 반드시 영혼을 받드는 마음과 우리의 감각들을 지배하는 이성과 날쌘 새와 같은 영성도 잠잠해야 한다. 집주인이신 주님이 거기 계시기 때문이다."

이사야 수사신부에 이어서 사로브 수도원의 9대 원장으로 니폰트 수사신부가 임명되었다. 그는 수도원 생활의 가장 중요한 의무는 규칙을 지키는 것이라는 신념을 가진 사람이었다. 따라서 그는 세라핌 신부의

---

6) 수도자들은 협의를 통해 세라핌 성인에게 이사야 수사신부를 대신해 수도원장을 맡아달라고 요청했지만 성인은 이 영예를 정중하게 거절했다. 그는 이 요청을 받아들이려면 특별한 부르심이 있어야 하는데, 자신은 그런 부르심을 받지 못했다고 말했다.

행동이 조금은 정상에서 어긋난 것이라는 점을 알아챘다. 성인은 침묵 수행을 통해 영혼의 완전한 평화를 얻고자 교회에 더 이상 가지 않았을 뿐만 아니라 심지어 은둔처에서도 성체성혈을 받아 모시는지조차 알 수 없었기 때문이었다. 수도원장은 운영회의를 통해 세라핌 성인에게 예전처럼 주일마다 성찬예배에 참례해야만 하며, 만약 다리가 아파 수도원까지 오기가 힘들다면 아예 수도원으로 다시 들어와 살아야 한다는 최후통첩을 보내기로 결정하였다. 성인에게 양식을 배달해 주던 수도자가 이런 결정을 통고했다. 첫 번째 통고에 세라핌 성인은 아무런 대답도 하지 않았다. 두 번째 통고가 전해졌을 때, 노(老) 수도자는 소식을 전한 수도자가 다시 수도원을 향해 떠날 채비를 하자 조용히 일어나 그의 뒤를 따랐다. 1810년 5월 8일이었으며 세라핌 성인이 고독의 삶을 선택한 지 15년이 흐른 뒤의 일이었다.

 수도원에 도착하자 세라핌 성인은 다리의 상처를 치료하기 위해 병동에 들렀다. 그러고 나서 바로 만과를 집례하기 위해 성당으로 들어갔다. 다음 날 그는 성체성혈을 받아 모시고 수도원장에게 인사를 한 뒤 자신의 거처에 들어갔다. 사람들은 성인이 본격적인 칩거 생활에 들어갔음을 이내 알아차렸다. 성인의 생애에서 이 기간의 세세한 일들에 대해서(물론 그 이전도 크게 다르지는 않지만) 우리는 아는 것이 별로 없다. 우리는 단지 성인과 거처를 이웃하고 있던 파벨이라는 수도자가 성인에게 물과 약간의 죽, 으깬 양배추가 전부인 양식을 가져다 주었다는 것을 알뿐이다. 칩거하고 있던 성인은 어떤 때는 문조차 열어 주지 않았다. 할 수 없이 그 수도자는 양식을 도로 가져갈 수밖에 없었다. 사제들은 수도원장의 허락을 받고 성인의 거처로 가서 성체성혈을 영해 주었다. 밤이 되면 성당 주위를 서성이거나 근처에 있던 공동묘지 쪽으로 조금씩 걸어다니는 성인의 모습을 본 사람들도 있었지만 낮에는 단 한 번도 방을 나오지 않았다. 1815년 8월 15일 수도원에서 성찬예배를 집전한 탐보브의 주교가 세라핌 성인의 거처로 와서 문을 두드렸다. 하지만 아무런 반응도 없었다. 동행했던 니폰트 수도원장은 성인이 혹시 사망하지나 않았을까 두려워 방문을 강제로 열자고 제안했다. 하지만 주교는 이렇게 말하면서 제안을 받아들이지 않았다. "그렇게 하면 우리는 하느님께서 기뻐하지 않으시는 일을 하게 될 수도 있습니다." 그런데 일 주일 후, 모든 수도자들을 놀라게 하는 일이 벌어졌다. 탐보브의 젊은 군수 부부가 도착하였을 때 성인은 문을 열고 그들을 축복해 주었던 것이다.

성인이 칩거 생활을 끝낸 시기는 언제인가? 확실한 것은 5년 동안의 칩거 생활을 마감한 후 세라핌 성인은 한 번도 거처의 문을 닫아걸고 사람들의 접근을 금지하는 행동을 하지 않았다는 것이다. 사람들은 성인이 기도문을 읊고 조과와 석후소과를 음송하는 것을 들을 수 있었는데 몇몇 수도자들이 그의 거처 문 앞에 모여들기라도 하면 그들은 성인이 복음을 읽고 해설하는 것을 경청할 수 있었다. 또 가브리엘, 게오르기, 아벨 수사신부, 또 다행스럽게도 성인과 나눈 대화에서 몇 부분을 적어 놓기도 했던 세르기이와 같은 수도자들은 성인의 거처에 들어가 성인을 만나 볼 수 있었고 또 대화를 나눌 수도 있었다. 다른 한편 전쟁이 빈번했던 이 시기에는 수많은 젊은이들이 전쟁터에 끌려가지 않기 위해 수도원에 들어가기를 요청했지만, 세라핌 성인은 그들 각각에게 수도자를 기다리고 있는 수많은 시험에 대해 알려주었다.

예를 들어 성인은 이렇게 말했다. "수도자는 눈과 같이 흰 상태로 만들기 위해 빨래통에 넣어 짓누르고 때리고 세차게 비벼대는 침대보와 같다. 굴욕과 능멸과 고통을 인내함으로써 수도자는 영혼을 정화하고 불 속을 통과한 은과 같이 빛나게 된다."

또 이렇게 말하기도 했다. "인내를 배우려 하지 않는다면 수도자가 될 필요가 없다. 수도자의 진정한 의복은 인내함과 온유함으로 불의를 참아내는 것이다. 인내는 수도자의 무기이다. 병사가 무기 없이 전쟁터에 나갈 수 없듯이 수도자도 인내로 무장하지 않고서는 기도의 삶을 시작할 수 없다."

기도에 관해서는 이런 말들을 남겼다. "겉으로 드러나는 기도는 충분하지 않다. 외적 기도를 내적인 기도와 결합시키지 못하는 수도자는 검은 숯에 불과하다." "내적 기도가 없는 수도자는 물을 떠난 물고기와 같다." "수도자는 일차적인 노력의 단계에서 멈추지 말아야 한다. 오히려 수도자는 자신의 길을 가장 높은 단계까지 추구해 나아가야 한다. 그런 단계에 이를 때만 성령의 은총을 얻을 수 있기 때문이다."

성인은 젊은 수도자들에게 은둔생활을 권하지 않았다. 성인은 "수도자들이 공동체 안에서 살면 악마의 공격에 더 효과적으로 저항할 수 있지만 고독 속에서 살면 지옥의 권세들이 마치 사자와 같이 은둔 수도자들을 괴롭힌다."라고 말하곤 했다.

자기 거처의 문을 개방한 이후로 방문객들이 끊이지 않았는데, 그들 중에는 스타레츠에게 조언을 구하려는 젊은 수도자들이나 수련자들뿐만 아니라 이웃 수도원들의 장상(長上)들도 포함되어 있었다. 수도원 장상들에게 성인은 수도자 형제들을 '자식들을 향한 어머니의 사랑'과 같은 관용과 사랑으로 품어주어야 한다고 권면했다. 수도자들의 연약함과 잘못조차도 인내로 참아주어야 한다는 것이었다. 이럴 때만 수도원 장상들도 내적으로 참된 평화를 얻을 수 있기 때문이었다. 성인은 이렇게 덧붙였다. "그대가 평화를 얻으면, 수많은 영혼들이 그대에게서 구원을 발견하게 될 것입니다."

방문객이 들어서면 세라핌 성인은 "그리스도께서 부활하셨습니다!"라고 부활인사로 맞이하며, 평화의 입맞춤을 주고받았다. 만약 방문객이 사제나 수도원 장상들일 경우에는 그들 앞에 엎드려 절을 했다. 성인의 작은 거처는 '기쁨 중의 기쁨'이신 동정녀의 이콘 앞에서 타오르는 등잔불만 밝게 타고 있었을 뿐, 협곡을 향하고 있는 두 개의 작은 창문조차 거의 대부분 천 조각이나 종잇조각으로 가려져 있어서 외부에서는 빛이 조금도 들어오지 않았다. 탁자 하나와 의자 하나, 그리고 성인이 걸터앉곤 했던 작은 통나무 토막 하나가 그가 가진 가구의 전부였다. 이렇게 가난한 모습으로 성인은 사람들의 이야기를 들어주고 고백을 받아주고 죄를 용서해 주었다. 스타레츠로서의 성인의 명성은 사로브 수도원의 경계를 뛰어넘어 급속하게 퍼져 나갔다.

3장

만인의 형제

  37년의 준비기간을 거친 후에야 세라핌 성인의 참된 소명이 드러났다. 그것은 스타레츠로의 부르심이었다. 광야에서 보낸 세월, 사탄의 권세에 맞선 투쟁들, 침묵과 칩거 수행, 이 모든 것들은 결국 나이 예순이 넘어 고통 받는 인류를 위해 자신을 바치게 되고 또 그에게 도움과 위로를 청하러 오는 수많은 사람들에 둘러싸여 여생을 보내게 되는 스타레츠로서의 시기를 위한 서곡이었다.1)

  이 격동의 시기에 종살이와 가난에 억눌린 농민 계층은 하느님의 사람들에게서 조언과 평안을 찾았다. 하지만 여전히 18세기 프랑스 사상에 젖어 있던 지성인들 중에는 단지 몇몇 사람들만이 스타레츠들의 거처의 문을 두드렸을 뿐이다. 알렉산드르 1세 황제는 스타레츠를 즐겨 찾았던 황제 중의 한 사람이었다. 황제는 세라핌 성인을 크게 존경하고 있었던 키예브 수도원 원장 안토니와 깊은 교분을 맺었는데, 사람들이 전하는 바에 따르면 1816년에 황제는 이 수도원장의 권고로 세라핌 성인을 찾아가게 되었다고 한다. 어쨌든 알렉산드르 황제가 1825년에 황제의 지위를 버리

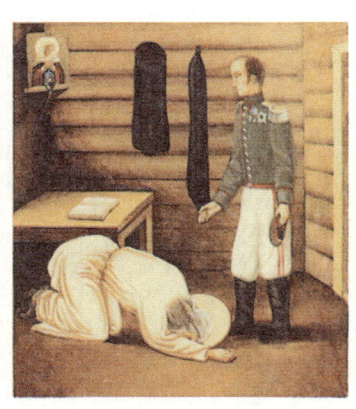

▲ 성인을 방문하는 알렉산드르 1세 황제

---

1) 스타레츠 전통은 비록 공식적인 직제는 아니지만 정교회의 아주 특징적인 현상이다. 톨스토이 자신도 이렇게 기록하고 있다. "러시아 백성들이 오늘날까지 살아 계신 그리스도의 참된 형상을 간직할 수 있었던 것은 오직 스타레츠들 덕분이다." 스타레츠는 '주님의 거처에 늘 머물렀을 뿐만 아니라 농부들의 오두막 가까이 계셨던' 하느님의 사람이다. (G. Fedotov)

고 수도자가 되어 1864년까지 스타레츠 표트르 꾸즈미츠라는 이름으로 시베리아에서 살게 된 것이 세라핌 성인의 영향 때문이었다고 보는 것도 불가능한 것은 아니다.[2]

확실히 전쟁, 승전보, 외국의 침략, 권력 변동 등 수많은 사건들이 세라핌 성인의 칩거 기간 동안에 벌어졌었다. 보로디노에서만 5만 8천 명의 러시아인이 나폴레옹의 침략에 쓰러졌다. 모스크바는 적들에 의해 불태워졌고 함락되었다가 1813년 다시 해방되었다. 이 모든 사건들은 세라핌 성인의 삶에 아무런 영향도 미치지 않은 것처럼 보인다. 하지만 수많은 군인들이 성인의 기도에 힘입어 죽을 위험에서 살아났다고 증언했다. 성인에게 기도를 부탁할 때 사람들은 가끔 양초 상자를 보내곤 했는데, 이 촛불들로 환하게 밝혀진 성인의 거처를 보고 놀란 사람들 앞에서 성인은 이렇게 설명해 주었다. "성서를 보면 하느님께서는 하느님의 분노가 백성들에게 미치지 않게 하기 위해 모세와 아론에게 속죄의 불을 밝히라고 명령하셨습니다. 그래서 나도 기도해 달라고 요구하는 사람이 너무나 많고 그들의 이름을 다 부를 수가 없으니, 각 사람들을 위해 이렇게 촛불을 밝혀둔 것이랍니다."

사로브는 아르자마스로 가는 대로에서 멀지 않은 곳에 있었기에 수많은 병사들이 무리지어 사로브를 거쳐 가게 되었고 그 중 몇몇 분견대들은 수도원 근처에서 잠시 숙영하기도 했다. 그러면 그 중 몇몇 병사들은 세라핌 성인을 찾아 뵐 수 있었다. 세라핌 성인은 그들에게 "우리는 죄를 너무 많이 지었어요. 그러니 주님의 자비를 간청하면서 많이 기도해야 합니다."라고 말하곤 했다. 게다가 성인은 자신을 하느님께 희생양으로 드렸고, 성인이 떠나지 않고 늘 머물러 있는 거처는 영적 전투의 장이 되었다. 이 전투에서 성인은 사탄의 발톱에 붙잡힌 영혼들을 구해 내었다. 오랜 기도의 밤을 보낸 후 성인은 나중에 이렇게 고백한다. "나는 내 몸 안에서 화상을 입을 때의 고통처럼 크나큰

---

[2] P. Kovalevski, *Histoire de la Russie et de l'URSS*, Librairie des Cinq Continents, Paris, 1970, p. 278.

고통을 느끼곤 했다오."

1822년 어떤 사람이 성인에게 미하일 만투로브라는 청년 한 사람을 데리고 왔는데, 그는 다리가 아파서 겨우 걸을 수 있었다. 그는 발틱 지방의 정부 관료였고 그곳에서 결혼했다. 갑자기 병에 걸려 은퇴해야만 했던 그는 은퇴 후에 둘째 누이 예레나와 함께 조부로부터 유산으로 물려받게 되는 자신의 영지에 돌아와 살았다. 그곳은 사로브에서 약 40킬로미터 떨어진 곳이었다. 스타레츠 세라핌 성인이 물었다. "무엇 때문에 나를 보러 왔지요?" 만투로브는 성인에게 그가 겪고 있는 병을 설명해 주었고 의사들도 그 병을 어쩌지 못했다는 사실을 알려 주었다. 세라핌 성인은 그에게 다시 이렇게 물었다. "젊은이는 하느님을 믿습니까?" 병든 만트로브는 믿음의 확신을 가지고 대답했고 성인은 다시 이렇게 말했다. "좋아요. 나의 기쁨이여. 젊은이가 하느님을 믿는다면, 믿는 사람은 신앙을 통해 무엇이든지 하느님께 얻을 수 있다는 것을 신뢰해야 합니다. 하느님께서 젊은이를 고쳐 주실 것이라는 사실을 확고하게 믿으십시오. 부족한 나도 젊은이를 위해 기도하리다."

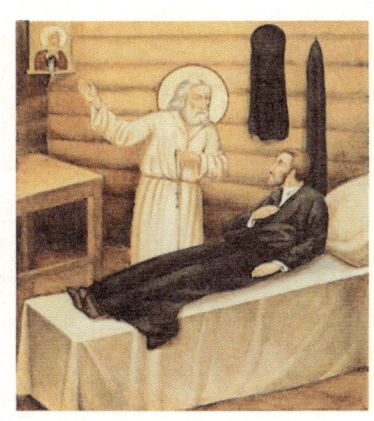

▲ 성인이 만투로브를 치유하시다

이렇게 말하고는 자신의 독방으로 가서 동정녀 이콘 앞에서 타오르고 있던 등잔의 기름을 가지고 왔다. 성인은 그에게 "젊은이는 내가 주님께서 주신 은총으로 고쳐주는 첫 번째 사람이라오."라고 말하면서 발과 다리에 기름을 발랐다. 이어서 성인은 방문객들에게 나누어 주려고 말려놓곤 했던 축복된 빵조각들을 한 줌 집어서 만트로브의 주머니에 넣어 주면서 수도원의 방문객사로 돌아가라고 말했다. 젊은이는 힘들게 일어서더니 잠시 머뭇거렸다. 그때 젊은이는 갑자기 이해할 수 없는 힘이 자기를 지탱해 주는 것을 느꼈고, 즉시 세라핌 성인의 발 아래 엎드려 병을 고쳐주신 것에 대해 감사를 드렸다. 세라핌 성인은 그를 일으켜 세우며 말했다. "젊은이를 고친 분이 세라핌일까요? 아니에요. 나의 기쁨이여, 그것은 오직 하느님께 속한 것이니 젊은이가 감사드려야 할 분은 하느님이요 거룩한 성모님뿐입니다."3)

병에서 나은 지 얼마 안 가서 만트로브는 병을 고쳐 주신 하느님께 어떻게 감사드려야 할지를 스타레츠에게 여쭙기 위해 사로브에 들렀다. 세라핌 성인의 거처에 당도하자마자 성인은 문을 열고 "나의 기쁨이여, 주님께 감사드리겠다고 약속하지 않았나요?" 하고 말하면서 그를 맞이하였다. 자신의 속마음을 다 읽어내는 것에 놀라서 만트로브는 감사드릴 방법을 성인에게 여쭈었다. 깊은 눈으로 젊은이의 속마음을 꿰뚫어 본 세라핌 성인은 "좋아요. 나의 기쁨이여, 할 수 있다면 당신이 가진 모든 것을 하느님께 바치세요."라고 말했다. 잠시 혼란스러움을 겪은 만트로브는 뭔가 자기가 잘못 이해한 것이라고 믿었다. 잠시 침묵이 흘렀고 만트로브는 주저했다. 하지만 스타레츠는 생각할 시간도 주지 않고 곧바로 이렇게 말했다. "세상의 모든 근심들을 내려놓으세요. 주님께서는 당신을 버려두지 않을 것입니다. 이승에서나 저승에서나 주님은 언제나 젊은이에게 필요한 그날그날의 양식을 제공해 주실 것입니다."

만트로브는 크게 고무되고 뜨거워져 마음 깊은 곳에서 이미 너무도 사랑하게 된 이 성인에게 복종할 준비가 되어 있음을 느낄 수 있었다. 그는 "내가 해야 할 일이 무엇인지 말씀만 해 주십시오." 하고 말했다. 성인은 "좋아요. 나의 기쁨이여, 하느님의 뜻이 무엇인지 함께 기도해 봅시다. 나중에 젊은이를 다시 부르겠습니다."라고 말하고 젊은이를 돌려보냈다.

며칠 후 성인은 만트로브를 불렀다. 세라핌 성인은 그에게 그의 땅

---

3) 세라핌 성인이 행한 이 첫 번째 치유의 기적 이야기를 전해준 이는 이 사건의 증인이요, 수도원의 방문객 담당 수도자였던 게오르기이이다.

을 다 팔고, 집의 농노들을 다 해방시켜 주고, 마지막으로 디베예보에 있는 땅 십오 헥타르를 지시하는 대로 사들이라고 말했다. 그러면서 "이 땅은 하느님께서 디베예보 공동체를 위해 예정하신 것입니다." 하고 덧붙였다. 하지만 만트로브는 그 당시 영주들이 누렸던 호사스런 생활에 익숙해져 있던, 이제 막 결혼한 젊은 아내에 대한 생각이 났다. 다시 한 번 그는 잠시 주저했다. 하지만 이내 마음을 다잡고 확고한 마음으로 스타레츠가 요구한 가난을 서원했다. 사실상 이 결정에서 완전히 배제되었던 그의 아내는 만트로브를 마구 비난해댔고 분노를 굽힐 줄 몰랐다. 만트로브는 인내심과 선한 마음으로 아내의 격한 비난과 비웃음을 참아냈다. 결국 사태는 진정되었다. 나중에 과부가 되어 디베예보에서 수도 생활을 시작한 만트로브의 아내는 1856년에 이렇게 고백한다. "나의 남편이 가난을 서원했을 때, 나는 그를 끝없이 비난했다. 그는 그저 말없이 한숨만 내쉴 뿐이었다. 그것은 나를 더 화나게 했다. 한번은 겨울이었는데 우리는 너무도 가난해서 등잔 기름조차 다 떨어지고 없었다. 저녁은 길고도 길었고 정말 슬펐다. 더 이상 참을 수 없어 나는 통곡하기 시작했고 세라핌 성인을 욕하면서 울부짖었다. 나의 남편은 언제나 아무 말이 없었다. 그런데 그때 갑자기 이콘이 있는 쪽에서 타닥거리는 소리가 희미하게 들렸다. 나는 그쪽을 바라보았고, 내 눈을 믿을 수가 없었다. 조금 전까지만 해도 텅텅 비어 있었던 등잔에 기름이 넘칠 만큼 가득 차 있는 것이 아닌가! 그리고 등잔은 맑고 예쁜 불을 밝히고 있는 것이 아닌가! 나는 눈물 범벅이 되어 '오 거룩한 성모님, 그리스도의 사랑으로 부족하고 죄 많은 저를 용서해 주세요.' 하고 끊임없이 기도드렸다. 그때부터 온갖 시련과 고난에도 불구하고 나는 결코 불평하지 않았다. 지금도 이 모든 것을 생각하면 내 마음은 감동으로 일렁인다."

  재산을 다 청산한 뒤 미하일 만트로브는 아내와 함께 디베예보 마을 근교의 한 작은 집에 정착했고 세라핌 성인이 내릴 또 다른 지시를 기다렸다. 이 시기 스타레츠 세라핌 성인은 아직 거처에서 나오지 않았고 방문객들을 수도원에서 맞이했다. 1823년 어느 날, 성인은 만트로브를 불러서 그의 앞에 엎드려 말뚝을 하나 주고는 그것을 알렉산드라 수녀원장이 지은 디베예보 교회 뒤쪽에 있는 들판에 박아달라고 부탁했다. 성인은 만트로브에게 성당 후미에서 들판까지 얼마쯤 되는 곳에 그 말뚝을 박아야 하는지 자세히 알려주었다. 만트로브는 그대로 실행했고 성인은 매우 만족해 했다. 이듬해인 1824년 세라핌 성인은 다시 네 개의 작은 말뚝을 건네주며 그것들을 첫 번째 것을 중심으로 사각형이 되는 지점에 박아달라고 부탁했다. 만트로브는 호기심이 동했지만 성인에게는 여쭤볼 엄두도 못 내고 그냥 마음속으로만 궁금해 했다. 얼마 후 그 땅 주인이 방앗간을 짓도록 디베예보 공동체에 그 땅을 헌납했을 때에야 비로소 이 신비가 풀어졌다. 그 자체로는 아무런 의미도 없었던 이런 일들은 결국 세라핌 성인의 놀라운 통찰의 은사를 증언해 주었다.

이 놀라운 통찰의 은사는 성인에게 너무도 자연스러워 보였다. 왜냐하면 이 은사는 기도하는 동안 하느님으로부터 받은 몇 가지 '표징'에서 비롯된 것이기 때문이었다. 이 은사는 무엇보다도 그에게 찾아와 자신의 참된 소명이 무엇인지 물어보는 사람들에게 발휘되었다. 성인은 질문하는 사람들의 미래가 자기 앞에서 펼쳐지는 것을 보곤 했다. 그래서 이 수도원 저 수도원, 주변의 마을들 할 것 없이 사람들은 거룩한 스타레츠의 이 예지 능력을 두고 이야기꽃을 피웠다. 농부들은 성인을 점쟁이로 생각해서 판단하기 어려운 문제들을 만나면 으레 성인을 찾아와 자문을 구하곤 했다. 알렉산드르 보제가 우리에게 전해주는 말을 들어보자. "어느 날 나는 교회를 빠져 나와 세라핌 신부님의 거처 앞을 지나가게 되었는데 그때 한 농부가 숨을 헐떡이며 나에게 다가와 말하기를 '신부님, 신부님이 세라핌이신가요?' 해서 아니라고 대답하면서 '그분께 뭘 원하세요?' 하자 이렇게 말하는 것이었다. '사람들이 말하기를 그분은 모든 것을 알아맞히는 능력을 가지셨다는군요. 아, 그런데 글쎄, 어떤 놈이 내 말을 훔쳐갔지 뭡니까! 말이 없으면 나와 내 가족은 끝이에요!' 하는 것이었다. 이때 세라핌 신부님이 거처 문턱에 서 계신 것을 보았다. 나는 농부에게 신부님을 가리켜 주고 나서 무슨 일이 벌어질까 엿들었다. 불쌍한 농부는 단숨에 신부님께 달려가 발치에 엎드려 자기가 당한 불행한 일을 다 털어 놓았다. 농부를 진정시킨 세라핌 성인은 '그만 조용히 하고 그저 이런저런 마을로 가 보시게. 그리고 똑바로 직진하여 방책 울타리 뒤쪽을 지나치면 거기에 자네 말이 울타리에 묶여 있을걸세. 그러면 아무 말도 말고 그 말을 풀어 조용히 나가게.' 하시는 것이었다. 농부는 지시받은 길로 줄달음질해서 정말 잃어버린 말을 되찾았다."

 어느 날 순례자들 중에 한 여인이 있었는데, 스타레츠는 그녀를 금방 알아보았다. 스타레츠는 전혀 그 여인을 알지 못했음에도 불구하고 그 여인의 이름을 불러 세우고는 급히 집으로 돌아가라고 일렀다. 집에 아들이 당도해 있었던 것이다. 집에 들어서자 여인은 기쁘고 놀라웠다. 얼마 전에 있었던 전쟁에서 실종되었다고 통보되었던 그의 아들이 살아 돌아온 것이 아닌가!

 1822년, 세라핌 성인의 친구를 남편으로 둔 몰리아예브라는 부인이 사로브를 찾아왔는데 이유는 남편이 몹시 위험한 병에 걸렸기 때문이었다. 이날 스타레츠는 온전히 기도에만 전념하면서 아무도 접견하지 않았다. 그럼에도 불구하고 마당에는 수많은 사람들이 그를 기다리고 있었다. 이 여인은 힘들게 첫 번째 자리까지 나아갔다. 그때 갑자기 문이 열리고 스타레츠가 문 앞에 나타났다. 그리고 그녀를 불러서 집에 돌아가면 남편과 함께 나누어 먹으라고 축복된 빵과 물을 주었다. 집으로 돌아오니 그녀의 남편은 거의 전신이 마비되어 있었다. 부인은 힘들여 남편에게 축복된 물을 조금 먹였다. 그러자 남편은 말을 되찾아 감동의 눈물을 흘리며 "세라핌, 하느님의 축복을 받은 이여. 이것이 당신이 나에게 주는 마지막 축복이오." 하고 말하였다. 그런 다음 손수 아내와 자식들을 축복하고 숨을 거두었다.

 또 이런 일도 있었다. 여러 수도원에서 스타레츠에게 자문을 구하기 위해 오는 수도자들도 많았다. 성인은 수도원 장상이 되겠다거나 영혼을 지도하겠다고 자처하는 사람에게는 쉽게 축복해 주지 않았다. 성인은 이렇게 말하곤 했다. "아, 이 부르심이야말로 참으로 어려운 것이지. 수도원 장상은 영을 분별할 줄 알아야 하고 사람의 영혼을 잘 알아야해." 하지만 반대로 성인은 이러한 부르심을 조금도 탐내지 않는 사람들에게 그 직책을 예언하기도 했다. 성인은 이 경우에 해당하는 한 수도자에게 자신의 지팡이를 건네주며 이렇게 말했다. "자네가 대수도원장이 되면 자네의 수호천사가 자네가 견뎌야 할 고난의 길을 인도해 줄걸세." 몇 년 후 이 수도자는 고생길이 훤한 한 수도원의 원장이 되었다. 한번은 이웃 수도원 원장(그 후에는 자고르스키의 수도원 원장이 됨)이었던 안토니 수사신부가 성인의 방에 들어섰다. 이때 성인은 한 상인과 대화하면서 타락한 생활을 청산하라고 권고하고 있었다. 스타레츠는 온유함으로 그에게 말했고, 그 상인은 감동에 젖어 참회의 눈물을 흘리며 방을 나왔다. 안토니 신부는 그 앞에서 놀라움을 숨기지 못하고 이렇게 외쳤다. "신부님은 어떻게 그렇게 사람의 마음을 잘 읽으십니까? 어떤 것도 신부님께는 숨길 수가 없군요!" 세라핌 성인은 이렇게 대꾸했다. "아닙니다. 나의 기쁨이여, 사람의 마음은 오직 하느님께만 열린다오. 사람이 그 마음에 다가가려 해도 만나는 것은 거대한 심연뿐이라오." 하지만 안토니 수사신부는 죄를 드러내지도 않았는데도 다 알아차리는 스타레츠 세라핌 성인의 이 놀라운 직관의 비밀이 무엇인지 알려 달라고 졸랐다. 잠시 침묵이 흐른 뒤 세라핌 성인이 입을 열었다. "보십시오. 이 사람도 여느 사람과 마찬가지로 내가 하느님의 종이라 믿고 내게 왔습니다. 신부님처럼 말이지요. 하지만 진실로 나는 정말 보잘 것 없고 자격도 없는 종입니다. 그러나 그래도 좋은 종이지요. 신부님에게도 마찬가지인데, 나는 내게 찾아온 사람들에게 오직 하느님께서 그들에게 주라고 명하신 것을 줄 따름입니다. 내게 임한 첫 번째 말, 나는 그것을 성령에 의해 영감 받은 것으로 믿습니다. 내가 말을 꺼내기 시작할 때 나는 내 마음 안에서 말씀하시는 분이 무얼 말씀하시려고 하는지 정말 모릅니다. 나는 단지 하느님께서는 선하시기에 내 말을 인도해 주신다는 것만 알 뿐입니다. 하지만 이전처럼 하느님께 온전히 의지하지 않고 내 자신의 생각에 따라 대답한다면 나는 분명 틀릴 수도 있습니다." 세라핌 성인은 이런 말로 마무리했다. "쇠가 대장장이의 손에 자신을 내맡기듯 나는 내 자신을 온전히 하느님께 내어드립니다. 나는 오직 하느님의 의지에 따라서만 행동합니다. 나는 다른 사람들에게 하느님께서 그들에게 들려주시고자 하는 말을 할 뿐입니다."

세라핌 성인은 참된 영적 가난, 하느님의 의지를 자신의 존재로 비추어주는 투명성에 이르렀다. 성인은 자기 자신의 이성이 아니라 사람들 눈에는 어리석게 보일지언정 하느님 앞에서는 지혜로운 '또 하나의 다른 지혜'가 자신을 지배하도록 내놓았다.

세라핌 성인에게 이 통찰의 은사는 예언의 은사로 연결된다. 성인은 미래를 예언한다고 자처하지 않았다. 사람들은 성인에게 어떤 정치적 사건들이 일어날지 또는 임박했다고 믿는 세상의 종말이 언제 어떻게 일어날지 구체적인 예언을 해 주기를 원했다. 하지만 성인은 조용히 이렇게 말할 뿐이었다. "불쌍한 이 세라핌에게서 여러분들은 뭘 바라나요? 이 모든 것을 부족하기 짝이 없는 내가 알 수 있을까요? 나는 그것들에 대해 어떤 계시도 받지 못했어요. 세상 종말의 날짜와 시각은 아무도 알지 못하며 천사들에게도 감추어진 비밀이라오. 오직 하늘에 계신 하느님 아버지만 아시지요." 그럼에도 불구하고 미래에 대해 이야기할 때 세라핌 성인은 그 자신 앞을 스쳐 지나가는 미래를 보고 있는 것 같았다. 가끔 사람들은 기쁨이 가득하던 성인의 얼굴이 슬픔으로 그늘지고 눈물이 뺨을 타고 흐르는 것을 보기도 했다. 성인은 알렉산드르 1세 치세의 마지막 몇 년 동안 러시아와 교회가 겪게 될 위험을 알고 있었음에 틀림없다. 정부 정책에 적대적인 흐름들이 나라 안을 몰려다녔고 1825년에는 급기야 '12월당'(decembristes)의 폭동이 발생했다. 끊임없는 동원령으로 많은 군인들이 사로브를 거쳐 갔으며,

가끔씩 그들 중에서 스타레츠의 거처를 방문하는 일이 생기면 스타레츠는 교회와 조국에 대한 그들의 의무가 무엇인지 상기시켜주는 것을 잊지 않았다.

성인은 이렇게 말하곤 했다. "하느님의 심판이 다가왔습니다. 왜냐하면 우리가 구원의 길로부터 너무 멀리 떨어져 나와서 하느님의 분노를 우리에게 부르고 있기 때문입니다. 그러므로 이 심판의 때가 불현듯 우리에게 임하지 않도록 깨어서 기도해야 합니다." 또 말하기를 "우리 교회는 지금 나라 안팎에서 오는 시련으로 크게 동요하고 있습니다. 적들은 사방에서 교회를 포위하고 있습니다. 러시아 백성은 여러분의 목숨을 건 희생정신을 기대하고 있습니다. 또 여러분의 종교적 양심은 여러분에게 이 희생을 요구하고 있습니다. 왜냐하면 여러분은 이를 위해 임무를 부여받았기 때문입니다. 그리스도께서 머리되시는 우리 교회는 여러분에게 이제 행동을 호소하고 있습니다."

성인은 여러 번 적그리스도가 나타나 교회의 십자가들을 부러뜨리고 수도원들을 파괴할 때가 올 것이라고 말했다. "그것은 아마 세상이 생겨난 이래 가장 처절하게 비참해지는 날이 될 것입니다. 하느님의 천사들도 지상에서 영혼들을 구해낼 시간이 충분하지 못할 것입니다."

사람들은 어떤 장군의 방문한 일을 기억하고 있다. 그 장군이 스타레츠의 거처에 도착했을 때 성인은 그를 방에 들어오게 하고 문을 닫았다. 밖에서 기다리던 사람들은 곧 숨이 넘어갈 듯이 오열하는 소리를 들었고 이어서 그 장군이 손으로 얼굴을 가린 채 스타레츠의 부축을 받아가며 거처에서 나오는 것을 보았다. 스타레츠의 손에는 장군의 모자와 장군이 성인 앞에 엎드려 절할 때 땅에 떨어졌던 장식들이 들려져 있었다. 장군은 그를 둘러싼 사람들에게 이렇게 말했다. "전쟁을 수행하면서 나는 전 유럽을 다 돌아다녔다. 하지만 그 어디서도 이런 성성을 간직하신 분을 만나지 못했다."[4]

---

4) 1825년 탐보브 지역에 진주했던 연대의 연대장은 『러시아 전언』(1879, p. 267-270)에 실린 그의 일기에서 그와 그의 아내가 부활주간에 성인을 방문했을 때 성인에게서 받았던 놀라운 환대에 대해 묘사했다. 병으로 고생하

치료하고, 위로하고, 마음 속의 비밀을 꿰뚫어 보고, 근심과 걱정을 함께 나누고, 병자를 치유하고, 미래를 내다보고, 경고하고, 가르치는 이 모든 다양한 은사는 단 하나의 동일한 원천, 즉 오늘도 하느님의 사람들을 통하여 '모든 이들의 유익을 위해' 세상에서 일하시는 오순절 성령의 현존에서 흘러나왔다.

1825년경에 세라핌 성인과 알렉산드르 황제의 만남이 있었고 얼마 후에는 그의 형제인 미하일 대공작과의 만남이 있었다고 전한다. 수도원 연대기는 이들의 방문을 기록해 놓았지만 대화한 내용은 아무것도 알려지지 않았다. 확실한 것은 스타레츠를 향한 황실 가족의 헌신은 성인이 죽은 뒤에도 계속되었다는 것이다. 사람들은 니콜라이 황제의 황후가 사경을 헤매던 침대 위에서 이렇게 말했다고 전한다. "나는 이 작은 노인이 내가 잘 죽을 수 있도록 도와줄 거라고 확신해요." 사람들은 사로브로부터 세라핌 성인의 망토를 그에게 보냈고, 황후는 이 망토를 덮고 아무런 고통 없이 평화롭게 운명했다.

세라핌 성인은 진정으로 러시아 백성의 수호 천사였다. 성인은 사람들이 그에게 늘어놓은 모든 악에 스스로 책임이 있다고 믿었다. 그래서 성인을 찾는 영적 자녀들이 늘어나면 늘어날수록 성인의 탄원기도는 더욱 간절해졌고, 그의 눈에서는 참회의 눈물이 더욱 많이 흘렀다.

각종 삶의 조건에 놓인 사람들이 세라핌 성인을 향한 공경심을 가지고 사방에서 찾아왔다. 심지어 어떤 날에는 이 천 명이나 찾아오기도 했다. 그들은 보통 아르자마스 길을 통해 도착했고 각종 마차들의 왕래가 끊이질 않았다. 잘 장식된 고급 마차가 있는가 하면 소박한 마차와 농부들의 손수레도 있었다. 또 많은 사람들이 손으로는 지팡이를

고 있는 아내의 간곡한 청원과 호기심으로 여행을 시작했던 그는 이 노수도자가 흰색 수단을 입고 그의 방문 앞에 나타났을 때부터 크게 놀라지 않을 수 없었다. "그는 꼭 하늘의 천사와 같았다."라고 이 연대장은 고백했다. 스타레츠는 한없이 온유한 모습으로 그에게 다가와 이렇게 말했다. "당신은 슬픔에 빠져 있군요. 하지만 그저 주님께 기도만 하세요. 그러면 주님께서 당신을 위로해 주실 겁니다." 실제로 그의 슬픔은 금방 사라졌고 그의 아내는 병에서 완쾌되었다.

짚고 등에는 가방을 메고 걸어서 오기도 했다. 그들은 종종 수만 킬로미터를 걸어야 했고 여러 주간을 여행해야만 했다. 예루살렘 성지를 갈 수 없어서 그저 예루살렘을 찾듯이 이곳저곳 성지들을 찾아다니며 평생 방랑 생활을 서원한 이들도 적지 않았다.5) 사로브에 온 많은 사람들은 수도원의 방문 객사나 이웃한 여관이나 농부들의 집에서 묵었고 여름에는 종종 한데서 밤을 보내는 일도 있었다. 또 그들은 며칠씩 기다려서야 비로소 스타레츠를 볼 수 있었다. 새벽에 사로브의 종이 울리면 그때부터 순례자들은 수도원 마당에 마치 대양의 조수와 같이 밀려들었다. 수많은 방언과 외모와 풍습과 피부색을 가진 사람들은 각각 세라핌 성인의 거처가 있는 현관 층계에 될 수 있으면 남들보다 더 가까이 다가가기 위해 한바탕 경쟁을 해야만 했다. 사람들은 성인이 축일에는 다른 이가 가져다 주는 성체성혈을 받아 모신 뒤 오랜 시간 기도에 전념했으며 수요일과 금요일에도 두문불출한다는 것을 잘 알고 있었다. 그래서 성인이 거처 문턱에 나타나기만 하면 저마다 성인을 좀 더 잘 보기 위해 까치발을 했다. 그러면 성인은 "이리들 오세요, 이리들 오세요. 나의 기쁨들이여. 그리스도께서 부활하셨습니다!" 하고 평소대로 인사를 했다. 그런데 성인은 무리들 속에 파묻힌 사람 가운데서 어떤 사람들은 특별히 부르기도 했다. 성인은 감히 앞으로 나올 생각을 못하고 있는 가난한 여인에게 "내 딸이여, 이리 다가오세요."라고 말하기도 했고, 또 다른 이에게는 이름을 부르며 "당신에게 할 말이 있어요." 하고 말하기도 했다. 또 팔꿈치로 길을 트려고 애쓰던 한 젊은 농부에게 성인은 "자네는 어딜 그리 가려고 애를 쓰는가?" 하고 소리쳤는데 그때 어떤 보이지 않는 힘이 그 농부를 뒤에서 잡아당겼다. 이에 그는 아연실색하여 이마에 땀을 흘리면서 스타레츠의 발 아래 꿇어 엎드려 군중은 상관도 않고 죄를 고백하기 시작했다.

 우리는 신문에서 어떤 젊은이가 아이였을 때 성인을 방문했던 이야

---

5) 정기적인 순례를 격려했지만 교회는 어쨌든 계절마다 농사일이 끝나면 긴 여행을 떠나곤 했던 이런 대이동을 감소시키려고 노력하기도 했다.

기를 읽었다. 성인이 나무로 만들어진 큰 숟가락으로 포도주에 적신 빵 조각들을 방문객들의 입에 넣어주던 방식은 그에게 매우 이상하게 보였고 그래서 그는 웃음을 참을 수가 없었다. 그의 어머니는 그를 꾸중하며 밖으로 내쫓았다가 나중에 스타레츠에게 용서를 구하라고 명령했다. 아이는 혼자서 스타레츠를 찾아갔다. 스타레츠는 거처 안에 놓아 둔 관 위에 앉아서 웃고 있었다. "오호라. 너로구나. 내 친구야!" 성인은 아이를 반갑게 맞이하며 말했다. "너는 복음서를 읽느냐?" 가족들은 복음서를 읽는 것은 사제들만 할 수 있는 일이라고 생각하고 있다고 아이는 성인에게 대답했다. 그러자 성인은 복음서를 열고 마태오 복음 7장 1절에서 2절까지를 읽었다. "남을 판단하지 말아라. 그러면 너희도 판단 받지 않을 것이다." 이 말씀은 아이의 영혼에 깊은 울림을 일으켰고 그 후로 세라핌 성인을 뵙기 위해 사로브에 자주 들르게 되었다. 사람들이 너무 많아서 다가가기 힘들 때는 멀리서 성인을 바라보는 것만으로도 충분했고 그러면 그는 양심이 깨어나서 기도하고 싶은 강한 열망을 느끼곤 했다.

  이웃에게 어떻게 행동해야 하는지를 묻는 사람들에게 세라핌 성인은 이렇게 말하곤 했다. "주님께서 가르쳐 주신 것을 실천하십시오. 주님께서는 마지막 날에 그것을 두고 우리와 셈하실 것입니다. '내가 배고플 때 너희는 먹을 것을 주었고, 목마를 때 마실 것을 주었고, 헐벗었을 때 입을 옷을 주었고, 병들었을 때 나를 찾아와 위로해 주었고 감옥에 갇혔을 때에 나를 찾아와 주었다.'라고 말씀하셨듯이 말입니다."

  또 사람들이 죄를 고백하러 오면 성인은 참회자들이 보통 늘어놓기 좋아하는 선행과 악행에 관심을 두기에 앞서 무엇보다도 먼저 참회자들의 마음 속에서 하느님과 이웃을 향한 사랑을 찾아 주려고 했다. 성인의 관심은 사람들이 저지를 수 있는 이런저런 우연적인 죄보다도 사람 전체에 있었으며 그들의 기쁨과 슬픔에 있었다. 고통이나 죄 앞에서 깊은 연민으로 불타오르는 것은 성인의 영혼이 보여주는 가장 큰 특징 중의 하나였다. 그래서 성인의 조언들은 "의롭게 살고 마음의 평화를 지키며 당신의 이웃들에게 항상 좋은 감정을 가지세요."라든가 "영에는 영에 해당하는 것을 주고 육에는 육이 영혼을 구원의 길로 운반하는 데 필요한 것들을 주십시오." 또는 "영적 삶에서 너무 힘에 부치는 것을 행하려 하지 마세요. 항상 중용을 지키세요. 그것이 바로 가장 좋은 길입니다."와 같이 단순하고 관용으로 가득한 것이었다.

수도원의 큰 마당은 늘 병자들로 가득했다. 사람들은 소아마비, 소경, 귀신들린 사람들을 데려왔고 세라핌 성인은 매일 이들을 고쳐주었다.

마치 주름진 살가죽을 덮어놓은 듯 앙상한 뼈만 남은 처참한 모습을 한 어린 소아마비 환자가 있었다. 그의 부모는 기적이 일어날 것이라는 희망을 품고 먼 길을 걸어서 사로브에 왔다. 마당에서 그들은 오랜 시간을 기다리며 차례를 기다리고 있었다. 성인은 다른 환자들을 돌보고 있었다. 마침내 성인이 거처에서 나와 군중들을 헤치고 다가와서는 어린 아이를 팔에 안고 입 맞춘 후 그 어머니에게 도로 안겨주었다. 그러고 나서 부모에게 아이의 병을 고치기 위해서는 쉬지 말고 기도하라고 당부했다. 스타레츠는 다른 환자를 돌보러 갔다. 성인은 결코 사람들이 보는 앞에서 일어나는 특별한 기적을 원하지 않았다. 성인은 오직 믿음을 찾았고 기도를 주문했다. 그러나 얼마 지나지 않아 이 불쌍한 어린 아이가 건강을 되찾았다는 소식이 들려왔다. 또 한 번은 눈 먼 어린아이가 있었는데 그 부모는 5일 전부터 칩거에 들어가 아무도 접견하지 않고 있었던 스타레츠가 나오길 기다리고 있었다. 마침내 성인에게 다가갈 수 있게 되었을 때, 성인은 아이의 눈에 입김을 불어 주었고 아이는 마치 눈에서 뭔가 비늘이 떨어져 나가는 것 같은 느낌을 받았다. 얼마 후에 아이는 시력을 완전히 회복하였다.

성인은 어떤 귀머거리의 귀에 성모님 이콘 앞에 놓여 있는 기름을 발라주어 낫게 했다. 하지만 성인은 극구 "당신을 고친 것은 내가 아니라 주님의 어머니이십니다."라며 겸손하게 자신을 내려놓았다.

이 밖에도 놀라운 일들을 다 열거하자면 너무 많아서 아마 지루해질지도 모를 일이다. 하지만 우리에게 꽤나 예외적으로 비치는 한 가지

경우가 있는데 이 일은 세라핌 성인의 친구인 보로틸로브라는 사람의 부인에게 일어난 일이었다. 한 밤중에 보로틸로브가 세라핌 성인에게 급하게 달려와 자기 아내가 임종 직전에 있다고 알려 주었다. 꽤 늦은 시간이었지만 스타레츠는 마치 그를 기다리기라도 한 듯이 문지방에 걸터앉아 있었다. 보로틸로브는 눈물을 흘리며 아내를 고쳐달라고 성인에게 간청했다. 하지만 성인은 자기는 아무것도 할 수 없으며 그녀가 떠나야 할 시간이 왔다고 대답했다. 하지만 보로틸로브는 무릎을 꿇고 막무가내로 간청했다. 어찌할 수 없자 세라핌 성인도 간절하게 기도했다. 그리고 얼마 후 그 친구에게 이렇게 말하는 것이었다. "이보게 친구, 나의 기쁨이여, 평화롭게 되돌아가게. 주님께서 자네에게 은총을 베푸셔서 아내가 살아날 것이라네." 집에 돌아가니 보로틸로브의 아내는 세라핌 성인이 주님께 기도하고 있던 시간에 병에서 쾌유되어 일어나 있었던 것이다.

가끔 세라핌 성인은 며칠 동안 칩거하며 영적 침체에 빠져 있는 영혼들을 위해 하느님께 용서를 구하곤 했다. 성인은 중보기도를 아주 중요하게 생각했다. 성인은 모든 일을 하기에 앞서 늘 중보기도를 드렸다. 어느 날 성인은 날이 다 저물 때가 되서야 접견하게 된 어떤 사람에게 이렇게 말했다. "나를 용서해 주십시오. 나의 기쁨이여, 당신을 너무 기다리게 했습니다. 하지만 길 잃은 한 영혼을 위해 기도해야만 했기 때문이었습니다." 어느 날인가는 수녀 중 한 분이 기도 중이던 성인의 거처에 들어갔다. 밖은 태양이 밝게 비추고 있는데도 성인의 방은 깊은 어둠에 잠겨 있었다. 촛불도 너무나 희미하게 빛나고 있어서 '촛불이 꺼진 것이 아닐까?' 하고 생각할 정도였다. 차가운 공기가 어둠을 뚫고 들어와 마음 속에 파고들었다. 그때 수녀는 '악마는 차갑다.'라고 스타레츠가 즐겨 말한 대목이 생각나 땅에 꼬꾸라졌고 두려움에 사로잡혔다. 수녀에게 이런 말이 들려왔다. "사탄이 나와 크게 한 판 붙었지. 사탄은 내가 기도하는 한 영혼을 쓰러뜨리고 싶어 했어. 하지만 하느님께서 그것을 허락하지 않으셨지. 그러니까 사탄은 화가 나서 이렇게 짙은 어둠을 만드는군." 세라핌 성인은 자주 찾아오는 사람들과 동화되곤 했다. 한번은 하느님께서 자신의 잘못을 용서하지 않으실 거라는 생각 때문에 고통스러워하던 사람에게 이렇게 말했다. "두려워하지 마십시오. 주님은 선하시기 때문입니다. 주님은 당신의 모든 죄를 용서하실 것입니다. 나의 죄도 당신의 죄도 다 용서하실 것입니다. 그리고 우리 모두에게 구원을 선사해 주실 것입니다." 몇 날을 잠도 자지 못하고 피곤을 참아가며 오랜 여행 끝에 사로브에 도착한 한 여인이 성인에게 죄를 고백하려는 간절한 열망을 품고 거처에 들어섰다. 그녀가 들은 첫 번째 말은 죄 사함의 말이었다. 스스로 용서받을 자격조차 없다고 느낀 여인은 겁에 질려 털썩 무릎 꿇고 땅에 엎드려 울기 시작했다. 세라핌 성인은 그녀의 손을 잡고 옆에 나란히 앉아 죄 사함 기도를 계속 올렸다. 그러자 그녀는 지금껏 한 번도 경험해 보지 못한 행복과 평화가 마음 속에서 울려 퍼지는 것을 느끼게 되었다.

언젠가는 사람들이 성인과 대화를 나누고 싶어하는 강한 바람을 가지고 있던 한 교수에게 성인의 관심을 돌리기 위해 애쓰고 있었는데 성인은 매우 저명한 이 철학 교수에게 눈길 한번 주지 않고 다른 사람들만 돌보았다. 그러다가 마침내 그를 향해 이렇게 말했다. "다른 사람을 가르치는 것은 마치 종탑 꼭대기에서 돌을 던지는 것과 같지만 가르치는 것을 스스로 실천하고 완성하는 것은 이 돌을 종탑 꼭대기까지 운반하는 것과 같습니다." 세라핌 성인은 절대로 지성의 활동을 경시하지 않았다. 오히려 그 반대이다. 성인은 늘 '가르치기'를 좋아했고 사제들에게도 가르침의 의무를 시야에서 놓치지 말아야 한다고 강조했다. 하지만 성인은 겸손과 생명의 진리를 좋아했다. 가끔 아이를 둔 부모들이 찾아와서 자식들의 지적 능력들에 대해 조언을 구할 때 성인은 그들의 생각을 간파하고는 "당신처럼 위대한 지성인 앞에서 나같이 못난 사람이 무슨 말을 하겠습니까!" 하고 놀리곤 하였다.

마리아와 프라스코비아의 질녀이자 이반 멜리우코브의 딸인 옐레나는 고모들의 손에 이끌려 성인을 찾아갔을 때 아직 어린아이였다. 하지만 그녀는 디베예보 연보에 보존되어 있는 그의 회고록에서 스타레츠가 어린 자신을 안아 탁자 위에 내려놓은 뒤 "이 어린 아이는 장차 여러분들의 보호자가 될 것입니다."라고 말하며 주위에 있던 수녀들에게 인사하도록 했다는 이야기를 전한다. 하지만 이 작은 옐레나는 그녀를 기다리고 있었던 것은 수도 생활이 아니라 스타레츠에게 헌신한 '종'이요 디베예보 공동체의 보호자가 될 한 남자와 결혼하는 것이라는 사실을 생각조차 하지 못했다. 이 방문과 스타레츠의 예언은 장차 그녀의 남편이 될 니콜라이 모토빌로브가 사로브에 도착하기 몇 달 전에 일어났었다.

성인은 마음이 굳어버린 사람들을 하느님께 인도하기 위해 특별히 어떤 방법을 사용하지 않았다. 반대로 종종 날카롭게 파고들기도 했던 성인의 단순한 말들이 아주 딱딱하게 굳어버린 영혼들을 일깨웠고 깊게 잠든 그들의 양심을 되살아나게 했다. 성인은 항상 각 사람에게 어떤 말이 필요한지를 잘 알고 있었다. 어떤 사람들은 권면하고 가르쳤으며 또 다른 사람들은 축복해 주고 위로해 주었다. 성인의 조언들은 늘 지혜와 영감으로 충만했다.

종종 성인은 누군가를 기다리는 듯했다. 그럴 때면 "평화를 안고 돌아가십시오." 하며 모여든 방문객들을 모두 돌려보냈다. 이윽고 기다리던 사람이 도착하면 그를 거처로 맞아들이고 걸쇠로 문을 걸어 잠갔다. 1828년에도 그런 일이 있었다. 성인은 펠라기아라는 이름을 가진 '미쳤다고 소문난' 19살의 젊은 여인을 맞이했다. 그녀의 어머니와 남편이 그녀를 치료하기 위해 스타레츠에게 데려왔던 것이었다. 스타레츠는 어머니와 남편을 돌려보내고 몇 시간 동안 이 젊은 여인과 함께 거처에 머물렀다. 남편이 참다못해 아내를 찾으러 다시 왔을 때, 그는 스타레츠가 그녀와 함께 거처 밖으로 나오는 것을 보았다. 성인은 그녀에게 기도매듭을 건네고 땅에 엎드려 이렇게 말하는 것이었다. "그러니 디베예보로 가세요. 영적 어머니시여. 가서 나의 고아들을 보살펴 주십시오!" 그녀를 보며 성인은 밖에 있던 사람들에게 말했다. "이 여인은 성성의 횃불이 될 것이며 수많은 영혼들을 하느님께 인도할 것입니다." 아내의 손에 쥐어진 기도매듭을 보자 그 남편은 분노로 일그러져 외쳤다. "이 스타레츠가 미친 것 아니오! 이미 결혼한 여인에게 매듭을 쥐어주고 또 디베예보로 보내다니 도대체 그가 자랑하는 통찰력이 어디 있단 말이오!" 하지만 세라핌 성인의 말은 진리로 충만한 것이었음이 드러났다. 펠라기아는 '그리스도를 위한 바보'의 길을 걸었던 것이다. 그녀는 자신을 두들겨 패고 집에 가두어 놓는 남편을 떠났고, 1837년 디베예보 수녀들은 그녀를 맞이하여 보살폈다. 그녀는 47년 동안이나 이 수도원에 머물면서 금욕과 치열한 기도의 삶을 살았고 통찰의 은사를 받았으며 이상한 행동으로 사람들을 놀라게 하기도 했다. 그녀는 거룩한 스타레츠의 빛 안에서 살았기 때문에 그녀가 디베예보에서 죽었을 때 사람들은 그녀를 '세라핌의 세라피마'라고 불렀다.

　어느 날은 젊은 시절 세라핌의 친구였던 수도자 티몬이라는 노(老)은둔자가 근 20년 만에 처음으로 성인을 찾아왔다. 이 은둔 수도자는 군중 속에 파묻혀 하루 종일 성인을 기다렸다. 저녁 무렵이 되어 세라핌 성인이 그를 맞아들이자 그는 성인을 다시 만나게 된 기쁨으로 눈물을 흘리며 이렇게 외쳤다. "아, 신부님. 왜 그렇게 오랫동안 나를 들어오지 못하게 하셨습니까? 혹시 나에게 좋지 않은 감정이라도 있으십니까?" 세라핌 성인은 그를 부드럽게 일으키며 말했다. "당신도 이 수많은 병들고 약한 사람들을 보지 않았습니까. 먼저 그들을 돌보아야 합니다. 그들은 병자니까요. 그렇지 않나요? 의사를 필요로 하는 사람이 누군가요? 이제 내게 속한 시간이 되었으니 나는 당신의 것입니다. 편안하게 우리 이야기합시다." 그들은 대화의 꽃을 피우며 밤을 새다시피 했다.

　헤어질 때가 되자 세라핌 성인은 친구에게 말했다. "티몬 신부님, 씨를 뿌리십시오. 기회가 되는 대로 씨를 뿌리십시오. 당신에게 맡겨진 곡식의 씨를 뿌리십시오. 좋은 땅에도 뿌리고 모래 위에도 자갈밭에도 길 위에도 가시덤불 속에도 뿌리십시오. 한 알의 씨앗은 비록 조금 더

디더라도 반드시 싹을 틔우고 성장하여 열매를 맺을 것입니다. 하느님께서 주신 달란트를 땅에 묻어 두지 말고 그것을 값지게 하기 위해 하늘 은행에 저축하십시오."6)

　세라핌 성인은 상대가 당장은 이해하지 못하더라도 해야 할 말은 두려워하지 않고 했다. 성인에게는 온 세상이 하느님의 들판이었고 가난한 세라핌은 그저 그 들판에 씨를 뿌리는 사람이었다.

---

6) 달란트를 사용하여 영적 열매를 거두어야 한다는 이 생각은 세라핌 성인에게서 한 번도 떠나지 않았다. 그 자신은 분명 흘러넘치게 받은 은사들의 값진 열매들을 다시 주님께 되돌려 드린 선하고 충성스런 종이었다.

4장
수녀들의 영적 아버지

앞에서 말했듯이 세라핌 성인은 사로브 수도원에서 아주 가까운 곳에 위치한 디베예보 수녀원과 접촉을 가지기 시작했다. 수녀원의 영적 아버지가 되기 전부터 성인은 그에게 소명을 물어보는 많은 여성들의 성소를 자극하고 격려했다. 하지만 이 때 수녀원의 상황은 점점 더 악화되고 있었다. 알렉산드라 대수녀가 안식한 후 새 수녀원장이 된 크세니아 대수녀는 매우 엄격한 성격의 소유자로 수녀들을 혹독하게 대하였다. 1825년 경 수녀들의 수는 50여 명으로 불어났지만 수녀원의 경제 사정은 너무 어려워 수녀들에게 먹을 것과 기거할 곳을 안정되게 마련해 줄 수 없었다. 알렉산드라 대수녀가 파호미 신부에게 맡긴 돈은 수녀들에게 양식을 공급했던 사로브 수도원에 남겨져 있었다. 하지만 니폰트 신부가 수도원장이 된 후부터 양식 사정은 갈수록 나빠졌다. 다른 한편, 디베예보 수녀원과 지속적으로 접촉하는 것이 수도원의 상황을 어렵게 한다고 생각한 수도자들은 협의 끝에 상당히 가혹한 방식을 채택했다. 그럼에도 불구하고 사로브 수도원은 알렉산드라 대수녀의 크나큰 도움을 입었다. 그녀는 수도원 대성당을 짓는 데 물질적으로 큰 도움을 주었고 수도원 유지를 위해 상당한 자금을 내놓기도 했으니 말이다. 디베예보 수녀원 생활 규칙은 파호미 수도원장이 제시했던 그대로였던데 반해 수녀들이 맡아야 할 과업은 너무나 무거워 규칙을 제대로 지키는 것이 거의 불가능할 지경이었다. 세라핌 성인이 자신의 문을 활짝 개방하자 많은 수녀들이 성인에게 찾아와 규율을 좀 완화하도록 크세니아 수녀원장에게 청해줄 것을 부탁했다. 하지만 성인이 이른바 '영적 채찍'을 조금 바꾸어 달라고 청했을 때 수녀원장은 들으려고도 하지 않았다. "보십시오, 신부님. 어떻게 신부님은 파호미

원장님이 제정하신 것을 바꾸길 원하실 수 있지요?" 자신이 할 수 있는 일이 없다는 것을 깨달은 성인은 만트로브와 합의한 것들과 수녀원을 위해 방앗간을 건축하는 것에 대해 개입해도 될 적절한 때가 올 때까지 상황을 그냥 내버려두기로 했다. 그래도 성인은 성소를 분별하여 새로운 예비 수련자들을 크세니아 수녀원장에게 보냈고 또 특별히 아르토프 수녀원과 성모희보 수녀원과 같은 새로운 수녀 공동체를 설립하도록 용기를 주기도 했다.

디베예보의 한 수녀가 세라핌 성인과의 첫 만남을 어떻게 묘사하는지 보라. "내가 처음으로 사로브에 갔을 때 나는 겨우 다섯 살이었다. 나의 어머니는 세라핌 성인을 보고 싶은 열망으로 불탔다. 그날은 사람들이 많지 않았고 우리가 기도를 계속 드리고 있었을 때 성인께서 우리에게 문을 열어주셨다. 성인은 흰 옷을 입고 있었고 밝은 빛이 통과하는 듯이 보였다. '어서 와요, 어서 와' 하며 성인은 우리를 반갑게 맞아 주었고 우리에게 성모님 이콘과 흉패용 십자가를 가져다 주며 입 맞추게 하고 나서 축복된 빵을 주고 또 축복도 해 주셨다. 내가 성인을 두 번째로 보았을 때는 일곱 살 때였다. 성인은 나를 번쩍 들어 올려 이콘에 입 맞추게 해 주었다. 내가 열두 살이 되었을 때 우리는 다시 한 번 성인을 보러 갔다. 성인은 내 나이를 물어보았고 나의 어머니에게 이렇게 말했다. '이제 결혼할 때가 되었군요.' 나의 어머니는 내가 아직 너무 어리다며 웃음지었지만 성인은 계속 주장을 굽히지 않으셨다. 성인은 주님과 성모님의 축일에 필요한 흰 옷과 단화를 나에게 마련해 주라고 어머니에게 말했다. 우리가 성인을 만나기 위해 사로브에 갈 때마다 성인은 나에게 장래의 신랑감에 대해 말하곤 하셨다. 나중에야 알게 되었지만 그 신랑은 바로 우리 주님 예수 그리스도 그분이셨다. 내가 열여섯 살이 되었을 때, 성인은 나의 부모님에게 내가 디베예보에 가야한다고 솔직하게 말씀하셨고 나의 부모님이 동의하실 때까지 계속 같은 주장을 하셨다. 성인은 이렇게 말했다. '성모님께서는 이 아이가 어렸을 적에 이미 선택하셨습니다.' 이렇게 해서 나는 디베예보 수녀원의 수녀가 되었다."

세라핌 성인은 성모 마리아께서 그 본보기로 존경받는 동정성을 아주 높이 평가하셨다. 성인은 즐겨 말하곤 했다. "동정을 유지하는 것, 그것은 결혼을 거부하는 것만이 아닙니다. 더 중요한 것은 영혼을 순결하게 지키고 하늘의 신랑이 되시는 그리스도께 헌신하는 것입니다." 또 이렇게 말하기도 했다. "그리스도에 대한 사랑으로 순결을 지키는 동정녀는 천사들과 같습니다. 그리스도와 혼인함으로써 그녀는 영원한 생명에 이르는 길을 보여 주실 성령의 선택을 받은 사람이 되는 것입니다." 성인이 수녀들에게 설교한 것은 바로 이와 같은 혼인영성이었다. 왜냐하면 성인은 수녀들이 이러한 혼인영성을 깊이 체험하고 살아가길 바랐기 때문이다. 또 이 시대는 이미 언급한 수많은 격동과 어려움에도 불구하고 많은 수도원에서 진정한 수도원적 성성이 꽃핀 시기였다는 것을 주목해야 한다.

그밖에도 옐레나 만트로브의 일화가 있다.[1] 옐레나는 부모님이 돌아가신 후 자신의 후견자가 되어준 미하일의 둘째 누이로 1822년에 자신의 미래에 대한 조언을 구하려고 사로브의 세라핌 성인을 찾아갔다. 영롱하게 반짝이는 까만 두 눈에 잘 나타나듯이 뜨겁고 열정적인 성격과 명석한 정신을 소유하였고 춤과 쾌락적인 것들을 즐겨 찾던 열일곱 살의 그녀는 할아버지의 죽음으로 인해 파혼해야 할 만큼 큰 혼란을 겪었고 세상과의 인연을 끊은 채 자기 방을 기도실로 삼아 수많은 시간을 기도로 보내고 있었다. 바실리 사도프스키 신부가 전해주는 바에 따르면 옐레나가 수녀가 되고 싶다는 바람을 내비쳤을 때 스타레츠는 이렇게 외쳤다고 한다. "뭐라고? 네가 지금 무슨 말을 하고 있느냐? 네가, 네가 수녀원엘 가겠다고? 아니다. 오, 나의 기쁨이여. 너는 결혼해야만 해!" 옐레나는 마음이 무너져 내리는 것 같았고 불행한 기색으로 돌아서야만 했다. 하지만 이것도 그녀가 몇 번이고 사로브를 다시 찾

---

[1] 재구성된 그들의 자서전은 바실리 사도프스키 신부의 회고담을 주요 원천으로 하고 있다. 1800년에 태어난 사도프스키 신부는 디베예보 성당의 사제였으며 나중에는 디베예보 수녀원의 영적 아버지가 되었다.

아오는 것을 막지 못했다. 하지만 매번 스타레츠의 대답은 마찬가지였다. "나의 기쁨이여. 너는 너무나 서두르고 있구나! 조금 더 기다려 보도록 해라." 이렇게 세라핌 성인은 그녀의 의지를 굳게 하려고 계속 시험하였으며 그녀의 충동적이고 급작스런 바람들을 진정시켰다. 마침내 성인은 그녀를 불러서 이렇게 말했다. "자, 나의 기쁨이여. 네가 정말로 수녀가 되길 원한다면, 좋다. 이곳에서 12킬로미터 정도 떨어져 있는 디베예보 수녀원의 크세니아 수녀원장을 찾아 가거라. 거기서 한 번 힘껏 노력해 보거라." 그녀는 너무나 기뻐하며 디베예보를 향해 떠났다. 하지만 그곳에는 그녀가 기거할 곳이 없었고 그래서 그녀를 위해 한 구석에 기거할 곳을 마련해 주었다. 그녀는 그것만으로도 너무나 만족했다. 한 달이 지났다. 세라핌 성인이 다시 한 번 그녀를 불러서 이렇게 말했다. "이제 혼인할 때가 왔구나!" 그러자 옐레나는 갑자기 오열하기 시작했다. 성인은 재빨리 그녀를 달래며 "그게 아냐. 그게 아니고말고. 네가 뭔가 잘못 이해하고 있구나. 네가 이제 수녀복을 입을 때가 됐다는 말을 하고 싶었던 거란다. 자 이제 수녀원장에게 가서 세라핌 신부가 너에게 수도서원을 베풀 거라고 말하여라. 이제 알겠느냐? 내가 네게 말한 신랑이 누구인지?" 기쁨으로 충만해진 옐레나는 앞으로 지켜야 할 규칙과 해야 할 일들에 대한 세라핌 성인의 가르침을 귀담아 들었다. "저녁에 바람을 쐬러 나가면 침묵을 지키고 남들이 알아채지 못하도록 기도에 전념하라. 이 모든 것을 열심을 가지고 지키고 신랑이 오실 때까지 인내심을 가져라. 밤낮으로 깨어 있어야 하며 3년 동안 쉬지 않고 기도에 매진해야 한다. 그러고 나면 너는 종신서약을 할 수 있게 될 것이며 너의 신랑이 오시는 것을 보게 될 것이다. 네가 서약을 하게 되면 너는 마음으로 크나큰 은총과 기쁨을 느끼게 될 것이다. 그러면 성모님 이콘 앞으로 가 이렇게 말하여라. '보십시오. 주님의 여종입니다.' 네 길이 내 앞에 밝게 빛나는구나. 그 길은 모두가 하느님께 달려있다. 나는 단지 네게 이렇게 말할 수밖에 없구나. 비록 너는 사자가 되고 싶겠지만 그것은 쉽지 않을 것이다. 그 길은 오히려 나의 길이다. 그러니 너는 비둘기가 되거라!" 그러면서 성인은 모든 수녀들을 두고 이렇게 덧붙였다. "너희들 모두가 비둘기와 같이 되어야 한다. 그러니 이제 평화를 안고 돌아가서 내가 네게 명한 대로 살도록 해라." 삼년 동안 옐레나는 침묵과 노동과 기도의 삶을 살면서 예비 수련자의 시기를 보냈다. 사람들은 가끔 그녀가 저녁에 교회를 바라보고 문턱에 앉아 기도에 깊이 빠져 있는 것을 보곤 하였다. 옐레나는 직물 짜는 것과 실 잣는 법을 배웠다. 그녀는 친구들이 보내온 것을 자신에게 필요한 것조차 갖지 않고 남모르게 모두 다른 수녀들에게 나누어 주었다. 그녀는 수도원의 봉독자로 임명되었다. 가끔 밤을 새워 철야기도를 할 때면 할아버지의 죽음 이후 그녀를 강하게 엄습하곤 했던 죽음의 공포가 밀려와 그녀를 사로잡곤 했다. 세라핌 성인은 이를 알고 그녀 혼자 교회에서 철야 기도하는 것을 금했다. 1825년 20세가 되었을 때 그녀는 종신 수도서원을 하게 되었다.

마리아라는 이름의 작은 수녀도 결코 빼놓을 수 없다. 마리아는 1823년 11월 21일 처음으로 사로브에 갔다. 그녀는 겨우 열 세 살이었고 그녀의 자매인 프라스코비아와 함께였다. 프라스코비아 역시 사로브에 가고 싶다고 졸라댔기 때문이었다. 스타레츠는 마리아를 기쁘게 맞아 주었고 소녀는 디베예보의 수련 수녀가 되었다. 마리아에 대해 이야기할 때 수녀들은 그녀를 '하느님의 딸' 혹은 '이콘에서 내려온 하늘의 천사'라고 불렀다. 그녀는 항상 내리 깔린 푸른 눈을 가진 조용한 사춘기 소녀였다. 겸손하고 온유한 그녀는 엄격한 삶을 살아 수녀들을 놀라게 했고, 아주 엄격했던 수녀원장 크세니아도 그녀에게서는 아무 것도 힐난할 점을 발견하지 못했다. 세라핌 성인이 스스로 그녀의 종교적 삶을 지도해 주었기 때문에 사로브에 갈 때마다 마리아는 기쁨으로 가득 찼고 내적 세계는 밝게 빛나 보였다. 수녀들은 그녀에게 많은 질문을 쏟아 부었지만 그녀는 세라핌 성인의 분부대로 아무에게도 스타레츠와의 대화 내용을 내비치지 않았다. 성인은 수녀들에게 '순종보다 더 위대한 것은 없다.'라고 말했다. 그리고 마리아는 가장 모범적인 예가 되었다. 언젠가 마리아가 사로브에서 돌아왔을 때 그녀의 언니가 어떤 이름을 대며 혹시 그런 수도자들 만나지 못했느냐고 물었다. 마리아는 "그 수도자들이 어떤 분들인데요? 혹시 그들도 세라핌 신부님 같은 분들인가요?" 하며 아주 재치 있게 대답했다. 너무 놀라서 언니는 "그렇게 자주 사로브에 가면서도 수도자들을 보지 못했단 말이니?" 하고 물었다. 그러자 마리아는 "네, 사로브에 갔을 때 나는 아무도 보지 못했어요. 왜냐하면 세라핌 신부님께서는 나에게 결코 눈을 들고 다니지 말라고 했거든요. 그래서 나는 내 발 밑에 있는 땅바닥 이외에는 아무 것도 볼 수 없게 머리를 깎았지요." 하고 대답했다. 엘레나처럼 마리아도 자신의 전 생애를 순종에 바쳤다. 그녀는 겨우 열아홉 살에 육 년의 수도생활을 끝으로 세상을 떠났다. 그녀는 세라핌 성인이 그녀에게 드러내준 계시들 대부분을 발설하지 않고 끝까지 무덤으로 가져갔던 것이다.

또 어린 크세니아 푸츠코바를 기억하지 않을 수 없다. 그녀는 성인의 시성식이 이루어지기 몇 년 전까지 살았고 디베예보 공동체에 대한 귀중한 증언들을 남길 수 있었다.

크세니아는 아주 유복한 집안의 딸이었고 부모님은 그녀에게 알맞은 약혼자를 찾아 주었다. 그런데 결혼하기 전, 크세니아는 세라핌 성인에게 조언을 먼저 구해야겠다고 생각했다. 모든 대답을 대신해 세라핌 성인은 그녀를 디베예보로 보내서 피정하게 했다. 하지만 공동체의 고된 생활은 그녀에게 조금도 즐겁지 않았다. 크세니아는 있는 힘을 다해서 스타레츠의 명을 거역하려 애썼다. 그러다가 성인에게 불복종하던 어느 날 그녀는 회한에 사로잡혀 울면서 성인에게 죄를 고백하러 갔다. 성인은 그녀에게 말했다. "하느님께서 너를 용서해 주시길 기도한다. 너는 이제 더욱 더 나의 사람이다. 왜냐하면 내가 밤을 새워서 악마의 이빨에서 너를 구해내기 위해 기도했기 때문이란다." 이 사건이 있은 후 크세니아는 종교적 삶에 자신을 전부 바쳤다. 분명 그녀 안에는 아직도 종교적 삶을 포기하고 떠나겠다고 스타레츠에게 말했던 순간들이 있었다. 그때마다 성인은 어머니와 같은 부드러움으로 그녀를 진정시켰다. "작은 바보야, 네가 어딜 가겠느냐? 내가 너를 낳았으니 너는 결코 떠나지 못할게야." 크세니아는 세라핌 성인이 가장 아끼는 영적 자녀 중의 하나가 되었다. 성인은 그녀에게 아주 중요한 책임을 맡겼다. 한번은 크세니아가 세라핌 성인에게 화를 잘 내는 자신의 성격에 대해 스스로 못마땅해 하며 속상해 하자 스타레츠는 아주 익살스런 온유함으로 대꾸했다. "뭐라고? 무슨 말을 하고 있느냐, 나쁜 성격이라고? 오, 나의 기쁨이여. 너는 세상에서 가장 좋은 성격을 가졌단다. 가장 완전하고 부드럽고 평화로운 성격을 가졌어." 성인은 너무나 사랑스런 말투로 이렇게 이야기했기 때문에 그 어떤 가혹하고 신랄한 말보다 크세니아에게 더 큰 영향을 줄 수 있었다. 어느 날 성인은 크세니아에게 이렇게 질문했다. "기도를 잘 하고 있니?" 크세니아는 이렇게 대답했다. "그렇지 않아요. 할 일이 너무나 많아서 필요한 만큼 기도할 시간이 없어요." 스타레츠는 말했다. "괜찮다, 괜찮아. 나의 기쁨이여. 만약 시간이 부족하면 일하거나 걷거나 혹은 침대에 누웠을 때라도 언제든지 기도할 수 있단다. 그렇게 하면 네 마음 속에서 주님을 부르고 아침 저녁으로 그분 앞에 무릎 꿇는 것은 잊지 않게 될 거야. 만약 네가 그렇게만 한다면, 하느님께서 완전한 기도에 이를 수 있도록 너를 도와주실게다." 옐레나, 마리아, 크세니아 이들은 공동체의 으뜸가는 수녀들이었고 스타레츠는 이들에게 최선을 다해 헌신했다.

그러나 다리의 병이 점점 더 악화되자 세라핌 성인은 다시 한 번 숲 속의 고요와 맑은 공기 속에서 지낼 수 있는 허락을 받았다. 1825년 11월 26일 성인은 수도원으로 복귀할 것을 명령 받은 뒤로 15년 동안이나 가지 못했던 은둔처를 향해 다시 길을 재촉했다. 세라핌 성인은 중간쯤 가다가 오래 전에 말라버렸지만 한 때는 '신학자의 샘'[2]이라고 불렸던 샘이 있던 자리에서 멈추어 서서 기도를 드렸다. 그런데 성인이 나중에 전해 준 이야기에 따르면 성인이 하느님께 기도드리고 있을 때, 전처럼 베드로와 요한 사도 성인과 함께 다시 한 번 성모님께서 나타나셨다고 한다.[3] 지극히 거룩하신 성모님은 성인에게 예전에 알렉

---

[2] 복음서 저자 사도 요한의 이콘이 작은 기둥 위에 놓여 있었기 때문에 붙은 이름.

산드라 대수녀와 한 약속을 지체 없이 실행하여 성모님 자신이 수녀원장이 되고 성모님 자신이 선택하여 크세니아 수녀원장에게 보낸 일곱 수녀들이 수녀원의 지체가 될 새로운 공동체를 조직하라고 명령하셨다. 성모님은 또 과부들은 옛 공동체에서 계속 생활할 것이지만 새로운 공동체는 오직 젊은 수녀들로만 구성되어야 한다고 말씀하셨다. 이 일에 착수하기 위해서 스타레츠는 예전에 만트로브에게 손수 말뚝을 박으라고 지시했던 초원에 방앗간을 지어야만 했다. 이어서 성모님은 지팡이로 말라버린 샘을 쳐 아주 맑은 물줄기가 흘러나오게 하셨다. 성모님은 이렇게 덧붙이셨다. "이 물은 수많은 기적들을 만들어 낼 것이다."

그 후로 며칠 동안 세라핌 성인은 이 샘에 쌓여있는 낙엽들을 청소하고 우물을 만들기 위해 나무로 둘레를 치는 일을 하였다. 그런데 12월 9일 아침 숲으로 가기위해 거처를 나설 채비를 하고 있을 무렵, 성인은 작은 마리아 멜리우코바가 프라스코비아 수녀와 함께 도착하는 것을 보았다. 세라핌 성인은 그들에게 샘에 따라오라고 권했다. 길을 가면서 프라스코비아 수녀는 끊임없이 기침을 해댔다. 그들이 샘에 도착했을 때 스타레츠는 그녀에게 물을 마실 것을 권했고 수녀가 물을 마시자 곧 심한 기침이 뚝 떨어졌다. 세 사람은 계속해서 은둔처를 향했다. 은둔처에 도착하자 세라핌 성인은 수녀들에게 자신이 가져온 초를 켜게 했고 이어서 오두막 벽 위에 고정시킨 십자가 앞에서 함께 기도하자고 했다. 이 기도는 새로운 공동체를 여는 기도였으며 나중에 프라스코비아는 이 공동체의 수녀원장이 되고 마리아는 영적 기둥이 되었다.

---

3) 주님의 어머니이신 성모 마리아께서 늘 똑같이 두 사도를 대동하신 것을 어떻게 설명할 수 있을까? 세라핌 성인은 이것에 대해 어떤 설명도 하지 않았다. 성인이 주님의 부활 사건에 부여한 중요성과 이 두 사도야말로 그 부활의 첫째가는 증인들이었다는 것을 염두에 두지 못한다면 그 어떤 설명도 적절하지 못할 것이다. 성모님 곁에 있는 두 사도를 보았던 처음의 두 경우는 모두 오랜 병마와 싸우면서 새로운 생명으로 다시 태어나던 시기였다. 하지만 이번에는 그에게 곧 알려지게 될 새로운 수녀들의 공동체가 태어나던 순간이었다.

이날부터 거의 일 년 동안 줄곧 세라핌 성인은 방앗간을 짓는 데 필요한 자재들을 마련하였다. 순례자들이 성인에게 가져온 돈으로 목재를 샀고 또 손수 나무들을 베어 톱질하고 대패질하여 들보와 기둥을 만들었다. 프라스코비아와 젊은 마리아는 방앗간이 지어질 초원의 땅 주인과 협상하는 일을 맡았다. 그런데 땅 주인은 이 초원을 헌납했을 뿐만 아니라 그에 더하여 2헥타르의 땅을 더 보태주었다.

1826년 12월 9일, 방앗간의 기초가 세워졌고 크세니아 수녀는 이웃 도시인 아르자마스에서 쓰던 큰 맷돌 하나와 숲 반대편으로 상당히 멀리 떨어진 마을에서 쓰던 또 하나의 큰 맷돌을 사러 갔다. 크세니아는 길을 잃었다. 하지만 새들이 이 가지에서 저 가지로 날아다니는 곡예를 하며 제 길을 찾아주었다고 한다.

1827년 여름, 방앗간이 완공되어 제 기능을 하기 시작했다. 스타레츠는 성모님께서 선택하신 일곱 명의 수녀들을 보내어 이곳에 살게 했다. 그들 중 한 수녀는 이렇게 말했다. "방앗간이 완공되자 그것은 우리들의 거처가 되었으며 가을까지 두 개의 커다란 맷돌 위에서 잠을 잤다. 맷돌은 또한 성가대석이 되어 주어 그 위에서 우리는 시편을 노래하고 음송하는 것을 배웠다. 식사만큼은 옛 공동체 식당에 가서 해야만 했는데 이것은 상당히 거추장스러운 일이 아닐 수 없었다. 그래서 이듬해 세라핌 신부님은 우리가 먹을 빵을 스스로 구울 수 있도록 허락해 주셨고 우리는 신부님께 우리가 구운 빵을 맛보게 해드렸다." 또 한 수녀는 이렇게 전한다. "내가 방앗간에서 일할 순번이었던 어느 날, 바람이 거세게 불었고 방앗간 풍차 날개가 힘차게 돌아갔다. 폭풍이 일어났던 것이다. 나는 두려움에 사로잡혀 마음 속으로 세라핌 신부님이 빨리 와서 도와주기를 간청하며 울기 시작했다. 바람은 점점 더 사나워졌고 도저히 방아 속도에 맞추어 낟알들을 부어 넣을 수가 없었다. 낙심한 나는 맷돌이 나를 깔아뭉개도 어쩔 수 없다는 심정으로 맷돌 속에 몸을 날렸다. 그러자 맷돌은 갑자기 멈췄고 내 앞에는 세라핌 신부님이 나타나 계신 것이 아닌가! 신부님은 말씀하셨다. '내 딸아, 네가 나를 부르지 않았느냐? 그래서 너를 도우러 내가 왔다. 이제부터는 네가 심지어 맷돌 위에서 잠을 잔다 해도 맷돌이 너를 조금도 해치지 않을 것이다.'라고 말하며 나를 진정시켜 주셨다."

그 해 10월 스타레츠는 방앗간 가까운 곳에 숙소와 몇 개의 부속 건물을 짓게 했다. 그리하여 이 모든 것들은 통틀어 '방앗간 공동체'라고 불렸다. 바실리 사도프스키 신부가 공동체의 고백 신부가 되었다. 그는 그의 선함과 깨끗한 마음으로 인해 세라핌 성인이 아주 사랑하고 존경하는 분이었다. 스타레츠와 함께 은둔처에서 기도드렸었던 프라스코비아 수녀가 첫 번째 방앗간 안주인이 되었다. 또 세라핌 성인은 옐레나 만투로바가 공동체의 장상이 되어 주길 원했다. 그런데 아주 겸손했던 젊은 수녀 옐레나는 끝내 성인의 제안을 고사했다. 하지만 성인은 어떤 일도 그녀와 상의하지 않고는 하지 말라고 수녀들에게 권면했다. 왜냐하면 그녀는 수녀들 중에서 유일하게 약간의 교육이라도 받은 사람이었기 때문이었다. 젊은 수련자들과 주변의 농민들은 존경과 사랑으로 옐레나 수녀를 받들었고 기꺼이 '우리의 수녀님'이라고 불렀다. 옐레나는 수녀들에게 읽기를 가르치고 또 수도원 생활을 지도해 주었다. 그녀는 크세니아 수녀원장의 공동체에서 쓰던 거처를 버리지 않고 생애의 마지막 순간까지 그곳에서 기거했다.

더욱이 젊은 수녀들은 세라핌 성인에게서 도움과 힘을 얻을 수 있었다. 성인은 수녀들에게 성인들의 삶에 대해 자주 들려주었고 그 자신이 완덕의 본보기가 되었다. 성인은 수녀들에게 이렇게 말하곤 했다. "나는 여러분들을 영적으로 낳았습니다. 그러니 결코 여러분들을 내버려 두지 않을 것입니다. 내가 사는 동안 주님에 의해 선택된 수녀들은 내 자매이며 내가 죽은 후에 올 수녀들은 내 딸들이 될 것입니다." 성인은 순례자들이 주었던 모든 것들을 수녀들에게 기꺼이 내주었다. 성인은 한 친구에게 이렇게 말했다. "나는 그들을 먹이기 위해서는 채소 씨앗들을, 그들의 마음을 즐겁게 해주기 위해서는 꽃나무들을 보내곤 한다네. 우리는 또 꿀벌을 치기도 하지. 장소가 아주 좋거든. 물도 있고 꽃도 많으니 말일세. 또 밀랍으로는 초를 만들지." 성인은 한 방문객에게 이렇게 질문했다. "혹시 디베예보에 가보았는지요? 거기서 내 고아들을 보았는지요? 나의 동정녀들은 꿀벌들의 무리와 같다오. 그들은 하늘의 여왕이신 성모님을 모시고 그분을 영화롭게 하며 극진히 섬기고 있다오."

성인은 새 공동체에 오직 젊은 여성들만 받았지만 분명 젊은 여성들은 이미 베일을 둘러 쓴 과부들보다는 훨씬 지도하기 쉬울 거라고 생각했다. 성인은 미소 지으며 말하곤 했다. "나는 새 가죽부대에 새 포도주를 붓고 있지. 동정녀들은 미풍에도 부드럽게 고개를 숙이는 자작나무 가지처럼 유연하지." 어린 나무 가지를 들어 세우며 덧붙였다. "또 이렇게 고개를 꼿꼿이 세우지." 수녀들을 위해 세라핌 성인이 세운 기도 일과는 아주 단순했다. 아침에는 주의 기도 세 번, 천사들에게 드리는 기도 세 번, 신앙의 신조, 아침 기도, 그리스도와 성모 마리아께 절하면서 드리는 열 두 번의 호명기도를 드렸다. 노동할 때나 오갈 때도 예수님께 쉬지 않고 기도하라고 권고했고 저녁에는 미리 뽑아 둔 열두 편의 시편을 읽은 후 저녁 기도, 산 자와 죽은 자를 위한 탄원 기도를 드렸다. 성체성혈은 가능한 한 자주 영해야 했고 금식은 아주 은밀하게 하도록 했다. 스타레츠는 수녀들이 힘든 노동을 많이 해야 함을 잘 알고 있었기 때문이었다. 그래서 성인은 수녀들이 주머니에 먹을 것을 조금씩 가지고 다니면서 배고플 때마다 먹을 수 있도록 해 주었고 특히 일하러 나갈 때는 일부러 주머니에 약간의 빵을 갖고 가도록 권했다. 너무 배고파서 낙심하지 않도록 하기 위해서였다. 성인은 한 수녀에게 이렇게 말했다. "밤에도 베게 밑에 약간의 빵을 놓아 두어라. 그럼 잠을 푹 잘 수 있을 게다." 성인은 또 숲 속에서 일할 때 혹심한 추위를 잠시라도 피할 수 있도록 난로를 갖춘 작은 오두막을 짓게 했다. 수녀들은 이 오두막에서 몸을 녹일 수 있었다. 성인은 일일이 모든 것을 다 보살펴 주었다. 그래서 사람들은 성인이 살아계실 때는 수녀들에게 부족한 것이 없었다고 말할 수 있을 정도였다.

1827년 말경 방앗간을 둘러싸고 있는 부속 건물들이 완공되었지만 어느 날 세라핌 성인은 규칙적으로 성인을 방문하는 미하일 만트로브에게 이렇게 말했다. "나의 기쁨이여. 우리의 가난한 공동체에는 아직도 성당이 없다오. 성모님께서는 성당이 세워져 그분의 아드님이신 우리 주님 예수 그리스도의 탄생을 기념하는 성당으로 봉헌되길 바라신다오. 성당은 크세니아 수녀원장의 성당 뜰과 등을 맞대고 있으면 될 거야. 이 뜰은 제단이 되기에 충분하다네. 알렉산드라 수녀원장은 자주 오랫동안 기도하며 이곳에 머물곤 했지. 눈물로 땅을 적시면서 말이야." 만트로브는 즉시 성당을 건축할 준비에 들어갔다. 스타레츠의 명령을 언제나 충실하게 따랐던 만트로브는 자신의 소유를 팔아 챙겨놓은 돈을 조금도 건드리지 않았다. 이제 그 돈을 하느님을 위해 사용할 때가 된 것이다. 사람들이 이 성당 건축에 필요한 돈을 대주겠다고 제의한 적도 여러 번 있었지만 매번 스타레츠는 이렇게 말하며 거절했다. "모욕과 눈물과 피의 대가로 벌어들인 돈들이 있기 때문에 우리는 그것을 받을 수 없습니다." 성인은 주님께서는 주님을 영광스럽게 할 수 있는 사람, 주님의 이름을 위해 모든 것을 다 버린 사람의 봉헌을 원하신다는 것을 이해하도록 해 주었다. 세라핌 성인은 성당이 주님의 변모 축일에 맞추어 완공될 수 있기를 바랐다. 그래서 모든 사람들은 열심히 일했다.4) 만트로브는 벽돌을 사왔고 모든 수녀들은 성인이 지시해 준 곳으로 벽돌을 날랐다. 마리아 멜리우코바는 가장 열심히 일하는 수녀 중 하나였다. 다른 수녀들은 한 번에 두세 개의 벽돌을 나르는 것이 고작이었는데 마리아 수녀는 대여섯 개씩 날랐다. 나중에 세라핌 성인은 그녀에 대해 말하면서 "입술로는 고요한 기도를 드리며 그녀의 영혼은 하늘을 향해 드높이 고양되었다"라고 표현했다. 공사는 2년 동안 계속되어 1829년 8월 6일 주님의 변모 축일에 니즈니-노브고로드의 요아킴 수도원장에 의해 입당예식이 집전되었다. 주 변모 축일 입당예식에서 불린 모든 성가들은 스타레츠가 그렇게도 원했던 모든 수녀들의 내적인 변모를 상기시켜주었다.

---

4) 이 건축 공사 이야기는 바실리 사도프스키 신부에 의해 충실히 기록되었다.

며칠 후 하나의 시련이 세라핌 성인에게 다가왔다. 8월 21일, 스타레츠의 거처 옆방에서 기거하던 수도자 파벨은 성인의 울음소리를 듣고 무슨 일인지 알아보러 다가갔다. "아, 파벨. 너는 내 영혼이 얼마나 슬픔에 차 있는지나 아는지! 마리아가 방금 운명했단다." 그때 마리아의 언니인 프라스코비아 수녀가 울면서 달려오자 성인은 감정을 억누르고 그녀를 위로하려 애썼다. "울지 말거라. 마리아는 성 삼위일체 하느님이 계시는 낙원에 갔으니 말이야." 그리고 또 이렇게 덧붙였다. "수녀 마리아는 이제 대수녀 마르타가 되었다. 보아라, 그녀가 입을 대수도자복(grand habit)5)을. 나는 방금 그녀를 위해 케이프(chape)6) 한 점과 그 밖에 입관식에 필요한 모든 것을 보냈단다. 그러니 가서 장례를 준비하거라." 조금 있으니 숲 속에서 일하다 사로브를 지나가게 된

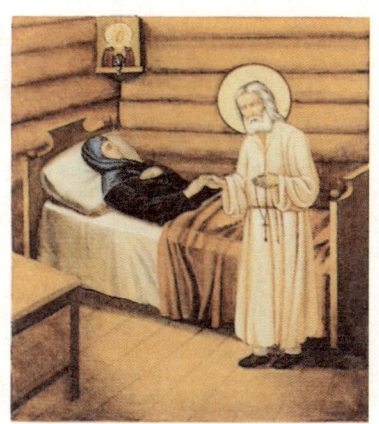

▲ 마르타 대수녀의 임종 때 성인

수녀들이 도착했다. 그들은 모두 이 슬픈 소식을 듣고 너무나 놀라면서 오열했다. 왜냐하면 수녀들은 그날 아침만 해도 일하러 나가면서 마리아를 보았기 때문이다. 마리아는 교회를 짓느라 너무 애를 써서 몸이 쇠약해질 대로 쇠약해졌었다. 성인은 마리아의 장례를 위해 참나무로 다듬은 관과 초와 수녀를 기념하여 가난한 이들에게 나누어 줄 돈을 보내 주었다. 마리아의 머리맡에는 그녀가 수도원에 들어올 때 스타레츠가 주었고 주일마다 머리에 쓰곤 했던 금줄이 들어간 초록 벨벳 머리쓰개를 놓아 두었다. 그녀의 몸은 스카풀라리오를 갖춘 케이프

---

5) 대수도자복(Megalo Schéma)은 지속적인 침묵과 보다 철저하고 엄격한 규율을 지키는 수도자들에게 주어진다. 하느님을 향한 길에서 진보하고 있음을 상징적으로 보여주기 위해 새로운 이름이 주어진다.
6) 넓은 소매의 어깨 망토

로 감았고 얼굴은 검은색 베일로 덮였다. 또 손에는 세라핌 성인이 준 기도매듭을 쥐어주었다. 사람들은 마리아의 시신을 알렉산드라 대수녀님 곁에 모셨다. 그런데 장례식이 있은 지 얼마 되지 않아 수도원의 문지기였던 그녀의 오빠 이반 멜리우코브가 성인을 찾아와 수도자가 되겠다는 각오를 알렸다. 그들의 대화는 세 시간이나 지속되었다. 이반은 나중에 스타레츠가 마리아에 대해 말할 때 그의 얼굴이 베일로 가리지 않으면 직접 쳐다볼 수 없을 정도로 밝게 빛났다고 전해 주었다. "나의 기쁨이여. 마리아가 주님 곁에서 얼마나 큰 은총을 누리고 있는지 자네도 알 수 있으면 좋으련만. 그러면 자네 가족 모두가 그 은총으로 충만해질 거야. 마르타 대수녀는 진정한 성인일세. 그녀의 기도는 자네 후손들과 공동체에 큰 축복이 될 걸세."7)

성당이 완공된 후 성모님을 기리기 위해 지하묘지를 만들기 시작했다. 네 개의 기둥이 지붕을 받쳐야 했는데, 세라핌 성인은 이 네 기둥을 통해서 그것이 앞으로 이곳에 모셔질 네 분의 성인들의 몸을 미리 보여 주는 것임을 알았다. 1830년 9월 8일 지하묘지 공사가 끝났고 봉헌식을 올렸다. 이 두 성당을 보살피는 임무가 옐레나 만투로바와 크세니아 푸츠코바에게 맡겨졌다. 스타레츠는 이들에게 이렇게 말했다. "교회와 관련된 모든 것은 우리를 태우는 내적인 불과 같다. 교회에서 일하는 것보다 더 큰 일은 없다. 주님의 집 바닥을 청소하는 것과 같이 가장 보잘 것 없어 보이는 일도 다른 어떤 일들보다 더 숭고한 일이다. 하느님의 집에서 너희들이 하는 모든 일을 헌신과 경의를 가지고 하도록 해라. 헛된 말을 해서는 안 되며 해야 할 일에 대해서만 대화하도록 해라. 헤루빔과 세라핌과 천상의 모든 천사들에 둘러싸여 우리 주님이 좌정해 계신 이곳보다 더 큰 기쁨을 주는 곳이 또 어디 있겠느냐?"

매 시간, 심지어 밤에도 수녀들은 돌아가며 시편을 음송했고 이렇게

---

7) 이반은 세 딸을 두었는데, 그 중 여섯 살배기 옐레나는 고모들에게 맡겨졌고, 그 외 프라스코비아와 마리아가 있었다. 스타레츠는 옐레나를 매우 사랑했고 나중에 니콜라이 모토빌로브의 아내가 되도록 예정해 두었다.

해서 죽은 자들과 산 자들을 위해 끊임없이 기도를 드렸다. 그리고 '하느님의 천사가 이 공동체를 보호해 주시도록' 기도드렸다. 디베예보 연보는 아주 흥미진진하고 감동적인 일들을 전해 준다.

어느 날 크세니아가 교회를 청소하다가 이콘 앞에서 늘 불을 밝히고 있던 등잔이 꺼져 있는 것을 발견했다. 그런데 등잔을 다시 밝힐 기름도 없었고 또 그 기름을 살 돈도 없었다. 크세니아 수녀는 '이제 기름이 다 떨어졌으니 나중엔 어떻게 될까?' 하고 생각했다. 수녀는 세라핌 성인이 공동체의 번영을 약속했던 말들의 진실성을 의심하기 시작했다. 그런데 교회를 나서자마자 수녀는 한 농부가 다가오는 것을 보았다. 농부는 "수녀님이 성당의 성물을 담당하는 분이신가요?" 하고 묻고는 그의 부모들을 기억해 달라며 삼백 루블의 돈을 내밀었다. 당황한 수녀는 믿음이 부족했던 것을 참회하고 고백하기 위해 스타레츠에게 갔다. 수녀는 나중에 이렇게 전해 주었다. "세라핌 성인이 살아 계신 동안 순례자들은 늘 교회를 유지하기에 충분한 헌금을 가지고 성인에게 다가왔어요. 심지어는 니즈니-노브고로드에서 아주 아름다운 종들을 가져오기도 했고 모스크바에서 성반과 성작이 오기도 했어요. 종들은 너무도 아름답고 조화로운 소리를 내서 그것을 듣고 있노라면 정말 마음을 즐겁게 하는 아름다운 음악회에 와 있는 듯 했지요!"

또 공동체는 식당을 만들기 위해 목재를 샀다. 성인은 말했다. "이곳은 위대하신 부인의 처소가 될 것이다. 그분을 위해 만반의 준비를 해야 해. 그리고 그 부인이 여러분들 가운데 거하러 오시면 그분을 극진히 섬겨야해." 수녀들은 도대체 이 부인이 어떤 분일까 하고 자문했다. 나중에 세라핌 성인이 돌아가신 후 먼저 성모희보 이콘을 이곳에 모셔 놓고 그 앞에 세라핌 성인의 시신이 모셔졌을 때야 비로소 수녀들은 세라핌 성인의 말이 무엇을 의미하는 것이었는지를 알게 되었다. 세라핌 성인은 언제나 이 이콘을 '기쁨 중의 기쁨'이라고 불렀으며 자신을 언제나 성모님의 참된 종이라고 말하곤 했다. 이 이콘 앞에서 성인은 부활절 성가를 즐겨 불렀다. "빛나라, 빛나라. 새 예루살렘이여, 주의 영광이 그대 위에 솟아났도다."

성인에게 이 새 예루살렘은 성모님이 원장이 되신 작은 방앗간 공동체였다. 성인은 말했다. "예전에는 이 지역이 사탄의 소굴이었지만 하느님께서는 우리의 기도를 들어주시어 이곳에서 모든 악마들을 쫓아내시고자 하셨다." 또 "나는 고백합니다. 주님이 증인이십니다. 이 공동체에는 내 의지에 따라 사용된 단 하나의 돌도 존재하지 않습니다. 내 임의대로 한 것은 하나도 없습니다. 또 성모님의 지시가 없이 이 공동체에 들어온 수녀는 하나도 없습니다. 오직 성모님만이 그분의 '소유'를 지도하고 가르쳤고 보호해주셨습니다."[8] 스타레츠는 이 성모님의 영지가 3미터 깊이와 너비로 된 긴 구덩이(tranchée)로 둘러싸이길 원했다. 수녀들은 둘러치는 담을 더 선호했지만 세라핌 성인은 이렇게 말했다. "어리석은 이들 같으니. 너희들은 왜 그리 어리석으냐! 이 구덩이는 하늘의 여왕이신 성모님께서 자신의 영지로 삼으신 땅을 한 바퀴 돌면서 거니실 수 있는 오솔길이 될 것이다." 하지만 수녀들은 어느 날 한 수녀가 밤늦게까지 일하다가 문득 흰 사제복을 입고 촛불 아래서 삽으로 땅을 파고 있는 세라핌 성인을 발견하기까지는 좀처럼 이 일을 시작하려 하지 않았다. 크게 놀란 이 수녀는 숙소로 가서 다른 수녀들을 모두 깨워 다시 그곳으로 갔지만 그곳에는 환한 빛만 비치고 있었을 뿐 아무도 보이지 않았다. 파낸 흙더미와 남겨진 삽만이 성인께서 나타나셨다는 사실을 증언해 주고 있었다. 이 날 밤 또 한 수녀는 숲에서 일하다가 성인이 세워 준 오두막에서 머물고 있었다. 충분한 휴식을 취한 뒤 일어섰을 때 수녀는 그녀를 부르며 이렇게 지시하는 스타레츠를 보았다. "얼른 수녀들에게 달려가서 내가 파기 시작한 구덩이를 계속해서 파라고 말하거라." 디베예보로 돌아오면서 수녀는 자문했다. "그런데 신부님은 지금 숲에 계시면서 어떻게 동시에 디베예보에 계실 수 있었을까?" 그러나 도착하자마자 다른 수녀들은 그녀

---

8) 정교회 공동체는 아토스와 키예브에 있는 세 수도원과 예루살렘 도성을 성모님의 '소유'(apanage)로 간주한다는 점을 주목할 필요가 있다. 세라핌 성인은 언젠가 이 디베예보 공동체가 수천의 수녀들이 주님과 성모님을 섬기는 수도원이 될 것임을 예언하시면서 이 공동체를 성모님의 '소유지'에 추가하였다.

에게 갑자기 눈에서 사라져 버린 스타레츠의 신비스런 출현에 대해서 말해주었다. 수녀들은 그것을 설명할 수 없었다. 하지만 성인은 스스로 아주 중요하다고 생각한 일을 손수 먼저 시작했다는 것만은 이해할 수 있었다. 그래서 모든 수녀들은 이 일에 착수했다. 옐레나 만투로바는 자신도 손에 삽을 들고 이 공사를 지휘했다. 성인은 아주 심한 두통에 시달리고 있던 옐레나 수녀를 위해 햇볕을 가릴 수 있는 그늘막을 만들어 주었다. 수녀들은 심지어 겨울에도 공사를 늦추지 않았다. 세라핌 성인은 공사가 끝나기 전에 죽지 않을까 걱정이라도 하듯이 끊임없이 공사를 재촉했다. 스타레츠는 구덩이 파는 공사가 사실상 완성된 뒤 얼마 되지 않아 돌아가셨다.

 어느 날 세라핌 성인은 거처에서 탁자로 사용하는 나무 밑동 앞에 무릎을 꿇고 만트로브와 바실리 신부가 놀라서 보고 있는 가운데 바닥에 대성당 설계도를 그려 보였다. 성인은 이 대성당에 대해서 이미 젊은 마리아 멜리우코바에게 말한 적이 있었지만 이제는 모든 것이 더욱 구체화되기 시작했다. "구덩이 건너편에 있는 알렉산드라 대수녀의 땅 위에는 과부들을 받아들일 수도원이 세워질 것이다. 하지만 새 공동체는 구덩이 안쪽에 위치하게 될 것이고 젊은 여성들만 받아들이게 될 것이다. 중간에는 성 삼위일체께 봉헌된 대성당이 우뚝 서게 될 것이며 이는 우리의 예루살렘이 될 것이다. 높고 흰 벽이 대성당을 둘러싸게 될 것이며 다섯 개의 둥근 지붕을 두어 각각 그리스도와 네 복음사도들을 상징하게 될 것이다." 세라핌 성인은 수수께끼 같은 말들과 함께 구체적인 공사 방법을 지시했다. 스타레츠는 성인들의 성해들, 한여름날의 놀라운 부활절 성가, 이곳에 오게 될 황제의 가족들[9], 처음으로 종탑에서 울려 퍼질 때(성인은 깊은 음성으로 그 소리를 흉내내기도 했다) 온 세상과 자신을 깨어나게 할 모스크바의 거대한 종탑 등에 대해 이야기했다. "오, 얼마나 기쁠까! 그리고 수많은 신자들!" 성인은 또 이렇게 덧붙였다. "하지만 이 기쁨은 아주 짧은 순간에 끝나고

---

9) 1903년 7월 세라핌 성인의 시성식 때, 황제의 가족은 실제로 사로브와 디베예보에 있었다.

말 거야. 곧 세상이 창조된 이래 유래가 없을 정도의 극심한 고난이 닥쳐올 것이기 때문이지!" 그러고 나서 언제나 밝았던 성인의 얼굴에 짙은 그늘이 드리워졌다. 마침내 성인은 고개를 떨어뜨렸고 볼에서는 눈물이 하염없이 흐르기 시작했다.

성인이 이러한 일들에 대해 말할 때 그것은 과연 무엇을 두고 한 말이었을까? 사로브와 디베예보에서 사람들은 부활절 성가와 수많은 신자들에 대한 암시를 1903년 여름에 시행된 성인의 시성식과 연관시켰다. 또 다른 이들은 이것들을 마지막 날, 즉 세상의 종말에 관한 예언으로 이해하려 했다. 성인은 수녀들에게 말하곤 했다. "너희들은 적그리스도가 올 때까지 살지는 못 할게다. 하지만 그의 통치가 시작되는 것은 볼 수 있게 될게야. 그 고통이 얼마나 끔찍할까! 천사들도 땅에 있는 영혼들을 거두어들일 시간을 겨우 얻을 수 있을게야!" 그럼에도 불구하고 모스크바의 종소리가 온 세상과 그 자신을 깨어나게 할 것이라고 말함으로써 부활의 승리로 설교를 장식했다. 성 삼위일체께 봉헌하고 싶어 했던 이 대성당은 그가 했던 모든 사업들의 꽃이었음에 틀림없다. 대성당은 분명 창조주이신 하느님의 충만한 사역을 계시해 주게 될 것이다. 세라핌 성인은 14세기에 성 삼위일체 하느님의 형상을 따라 사랑의 연합으로 형제들을 묶어세우기 위해 모스크바 근교에 성 삼위일체를 기리는 작은 교회를 세웠던 라도녜즈 세르기이 성인의 본보기를 따라간 것 같다.

방앗간 공동체는 사랑으로 영광스럽게 변모된 세상을 상징하는 것임에 틀림없다.

5장
깊은 곳으로 들어가라

얼마 전부터 세라핌 성인은 자주 수도원을 떠나 이미 십수 년을 하느님과 친밀한 교제를 나누며 살았던 숲 속으로 가곤 했다. 그리고 사람들은 주로 샘 근처나 사로프까 강가에서 일에 열중하고 있는 성인을 보게 되었다. 스타레츠는 샘물이 제대로 흐르도록 하기 위해 강가에서 가져온 돌들로 샘을 둘러쌌다. 자루에 돌을 가득 담아서 어깨에 짊어지고 힘겹게 걸어가는 성인을 상상해 보라. 이런 성인을 가엾게 여기는 사람들에게 성인은 명랑하게 말했다. "나는 지금 나를 괴롭히는 놈을 괴롭히고 있다네."[1] 사람들은 돈을 모아서 장차 수많은 순례자들이 물을 길으러 오게 될 이 샘 바로 근처에 성인을 위해 작은 오두막을 지어주었다. 이 오두막은 '세라핌 성인의 두 번째 은둔처'라고 불리게 된다. 오두막을 짓고 있던 어느 날, 스타레츠는 크세니아 수녀에게 이렇게 말했다. "나의 기쁨이여, 보아라. 이 오두막은 너를 위한 것이기도 하다. 왜냐하면 이 오두막은 언젠가 모든 수녀들을 위한 곳이 될 것이기 때문이지." 스타레츠가 안식한 후에 오두막이 마치 성해처럼 디베예보의 수녀원으로 옮겨졌을 때에야 크세니아는 성인의 말씀을 이해할 수 있었다. 오두막은 사로브에서 약 2킬로미터 떨어진 곳에 있었다. 성인은 이곳에서 노동과 기도로 한나절을 보내고 밤이 이슥해서야 수도원으로 돌아왔다. 주일과 축일이 되면 성인은 수도원에서 수도 형제들과 함께 지냈다. 그러므로 성인의 생애는 이 두 장소를 오가며 전개되었다. 순례자들은 샘 근처나 수도원에서 성인을 기다렸고, 그것도 부족하면 성인이 오가는 길목에서 기다리곤 했다. 성인은 자신을 찾아오는 사람들을 피하기 위해서 해뜨기 전에 은둔처 오두막에 도착할 수

---

[1] 이 말은 시리아의 에프렘 성인의 말이다.

있도록 아직 어둠이 짙은 새벽에 일어나 길을 떠나곤 했다.

  야생 동물들도 성인을 방문하곤 했다.[2] 어느 날, 마트리오나 수녀는 곰 한 마리를 옆에 두고 나무뿌리에 걸터앉아 있는 성인을 보았다. 수녀는 너무 놀란 나머지 비명을 질렀다. 스타레츠는 뒤돌아서 수녀를 발견하자 곰을 부드럽게 쓰다듬어 준 후 숲 속으로 돌려보냈다. 그리고 나서 마트리오나 수녀에게 옆에 와서 앉으라고 했다. 하지만 수녀의 고백에 따르면 "신부님과 내가 함께 자리에 앉자마자 곰이 다시 숲 속에서 나와 신부님의 발치에서 잠을 청하는 것이었어요. 나는 다시 한 번 무서움에 휩싸였지만 성인께서 평정을 잃지 않으시고 그 곰을 쓰다듬어 주시기도 하고 빵을 먹여 주시기도 하며 마치 어린 양을 다루듯 하시는 모습을 보고 안심할 수 있었어요. 나는 신부님을 자세히 살펴보고는 천사의 얼굴처럼 찬란하게 빛나던 그분의 얼굴 표정에 눈이 부셨어요. 내가 온전히 정신을 되찾자 스타레츠는 나에게 빵 한 조각을 주시며 곰에게 먹여주라고 말씀하시는 것이었어요. 나는 감히 그럴 용기가 나질 않았어요. 그러자 신부님은 나를 보시며 '조금도 두려워 말거라. 이놈은 너를 결코 해치지 않을 게다.'라고 하셨다. 그래서 나는 곰에게 손을 내밀었고 곰이 빵을 받아 먹는 동안 내 안에서는 이루 말할 수 없는 기쁨이 느껴졌어요. 내가 기뻐하는 모습을 보자 세라핌 신부님은 '사막에서 사자를 길들이셨던 예로니모스 성인의 이야기를 기억하고 있지? 여기서는 곰이 우리에게 복종하는구나.'라고 하셨고, 나는 '아, 수녀님들이 이 광경을 봤어야 했는데! 아마 수녀님들은 무서워 기절했을거야' 하고 소리쳤어요. 하지만 스타레츠는 '그들은 그걸 볼 수 없을 거야' 하고는 '만일 누군가 곰을 죽인다면 그것은 내게 큰 슬픔이 될 거야. 아무도 곰을 죽이지 못할 거야. 또 너말고는 아무도 곰을 발견하지 못할 거야' 하고 말씀하셨어요." 마트리오나는 벌써부터 이 모든 것을 다른 수녀들에게 말해야지 하는 생각을 하고 있었

---

[2] 야생 동물들을 길들임으로써 세라핌 성인은 몇몇 사막 교부들처럼, 혹은 아시시의 프란체스코 성인처럼 모든 피조물이 낙원에서 누렸던 조화를 회복했다.

지만 스타레츠는 그녀의 생각을 간파하고 이렇게 일렀다. "나의 기쁨이여. 그러지 말아라. 내가 죽은 뒤 11년이 될 때까지는 아무에게도 이것을 말하지 말거라. 네가 이 일을 밝혀도 될 때는 하느님께서 알려주실게다." 정말로 성인이 돌아가신 지 몇 년이 지난 어느 날 마트리오나 수녀는 수도원 이콘 화가의 작업실 앞을 지나가게 되었는데, 화가는 마침 숲 속의 한 나무 밑동에 앉아 있는 성인의 초상화를 그리고 있던 중이었다. 그녀는 이 그림을 보고는 이렇게 외쳤다. "오, 성인 옆에 곰을 한 마리 그려야 해요!" 그러자 "무슨 곰이요?" 하고 화가는 놀라서 물었다. 그래서 마트리오나 수녀는 화가에게 옛날 일을 다 이야기해 주었다. 그리고 나니 스타레츠의 말이 떠올랐다. 정확히 십일 년이 흘러 지나간 뒤였다.

  숲은 점점 더 많은 순례자들로 넘쳐났다. 성인은 수요일과 금요일에는 오로지 기도에만 시간을 보냈고 기도를 방해받지 않기 위해서 난로 뒤에 지하실을 파고 그 곳에 즐겨 계셨다. 그리고 나머지 날에는 찾아오는 사람들에게 모든 시간을 내주었다. 성인은 특별히 어린아이들을 사랑하셨기 때문에 이런 사실을 아는 사람들은 자기 자식들을 보내어 성인 거처의 문을 두드리게 하기도 했다. 성인은 어린이들이 부르면 거절할 줄을 몰랐다. 수많은 증언들이 있지만 특별히 러시아 철학자 아크사코브[3]의 누이의 예를 들어보자. 그녀는 아주 어렸을 적에 세라핌 성인을 만났다. 사로브 수도원에 도착했을 때 그녀의 부모들은 성인이 숲 속에 계시다는 것을 알게 되었다. 니폰트 수도원장은 이렇게 말했다. "아이들의 목소리를 들으신다면 모를까 스타레츠를 찾기는 아마 상당히 힘들 겁니다. 그러니 아이들을 앞세우고 가세요!" 이날 사로브에는 부모를 따라 온 스무 명 정도의 아이들이 있었다. 모든 사람이 원장 신부의 조언을 받아들여 아이들과 함께 숲 속으로 떠났다. 아크사코브는 이렇게 기록하고 있다. "숲은 점점 더 깊고 으슥해졌다. 우리는 두려웠다. 다행스럽게도 햇살이 나뭇가지 사이로 힐끗힐끗 내비쳤

---

[3] "1830년대의 한 은둔자" in *Journal de Moscou*, 1903.

고 그 덕분에 우리는 용기를 낼 수 있었다. 우리는 햇빛이 가득 찬 밝은 곳을 찾아 뛰었다. 그때 우리는 아름드리 전나무 옆에서 나무뿌리를 둘러싸고 있는 키 큰 잡목들을 베고 있던 등이 굽은 작은 노인 한 분을 발견했다. 그 노인은 우리의 인기척에 등을 세우고 귀를 쫑긋하더니 이내 깊은 숲을 향해 내달렸다. 그리고 뒤를 한 번 돌아보더니 수풀 사이로 숨었다. 우리는 성인을 시야에서 놓치고 말았다. 모두가 어린 아이들이었던 우리들은 성인을 불렀다. "세라핌 신부님, 세라핌 신부님!" 우리의 목소리를 들은 성인은 더 이상 그곳에 숨어있지 못하고 수풀 사이로 흰 머리를 드러내셨다. 손가락을 입술에 대고 자신의 존재를 어른들에게 들키지 않게 조심하라는 시늉을 하셨다. 성인은 다가오셔서 몸을 쭈그리더니 금세 함께 가자고 손짓을 하셨다. 우리 중에서 가장 어렸던 리자는 제일 먼저 성인의 목에 매달려 빨간 얼굴을 성인의 어깨에 묻었다. 스타레츠는 우리들을 돌아가며 자신의 가슴에 품어 주면서 감동어린 목소리로 연신 "오! 내 보물들, 오! 내 보물들." 하고 거듭거듭 외쳤다. 곧 성인은 순례자들의 무리에게 가게 되고 우리는 풀밭에 누워 성인을 바라보았다. 돌아오는 길에 리자는 언니에게 이렇게 말했다. "언니! 이거 알아? 세라핌 신부님은 겉만 노인이지 실제로는 언니나 나 같은 어린이라는 걸."

고독 속에서 살아가는 하느님의 사람을 방문하러 온 순례자들의 이야기는 끝이 없다.[4] 그 중에 하나는 안나 에로프키나라는 젊은 과부의 이야기로 이것은 1830년에 있었던 그녀의 순례 이야기이다. 그녀는 분명히 이전에도 사로브를 방문한 적이 있었지만 스타레츠가 숲 속에서 고독의 삶을 살고 있다는 사실을 알게 되자 자신의 표현대로 '마치 암사슴'처럼 숲 속으로 달려갔다. 그녀는 무릎 깊이의 강물 속에서 조약돌을 주워 강둑에 쌓고 있는 성인을 멀리서 발견했다. 수많은 사람들이 성인에게로 달려갔다. 성인은 이 젊은 여인을 발견하고 이렇게 외

---

[4] 이 이야기들은 사로브와 디베예보 연보에 보존되었고 그중 몇몇은 신문에 발표되기도 했다.

쳤다. "오, 다시 왔구나. 나의 사랑하는 보물이여." 이 날은 날씨가 아주 좋아 보였다. 그런데 어쩐 일인지 성인은 순례자들을 서둘러 사로브로 돌려보내려 했다. 하지만 아무도 성인을 떠나고 싶어하지 않았다. 아니나 다를까, 저녁 무렵이 되자 끔찍한 폭풍우가 몰아쳤고 회오리치는 폭우가 모든 사람들을 흠뻑 적셔놓았다. 이튿날 젊은 여인은 다시 성인을 찾아뵈러 갔다. 성인은 여인을 보고는 웃으며 말했다. "아, 나의 기쁨이로구나. 거참 대단한 폭풍우였지! 어제 내 말을 들었더라면, 나의 보물아, 내가 말한 대로 일찍 돌아갔더라면 그렇게 비를 맞지는 않았을게야." 성인의 거처에서 그녀는 이콘 앞에서 불타고 있는 커다란 초를 발견했다. 성인은 그녀에게 말했다. "이 촛불은 폭풍우가 칠 때 어떤 의로운 사람이 나에게 가져다 준 것이야. 나는 하느님께 당신의 거룩한 분노를 멈추어 달라고 기도하면서 이 촛불을 밝혔어. 폭풍우는 하마터면 사로브를 다 휩쓸어 버릴 뻔했어. 수도원을 향한 하느님의 분노가 그만큼 컸다는 얘기지!"

안나는 또한 이야기의 마지막 부분에서 세라핌 성인의 목소리로 직접 하느님 나라와 영원한 생명에 관한 놀라운 말씀을 들을 수 있었던 기쁨을 전해 주고 있다. 그녀는 이렇게 썼다. "나는 신부님의 말씀을 한 마디 한 마디 정확히 되풀이할 수는 없다. 또 그 말씀이 내 안에 만들어 낸 감동을 정확히 표현할 수도 없다. 단지 내가 말할 수 있는 것은 신부님의 얼굴이 나에게는 정말 놀라운 것이었다는 것이다. 빛이 성인의 내부에서 흘러나와 그분의 자태를 환하게 비추었고 그분의 존재 전부가 성령의 은총으로 완전히 덮여 지상에서 들어 올려지는 것 같았다. 성인은 나에게 하느님의 영광에 참여한 사람들이 누리는 천상의 기쁨에 대해서도 말씀해 주셨다. 마치 그 순간 이 모든 것들을 경험하고 계신 것처럼, 이 영예로움에 참여하고 계시는 것처럼, 그분과 함께 나도 그것을 누리게 하시는 것처럼 말씀하셨다. 그분이 느끼고 있는 것을 표현하기에 말이란 너무도 부족한 것처럼 보였다. 그래서 성인은 이렇게 덧붙였다. "오, 나의 기쁨이여, 이 얼마나 달콤한가! 이

지복(至福)을 나는 결코 묘사할 수 없구나!"

또 다른 한 이야기에서는 세라핌 성인이 '아버지 집의 있을 곳'(요한 14:2 참조)을 볼 수 있는 은총을 허락해 달라고 주님께 자주 기도했으며 마침내 그 은총이 성인에게 허락되었다고 전해진다. 이렇게 해서 성인은 '수많은 눈을 가지고 모든 것을 볼 수 있는 헤루빔과 세라핌'과 같은 존재가 된 것이다.

하지만 하느님의 기쁨에는 고통이 따른다는 것 또한 진실이다. 세라핌 성인은 결국 십자가로 인도되었고 하느님의 어린양을 따르고 본받았다. 시련은 사방에서 몰려와 성인의 목을 눌렀다.

성인이 성성의 아주 높은 경지에 도달한 것처럼 보였어도 적들은 성인을 향해 목소리를 높였고 사탄은 세상에서뿐만 아니라 수도원 안에서도 활동했다. 우선 성인은 이반 티코노비치로부터 지독한 질투를 받았다.5) 어느 날 이반은 세라핌 성인에게 성가 지휘자로 디베예보 공동체에 들어가게 해 달라고 요구했다. 스타레츠는 오래 주저한 끝에 결국 양보하게 되었다. 이반은 자신의 역할과 직위를 이용해서 디베예보 공동체에 당시 러시아에서 크게 유행했던 이탈리아 풍의 새 음악들을 도입했다. 수녀들의 성가에 있는 모든 전통적인 것들이 그에게는 시대에 뒤떨어진 것으로 보였다. 성인은 만트로브에게 이렇게 말했다. "아, 그가 나에게 준 고통을 보게. 그는 여기에서 새로운 성가 창법을 도입하기 시작했어." '탐보브의 화가' 이반은 수녀들에게 이콘을 그리는 다른 방법들을 가르쳤다. 그것은 동방의 전통과는 전혀 다른 것이었다.

세라핌 신부가 만트로브와 친밀하게 지내는 것을 보고 이반은 이제 만트로브에게 접근하려 했다. 차를 마시러 오라고 초대하기도 했다. 세라핌 성인은 이를 걱정했고 만트로브에게 이반 티코노비치의 속셈을

---

5) 탐보브의 소자본가 집안 출신이었던 이반은 그림 공부를 조금 하다가 열여덟 살 때 사로브 수도원에 수련자로 들어갔지만 수도원은 지나치게 야심이 많고 너무 허황된 상상에 빠져있던 그를 쉽게 받아들이지 않았다. 그는 자신의 광신적 성향을 통제하지 못했다. 세라핌 성인의 선한 배려로 수도원에 받아들여졌지만 이반은 조금도 변하지 않았다. 앞으로 살펴보겠지만 그는 얼마 후 스타레츠가 겪은 고통들의 가장 큰 원인들 중의 하나가 된다.

경계하라고 충고했다. 성인은 만트로브에게 말했다. "이반은 차가운 사람이야. 평생 그의 마음은 모든 사람들에게 차가울 것이고 결국 많은 사람들에게 고통만 안겨 줄 거야." 어느 날 샘가에서 한 수녀와 담소를 나누고 있던 성인이 수녀에게 물을 잘 보라고 말하자, 조금 전까지만 해도 맑고 투명하던 물이 갑자기 요동치며 흙탕물이 되었다. 놀란 수녀는 왜 갑자기 물이 이렇게 변하게 되었는지 그 이유를 물었다. 그런데 그때 이반이 저쪽에서 내려와 그들에게 가까이 오고 있었다. 성인은 그를 가리키면서 "그 원인이 저기 오고 있구나. 바로 저 사람이 이 불쌍한 세라핌을 괴롭히고 또 수녀원도 요동치게 할 것이야."라고 말했다. 이반 티코노비치는 스타레츠를 이 땅의 실정을 모르는 아주 비현실적인 사람으로 생각했다. 게다가 이러한 견해는 성직자들 대부분의 견해이기도 했는데, 그들은 성인을 '단순한 사람', 즉 그를 만나러 오는 사람들이 자기를 이용하고 있다는 사실을 조금도 의심하지 못하는 순진한 사람이라고 간주하였던 것이다. 거기다 이반은 공동체에서 하느님의 사람인 성인을 밀어내고자 하는 의도까지 노골적으로 드러냈다. 그는 세라핌 성인에게 이렇게 말했다. "당신은 이제 너무 늙었소. 그러니 이제는 공동체를 나에게 맡기시오." 그는 또한 미래의 대성당에 대한 새로운 설계안 내놓았는데, 그의 설계에 따르면 스타레츠가 애초에 계획했던 몇몇 건축물들은 빠지고 동정녀의 오솔길은 메워질 수밖에 없었다. 그는 또한 공동체를 수도원 수준으로 승격시키기 위해 영향력 있는 인물들과 타협하는 일에 착수했다.6) 이곳의 수녀들은 백여 명이나 되었고 크세니아 대수녀의 공동체도 백오십여 명이나 되었다. 이반은 이 두 공동체를 하나의 공동체로 합쳐서 여러 가지 권리와 필요한 보조금을 받는 것이 합리적이라고 믿었다. 세라핌 성인은 이 계획이 때 이른 것이라고 생각해서 수녀들에게 이렇게 말했다. "그래요. 여러 권리들과 수도원이라는 명칭, 여러분은 이 모든 것들을 언젠

---

6) 이 시대에는 수많은 사이비 분파들이 일어나던 시기였기 때문에, 국가에 의해 합법화되지 못한 공동체들은 정부로부터 어떠한 지원도 받을 수 없었으며 따라서 이를 위해서는 공식적으로 인정받지 않으면 안 되었다.

가 가지게 될 것입니다. 하지만 이것을 얻기 위해서 무언가를 할 생각은 하지 마세요. 밖에서 도움을 구하지 마세요. 여러분 자신의 손으로 일해서 살아가야 해요. 여러분들의 농지와 텃밭을 경작하세요. 무엇보다도 기도가 여러분의 가장 주된 일이고 또 여러분의 가장 큰 힘이 되도록 해야 합니다." 이반은 사제직에 대한 욕심도 있었지만 사로브에서는 아무도 그에게 서품을 주려하지 않자 자기에게 약간의 희망을 주었던 다른 수도원으로 갔다. 그 후 그는 다시 돌아와서 세라핌 성인에게 자신의 결정을 통고했다. 성인은 샘가에서 발과 손과 머리에 물을 붓고 있었다. 하느님의 사람인 성인은 "자네는 더 이상 세라핌의 얼굴을 보지 못 할 걸세." 하고 입을 다물었다. 성인은 이반을 돌려보냈고, 이반은 만트로브를 만나서 이 일을 이야기했다. 이야기를 들은 만트로브는 성인에게 급히 달려갔다. 성인은 자작나무 껍질로 손과 발과 머리에 계속해서 물을 붓고 있었다. 성인은 만트로브에게 말했다. "너는 내 증인이다. 나는 이반을 그의 계획으로부터 되돌려 놓기 위해 할 수 있는 모든 것을 다했어. 하지만 성공하지 못했어. 이제 나는 그의 영혼에 아무런 책임이 없다. 네가 보듯이 나는 내 발과 손과 머리를 닦고 있다."

한편 1830년에 미하일 만트로브는 거룩한 스타레츠를 떠났다. 그는 폴란드 전선으로 차출된 어느 장군의 영지를 관리하기 위해 먼 지방으로 떠났다. 이 장군은 언젠가 터키와의 전쟁 기간 동안 세라핌 성인이 중보 기도를 드려준 것에 감사하기 위해 사로브에 온 적이 있었고, 한번 더 세라핌 성인의 축복을 받기 위해 사로브에 왔다가 성인의 거처에서 만트로브를 만났는데, 만트로브의 솔직한 품성과 열정적이고 품격 있는 태도가 마음에 들어서 그에게 영지 관리의 책임을 맡기고 싶다고 제안했다. 그런데 세라핌 성인은 만트로브가 떠나는 것을 반대하지 않았고 그래서 모두가 놀라지 않을 수 없었다. 성인은 다만 이렇게 당부했다. "자, 나의 기쁨이여, 이렇게 사람들이 자네를 빼앗아 가는구먼! 하지만 상관없네. 그것이 하느님의 뜻이니 말이야. 자네는 정말 내게 최선을 다해 주었어. 보고 싶을 거야. 하지만 장군은 이제 짜르를 위해 멀리 가야 하니 자네는 그의 영지에서 비참하게 살아갈 농민들을 돌보게. 사람들이 그들을 온갖 사이비 종교로 끌어들일걸세. 자네가 그들을 정교회로 인도해야 한다네. 자네가 나를 떠나도록 내버려 두는 것은 바로 이런 사명 때문이야. 알겠나?" 이어서 만트로브의 아내에게도 다음과 같이 말했다. "자네는 현명한 아내가 되어야 하네. 미쉔카(미하일)는 워낙 불같은 성격이어서 늘 그것을 진정시키지 않으면 안 되네. 그러니 그가 자기 맘대로 하도록 내버려 두지 말게. 그는 자네의 말을 들을 거야." 그러고 나서 그들은 서로 헤어졌다.7)

   만트로브가 떠난 후, 옐레나는 오빠가 짊어졌던 책임의 큰 부분을 자신이 감당해야 했다. 사업의 조정, 정부 관리들이나 교구 책임자들과의 협의, 계약서 서명 등등. 날이 갈수록 세라핌 성인의 기력은 쇠약해져 갔다. 이것이 옐레나를 슬프게 했다. "곧 우리 신부님이 돌아가실 것 같아. 신부님이 없으면 나도 살 수 없을 거야. 아, 될 수만 있다면 신부님보다 먼저 죽고 싶어!"라고 하는 이야기들이 종종 들렸다. 옐레나는 스타레츠에게 그런 자신의 마음을 말했고 성인은 이렇게 대답했다. "나의 기쁨이여, 네 하녀가 너보다 먼저 세상을 떠나게 될게다. 그런 뒤에 그녀는 너를 자기 곁에 둘 거야." 디베예보에서 옐레나를 너무나 잘 따랐던 하녀는 정말로 폐병에 걸렸다. 옐레나는 극진한 헌신으로 그녀를 돌보았지만 이 젊은 하녀는 곧 죽게 되어 있었다. 바로 이때 옐레나는 오빠가 병에 걸렸다는 걱정스런 전갈을 받았고 거기에 대해 옐레나는 오빠에게 스타레츠의 권고가 담긴 편지를 보냈다. 얼마 안 가 세라핌 성인은 그녀를 불러 이렇게 말했다. "나의 기쁨이여, 너는 언제나 나에게 순종했다. 그래서 네게 지시할 것이 하나 있다. 할

---

7) 만트로브 부부는 두 번째로 세라핌 성인의 아주 정겨운 집과 귀중한 공동체를 떠나 심비르스크 지역을 향했다. 쿠프리아노브 영지에 도착했을 때 그들은 스타레츠의 말씀이 하나도 틀리지 않았음을 눈으로 확인할 수 있었다. 몇 년 동안이나 완전히 방치되었던 농민들은 만트로브를 올바르고 정직한 사람으로 느꼈고 그래서 그에게 자신들의 어려움을 토로하곤 했다.

수 있겠느냐?" "무엇이든지 신부님께 순종하겠습니다." 하고 옐레나가 대답하자 성인이 말했다. "좋아, 참 좋구나. 나의 기쁨이여. 보다시피 네 오빠는 큰 병에 걸렸다. 아마 죽을지도 모른다. 그래, 그는 죽을 수도 있어. 하지만 우리에게는 아직도 그가 필요해. 너도 그걸 알거야. 자. 네가 순종할 일은 이것이다. 네 오빠를 대신해서 죽는 거야." 옐레나는 조용히 대답했다. "신부님, 신부님의 축복과 함께라면." 세라핌 성인은 그녀에게 죽음의 신비에 대해서 말하기 시작했고 옐레나는 아무 말 없이 듣고 있었다. 그러다 갑자기 옐레나가 외쳤다. "신부님, 죽기가 두려워요." 스타레츠는 대답했다. "하지만 우리가 죽음을 두려워할 이유가 무엇이냐. 우리에게 죽음은 기쁨이 될 뿐이야!" 옐레나는 성인에게서 물러나와 성인의 거처 문턱을 넘자마자 혼절해 주저앉았고 그때 마침 문 밖에서 그녀를 기다리고 있던 크세니아 대수녀의 팔에 쓰러져 안겼다. 스타레츠의 지시로 크세니아 대수녀는 옐레나를 성인의 거처 안에 마련되어 있던 관 위에 눕혔다. 그리고 축성한 물을 흩뿌린 뒤 그 물을 마시게 했다. 깨어나 자기 방으로 돌아온 옐레나는 잠을 청하면서 이렇게 말했다. "이제 다시는 일어나지 못하겠지."

 그 며칠 전 옐레나는 성인이 대성당을 짓고자 하는 땅의 주인을 방문했다. 주인은 자기 땅을 삼백 루블에 넘겨주는 데 아무런 이의가 없었다. 이것이 순종으로 죽음을 받아들이기 전에 행한 옐레나의 마지막 임무였다. 많은 사람들의 증언에 따르면 그녀의 죽음은 참으로 경이로운 것이었다. 두려움은 모두 사라지고 없었다. 옐레나에게 죽음은 그녀가 사랑하는 오빠와 그렇게도 소중하게 여겼던 공동체를 위해 자신의 생명을 바치는 순간이 되었다. 마지막 남은 며칠 동안, 그녀는 전혀 다른 세상으로 옮겨진 사람 같았다. 그녀는 빛나는 얼굴로 이렇게 말했다. "그가 오고 있네요, 그가 오고 있어요. 그리고 천사들도 있군요. 천사들도!" 크세니아가 마음이 뭉클해져 물었다. "사랑스런 대수녀님. 주님을 보고 계신가요?" 옐레나는 대답 대신 아주 희미하고 부드러운 음성으로 예전에 장례예식 때 즐겨 부르던 성가를 부르기 시작했다. "사멸할 존재는 누구도 주님의 얼굴을 볼 수 없으니 천사들조차 감히 그 얼굴을 쳐다보지 못하네." 크세니아는 계속해서 물어 보았다. 그러자 옐레나는 부드럽게 대답했다. "그래요, 크세니아. 말로 형언할 수 없는 불로 나타나신 주님을 보았어요." 옐레나는 이미 거룩한 성사들은 다 받은 상태였다. 그래서 그녀는 주위를 둘러싸고 있는 수녀들에게 장례와 매장을 서둘러 달라고 부탁했다. 때는 1832년 5월 28일, 성령강림축일 전날이었고 옐레나의 나이 스물일곱이었다. 사람들은 그녀의 시신을 성당으로 옮겼고 이때 축일 대만과를 알리는 종소리가 울리기 시작했다. 옐레나는 알렉산드라 대수녀 곁에 묻히기로 되었다. 그 곁에는 이미 작은 마리아가 자리를 잡고 있었다. 수녀들이 이 모든 슬픔을 세라핌 성인에게 알리러 갔을 때 성인은 수녀들에게 이렇게 말했다. "그렇게 비탄에 빠져 울고 있다니 참으로 어리석기 짝이 없구나! 너희들의 영혼이나 잘 살피거라! 옐레나가 거룩한 삼위일체 하느님께 나아가자 헤루빔과 세라핌조차 자리를 내어 주고 뒤로 물러났단다."

그런데 이보다 더 큰 시련들이 성인과 수녀 공동체를 기다리고 있었다. 이제 이 시련들을 보자. 모스크바의 시장인 자브레프스키와 그의 장모는 방앗간 수도원 근처에 많은 땅을 소유하고 있었다. 이 땅은 조그만 자투리라도 공동체에 헌납된 것이 눈 뜨고 볼 수 없는 일이었던 어떤 고약한 집사에 의해 경작 관리되고 있었다. 그는 일부러 수녀들을 모함하는 보고를 시장에게 올렸다. 시장은 그것을 믿었고 크세니아 대수녀에게 달려가 온갖 욕설을 퍼부었다. 크세니아 대수녀는 그의 욕설에 거의 실신할 정도였다. 하지만 시장이 이렇게까지 화를 내려면 단지 어떤 개인적인 동기 이상의 훨씬 심각한 이유가 있어야 했다. 디베예보 연보는 이 이유에 대해 입을 다물고 있지만 다음과 같은 것이 아닐까 추측해 볼 수 있다. 이 시대는 농노제가 아직 폐지되지 않았고 농노들의 탈주도 빈번하던 때였다. 농노들은 수도원으로 피신하는 것이 그중 가장 쉬운 방법이라고 여겨 번번이 수도원으로 숨어 들어갔다. 그래서 수도원은 자주 수색의 대상이 되었다. 한번은 세라핌 성인이 살아있는 동안에, 이웃 영주에게서 도망친 젊은 처녀가 수도복을 입고 방랑생활을 하던 일이 있었다. 수색대에게 잡히자 그녀는 스스로를 정당화하기 위해 성인이 그녀에게 수도자가 되는 것을 허락해 주었다고 말했다. 그러니 세속 권력자들은 수사와 수녀들을 경계의 눈으로 쳐다보았고 또 아직 합법적 지위를 가지지 못했고 국가에 의해 공식적으로 승인받지 못한 디베예보 공동체를 경계했던 것이다.

성인은 만트로브(이때는 아직 디베예보에 있었다)에게 시장을 책망하지 말고 수녀들에게 보여 준 시장의 선행에 감사하라고 했다. 이 이해할 수 없는 행동은, 다시 살펴볼 것이지만, 스타레츠의 놀라운 직관력을 증명해 준 것이었다. 실제로 모스크바에서 시장은 수녀들과 성인에 대해 행정 권력뿐만 아니라 종교 권력까지도 동원해 조사에 착수하라고 명령했다. 그런데 이 조사 때문에 수녀들과 성인이 완전히 정당했었음이 밝혀졌고 더 나아가 공동체는 합법적으로 존재할 수 있는 권리까지 획득하였다. 세라핌 성인은 바로 이것을 미리 알고 시장에게 감사하라고 했던 것이다.

교회 안 성직자들의 반대는 더 거셌다. 어느 날 수도자들이 성인에게 거처에 여성들을 받아들임으로써 수도생활을 어지럽게 한다고 항의했을 때, 세라핌 성인은 그것을 심각하게 받아들이지 않았다. 도리어 성인은 사람들이 그에게 오는 것은 영적 도움을 구하기 위한 것이며 또 그들을 영적으로 도와 주는 것이야말로 앞으로 주님의 거룩한 법정에서 자신이 책임져야 할 의무이니 달리 어떻게 할 수 없다고 말하였다. 성인 자신에게 주어지는 비난과 욕설에도 아무런 반응을 보이지 않았다. 사람들이 성인에 대해 나쁘게 말할 때도 그저 웃으면서 "나는 모든 사람에게 이상한 사람이 되어 보여도 그것 때문에 동요하지 않습니다."라고 말할 뿐이었다. 성인이 침묵을 깬 것은 오직 수녀들이 비난 받고 괴롭힘을 당할 때뿐이었다.

어느 날 성인은 젊은 크세니아에게 말했다. "사람들이 불쌍한 세라핌에 대항해서 일어나는구나. 나를 공격하고, 고발하고, 또 젊은 수녀들에게 교회에서 밤을 지새우며 시편을 음송하도록 허락해 주었다는 이유로 나를 비난하는구나. 그들은 이렇게 말하더구나. '우리는 그런 일을 한 번도 보지 못했습니다.'라고 말이야. 그래서 내가 이렇게 대답했지. '수많은 천사 군대가 수녀들이 기도하는 동안 그들을 에워싸고 도와 주고 있는 모습을 당신들이 볼 수 있었다면!' 그러면 그들은 입을 다물고 말지." 모함하는 사람들의 비난은 스스로 잦아들었다. 하지만 그것도 오래가지 않았다. 오히려 그 공격은 점점 더 강해졌다. 크세니아는 이렇게 토로했다. "아, 우리들의 사랑스러운 스타레츠이신 신부님이 우리 때문에 당하신 고통은 말로 다 할 수 없었어요. 하지만 신부님은 인내와 선하심으로 이 모든 것을 참아 내셨어요."

어느 날 수도원장인 니폰트 신부도 수도원 마당에 있던 세라핌 성인을 붙잡아 세우고는 수녀들과의 유대는 더 이상 지속될 수 없다고 말했다. 세라핌은 크게 참회의 절을 한 뒤 아주 조용한 어조로 말했다. "신부님은 목자입니다. 그러니 거짓 증거자들에 의해 영향 받지 않도록 하십시오. 사람들이 악의를 가지고 하는 말을 듣지 마십시오. 우리 모두의 목표는 영원한 생명입니다. 그러니 영원한 생명으로 인도하는 길을 비속한 일들로 가로막지 마십시오." 성인은 다시 한 번 반복했다. "신부님은 목자입니다. 그러므로 신부님의 말씀은 항상 목자에게 걸맞은 것이어야 합니다!" 하지만 니폰트 신부는 직접 수녀들을 공격했다. 그의 영향을 받은 수도원의 운영회의는 땔감과 식량을 보내주는 세라핌 성인을 만나기 위해 수녀들이 끊임없이 출입하는 수도원의 '거룩한 문'을 지방 정부에서 수비대를 보내어 지키게 해 달라고 요청했다. 병사들이 이 문을 막았다. 예브독시아 대수녀는 말했다. "우리 때문에, 우리에게 필요한 것들을 마련해 주었기 때문에 수도자들이 세라핌 성인을 좋아하지 않는다는 것을 모든 사람들이 다 알게 되었어요." 하지만 세라핌 성인은 오히려 수도자들을 상대로 기지를 보였다. 다시 한 번 예브독시아 대수녀가 우리에게 전한 말을 들어보자. "내가 세라핌 신부님 거처에 있던 어느 날, 신부님이 나에게 큰 가방을 하나 주시면서 사로브의 거룩한 문을 통해서 디베예보로 돌아가라고 말씀했어요. 평소에는 병사들을 만나지 않도록 돌아서 가라고 말씀하시곤 했는데 말이에요. 하지만 이번에는 신부님이 나를 모욕하는 자들에게 보내서 너무 놀랐지요.(수도원장과 수도자들은 실제로 병사들에게 우리가 지나가면 붙잡으라고 말해 놓은 상태였어요. 그들은 병사들에게 특히 나를 눈여겨 보라고 당부했지요. 왜냐하면 나는 다른 사람들보다 자주 필요한 식량을 얻으러 이 문을 들락거렸기 때문이죠.) 나는 순종하지 않을 수가 없었어요. 그래서 나는 그 속에 무엇이 들었는지 확인도 해 보지 않고 짐을 둘러메고 떠났지요. 문에 도달하자 나는 기도하기 시작했어요. 그 순간 병사들이 나를 에워싸서 수도원장에게 끌고 갔고 수도원장은 내 가방을 열어 보라고 명령했어요. 내 손은 떨리고 있었고 수도원장은 말없이 나를 쳐다보고 있었어요. 그런데 가방을 열자마자 놀랍게도 그 속에 가득 든 것은 돌과 굳은 빵 조각들과 나무토막들, 낡은 샌들이었고 이 모든 것이 뒤죽박죽 쌓여 있어서 엄청난 무게를 만들어 냈던 것이지요. 놀란 니폰트 신부는 소리쳤어요. '아, 세라핌, 자기 자신을 혹독하게 대하는 것도 모자라 이제는 디베예보의 수녀들까지 괴롭히고 싶어 하는군!' 수도원장은 나를 보내주었어요. 또 한 번은 신부님이 나에게 돌과 모래로 가득 찬 짐을 주면서 이렇게 말씀했어요. '이번이 사람들이 너를 붙잡는 마지막이 될 게다.' 실제로 나는 문을 지나면서 또 붙잡혀서 다시 니폰트 수도원장에게 가게 되었어요. 다시 돌과 모래를 본 그는 병사들에게 이제는 나를 붙잡지 말라고 명령했어요. 그때부터 나는 마음대로 이 거룩한 문을 통행할 수 있게 되었죠."

스타레츠는 수녀들이 이런 이야기를 해 줄 때면 늘 미소지었다. 비록 그의 속마음은 아팠지만 성인은 그의 '고아들' 앞에서는 항상 유머를 잃지 않았기 때문이다. 하지만 불행하게도 경계의 대상이 되었던 것은 거룩한 문뿐만이 아니었다. 사로브의 숲도 산림감시인들을 풀어서 수녀들이 이곳에 와 산딸기를 따거나 버섯을 채집하는 것을 발견하면 즉시 붙잡아 오도록 명령해 놓았다. 한번은 한 산림감시인이 수녀에게 채찍을 들어 내리치려고 했다. 하지만 신비스런 힘이 그의 채찍을 낚아채 멀리 내동댕이쳤고 그 후 그 채찍은 다시 찾을 수 없게 되었다. 세라핌 성인은 웃으면서 말했다. "너희들은 사람들이 채찍을 다시 찾을 수 있기를 바라기라도 하는 것이란 말이냐! 채찍은 숲 깊은 곳에 파묻혀 있단다." 그제야 수녀들은 스타레츠의 사랑과 기도가 언제 어디서나 그들을 지켜주고 있다는 사실을 깨달았다.

하지만 억압은 점점 더 참기 어려울 만큼 고통스러워졌다. 성인이 절도행위로 고발되었던 것이다. 크세니아는 말했다. "방앗간을 건축할 때 사람들이 아무런 쓸모도 없는 목재 두 개를 우리에게 가져와 문 옆에 놓았어요. 그런데 이 나무토막이 놓이자마자 수도자들이 들이닥쳐서는 소리쳤어요. '당신들의 세라핌이 우리의 모든 것을 훔쳐 간단 말이야. 나무를 어디다 숨겼는지 빨리 보여주시오.' 우리는 수도자들에게 두 개의 나무토막을 보여 주었지만 우리를 믿으려 하지 않고 계속해서 우리를 모욕했어요. 그래서 나는 신부님께 달려갔어요. 그런데 내가 문을 열기도 전에 신부님이 말씀하시는 거였어요. '그래, 그래. 다 안단다. 나의 기쁨이여. 사람들이 내가 나무를 훔쳤다고 말하더구나. 그들은 나를 법정에 고발하고 싶어 해. 곧 그들은 하늘의 여왕이신 성모님도 고발할게다!'" 이런 사건이 한 번만 있었던 것은 아니었다. 그래서 교회는 다시 조사를 시작했다. 어느 날 일곱 명의 수녀가 홀로 계시는 스타레츠 곁에서 해가 질 때까지 일하고 있었다. 수녀들은 성인이 지어준 오두막에서 잠시 쉬고 있었는데, 그때 조사를 맡은 세 명의 수도자가 그 장소에 나타나 사방을 샅샅이 뒤지기 시작했다. 의심할 만한 것을 하나도 찾지 못하자 그들은 수녀들에게 숙소로 돌아가라고 말하는 것으로 만족해야 했다. 이런 이야기들은 끝도 없다.

그래서 세라핌 성인은 자신을 악의적으로 비난하는 사람들에게 맞서기로 결심했다. 성인은 그들에게 이렇게 말했다. "저 커다란 전나무가 보이시오? 나는 저 나무에 십자가를 표시해 놓았소. 내가 디베예보 공동체를 돌보는 것은 나 자신의 의지가 아니라 주님과 거룩한 성모님의 의지에 순종하려는 것임을 보여 주기 위해서요. 우리는 이 나무가 디베예보 공동체를 향해 넘어지도록 기도할거요." 스타레츠는 수녀들과 함께 밤새도록 기도했다. 다음 날 날씨는 너무나 고요했지만 거대한 나무는 뿌리가 뽑혀 땅바닥에 쓰러져 있었다! 디베예보 연보는 이 놀라운 사실에 대해 여러 증언들을 수록해 놓았다.[8] 성인은 이 광경을 보러 온 수도자들에게 말했다. "나를 비난하고 고발한 여러분, 내가 하는 일을 하느님께서 기뻐하신다는 것을 증명해 주는 이 나무를 보시오." 스타레츠는 나무를 잘라 방앗간으로 옮겼다. 나무의 밑동은 이 사건을 기념하여 그 후 오래도록 디베예보에 보존되었다.

주님께서는 당신의 친구이신 성인에게 수많은 굴욕과 모욕 속에서도 말할 수 없이 큰 기쁨을 주셨다. 그것은 성인이 '하느님의 친구'라는 이름을 붙여준 유일한 사람이었던 니콜라이 모토빌로브가 돌아온 것이었다.

이 때 니콜라이는 스물두 살에 불과했다. 그가 어릴 적에 돌아가신 부친은 한때 사로브에서 수련자로 생활하기도 했다. 하지만 그는 세상으로 돌아가서 결혼했다. 니콜라이가 태어나기 전에 그는 태어날 아기가 하느님께서 택한 자가 될 것이라는 이야기를 들었다.

1809년 5월 3일에 태어난 니콜라이는 그의 부친으로부터 중앙 러시아의 지방 정부 관할 안에 위치한 엄청난 소유지를 물려받았다. 이 영지의 관리는 그의 어머니가 담당했는데, 그녀는 니콜라이가 겨우 일곱 살이었을 때 함께 사로브를 순례하게 되었다. 때는 1816년, 성인이 자신의 거처 문을 열어두었지만 아직은 많은 사람들을 만나지 않고 있던 시기였다. 성인이 살아가는 모습은 어린 니콜라이에게 엄청난 인상을 심어 주었다. 그의 어린 시절 공책에는 이때 본 세라핌 성인의 거처 묘사화가 그려져 있었다. 어린 아이의 상상력을 특별히 자극했던 것은 '기쁨 중의 기쁨'이신 동정녀 이콘 앞의 일곱 개의 촛대에서 타오르고 있던 촛불들이었다. 어머니가 성인과 대화하는 동안 그는 촛대 사이를 껑충껑충 뛰어다니며 놀고 있었다. 그의 어머니는 그를 말리려고 했지만 성인은 "아이를 내버려 두세요. 아무런 잘못도 없으니까요. 아이의

---

8) 디베예보 연보 6권

수호천사가 그와 함께 놀고 있네요." 하고 말했다. 그리고 니콜라이에게 이렇게 말했다. "재밌게 놀아라. 나의 귀염둥이야. 그리스도께서 너와 함께 하실게다!" 모토빌로브는 관대함과 부드러움으로 가득 찬 이 말을 마치 부드러운 음악처럼 기억 속에 간직했다.

사춘기 소년이 되어 신학에 크게 매혹된 그는 선생님들에게 아주 당황스런 질문들을 던지곤 했다. 성 삼위일체 신학은 그에게 특별히 매력적이었다. 사람들은 그가 언젠가 한번은 사람이 하느님의 형상대로 창조되었다면 사람 또한 성 삼위일체의 본성을 가지는 것은 아닌지 묻기도 했다고 기억한다. 그런데 이 질문들은 선생님들에게 흥미롭기는커녕 오히려 화를 돋우는 것이 되었다. 선생님들은 그에게 이렇게 말했다. "그러니까 너는 모든 장벽을 다 뛰어넘고 싶다는 것이냐?" 그의 어머니도 아들의 미래와 그의 별난 호기심을 걱정하곤 했다. 그래서 그녀는 아들이 자유주의적 경향이 강한 대학에 출입하는 것을 반대하기도 했다. 하지만 결국 카잔 대학에 들어가고 싶다는 아들의 요청에 대해 양보하지 않을 수 없었다. 그의 어머니가 예감했듯이 그는 무서우리만치 흔들려서 방황했고, 어느 날은 자살을 기도하기까지 했다. 그런데 빠져 죽으려고 결심한 호숫가에서 그는 성모님 환상을 보았고 곧이어 거의 마지막 순간에는 보이지 않는 손이 그를 붙잡았다. 열일곱살이 되자 그는 공부를 끝내야 했다. 왜냐하면 이때 어머니가 돌아가셨고 작은 누이를 돌보는 것은 결국 그의 몫이 되었기 때문이었다.

커다란 시련들이 곧 그에게 닥치게 되었다. 관리직을 얻었지만 니콜라이의 올곧고 열정적인 기질은 그의 상관들 가운데에 많은 적들을 만들어 냈다. 그 중의 한 명은 비열한 생각으로 하도 그를 괴롭혀서 급기야 니콜라이는 병들어 눕게 되었다. 모든 처방을 다 써 보았지만 병에는 차도가 없었다. 그래서 니콜라이는 사로브로 순례를 떠나기로 결정했다.9) 그는 이렇게 말했다. "디베예보 공동체에 나를 맡기기 일 년 전 존경하는 스타레츠께서는 나를 거의 마비시키고 극도로 쇠약하게

---

9) 디베예보 연보 40-60권

만들었던 고통으로부터 치유해주셨다. 삼 년 넘게 침대에 꼼짝없이 누워 있어야 했기에 내 등은 나를 엄청나게 괴롭혔던 수많은 종기로 뒤덮여 있었다. 1831년 9월 5일 사로브에 도착했을 때 나는 비록 병에서 벗어나지는 못했지만 신부님과 두 번이나 대화를 나눌 수 있는 기쁨을 누렸다. 9월 9일, 우리 일행은 샘가에 위치한 그의 은둔처를 향해 길을 나섰다. 네 사람이 각각 내 사지를 잡고 다섯 번째 사람은 내 머리를 들어서 천천히 옮겼다. 그런데 이때 햇빛이 드는 숲 속 빈터에서 신부님이 앉아 사람들에게 말을 하고 있었다. 사람들은 강가의 커다란 전나무 아래에 나를 앉혔다. 내가 세라핌 성인에게 병을 고쳐 달라고 부탁했을 때 신부님은 나에게 이렇게 대답했다. '헌데 나는 의사가 아니라네.

▲ 성인이 모토빌로브를 치유하시다

의사에게 부탁해 보게!' 그래서 나는 신부님께 내가 얼마나 비참하게 살아가는지, 그간 수많은 처방을 다 써 보았지만 아무런 효과가 없었다는 사실들을 낱낱이 말씀드렸다. 그리고 마지막으로 나는 하느님의 은총 밖에는 아무런 희망이 없다고 말씀드렸다. 그러자 신부님이 나에게 물어 보셨다. '인간이 되신 우리 주 예수 그리스도와 평생 동정녀이신 거룩한 성모 마리아를 믿는가?' 나는 확신에 찬 어조로 그렇다고 대답했다. 신부님은 계속해서 물어 보셨다. '말씀의 능력만으로 병을 고치신 주님께서는 우리 시대에도 그분을 간절히 부르는 사람들을 너끈히 그리고 바로 고치실 수 있다는 사실을 믿는가? 또한 성모님의 중보가 자네를 고치실 수 있는 그분의 아들 곁에서 아주 강력한 힘을 가진다는 사실을 믿는가?' 나는 내 마음을 다해 그것을 믿고 있으며 그러한 믿음이 없었다면 여기까지 오지도 못했을 거라고 대답했다. 그러자 신부님은 나에게 말씀하셨다. '만약 그렇게 굳게 믿고 있다면 자네는 벌써 고쳐졌다네.' 그 때 나는 소리쳤다. '아직도 내 하인들과 신부님조차 나를 부축하고 있는데, 어떻게?' 신부님은 대답하셨다. '그렇지 않아요, 그렇지 않아. 자네는 지금 완전히 다 나았다네.' 이어서 신부님은 사람들에게 뒤로 물러나라고 말하고 나의 어깨를 붙잡고 땅에서 일으켜 세워 발로 서게 하고는 이렇게 말씀하셨다. '똑바로 서 보게. 발로 땅을 딛고 서 보란 말이야. 아무 것도 두려워하지 말고!' 신부님은 손으로 나를 붙잡고 천천히 이끌어 전나무 주위를 돌게 하였다. '보게나. 자네는 이제 걸을 수 있지 않는가!' 하는 신부님의 말에 나는 다시 이렇게 말했다. '하지만 신부님이 나를 잘 이끌어 주셔서 그런 것 아닌가요?' 그러자 신부님은 이제 내 손마저 떼어 놓고 '아니라네. 주님께서 자네를 고쳐 주셨으니 내가 돕지 않아도 자네 혼자 힘으로 걸을 수 있단 말일세. 걸어가 보게!' 그러자 나를 온통 휘감고 지배하는 듯한 새로운 힘이 느껴졌고 나는 아무런 두려움 없이 걸었다. 하지만 신부님이 나에게 말씀하셨다. '자, 됐네. 그만하게. 이제는 주님께서 자네를 고쳐 주셨고, 자네의 불신앙을 없앴던 것으로 해 주셨고, 또 자네의 잘못을 모두 용서해 주셨다는 것을 확실히 믿을 수 있겠는가? 그러니 항상 주님을 믿고, 그분의 크신 자비를 신뢰하고, 마음을 다해 주님을 사랑하고, 오직 주님께만 자네의 희망을 두며 살게나.' 그러면서 다시 한 번 경고하셨다. '하지만 걸을 수 있다고 함부로 걸어 다니지 말게. 건강을 잘 지키게. 주님께서 주신 귀중한 보물이니 말일세.' 신부님께 인사드리고 하인들을 집으로 돌려보낸 뒤 나는 마차를 타고 따로 사로브의 방문객 숙소로 돌아갔다. 나의 치유를 목격했던 많은 순례자들이 이 사건에 대해 이야기하고 있었고, 소식은 나보다 먼저 사로브에 당도해 있었다. 사로브에 도착하자 수도원장 니폰트 신부와 수사 신부들이 나를 방문객 숙소 현관에서 맞이해 주었고 주님께서 나에게 베풀어 주신 은총을 축하해 주었다. 나는 그때만큼 건강하고 힘이 넘쳐 본 적이 없었다고 고백하지 않을 수 없다."

모토빌로브는 가능한 한 자주 사로브에 들렀다. 그러던 어느 날 스타레츠가 그에게 갑작스럽게 물었다. "하느님의 친구여. 자네는 내게 뭔가 물어볼 게 있는 것 같구면. 부족한 세라핌에게 두려워 말고 말해 보게." 그래서 그는 성인에게 이웃 지방에 사는 한 처녀를 사랑하고 있으며 그녀와 결혼할 뜻을 가지고 있다고 고백했다. 세라핌 성인은 그가 이야기한 모든 것에 큰 흥미를 느꼈고 이따금씩 그 처녀에 대해 이런저런 질문들을 하곤 했다. 성인이 처녀의 나이를 물었을 때 모토빌로브는 그녀가 이제 불과 열일곱 살이라고 말했다. 그러자 세라핌 성인이 말했다. "하느님의 친구여. 자네는 지금 무슨 말을 하고 있는 건가? 그녀는 겨우 여섯 살이야. 그러니 결혼하려면 십년은 더 기다려야 할 걸세." 스타레츠가 뭔가 잘못 들었다고 생각한 그는 말문이 막혔지만 다시 말했다. "제가 말씀드린 처녀는 예카테리나 야즈커바라는 이름을 가진 사람으로 결혼할 만한 나이가 되었어요." 그러자 세라핌 성인이 말했다. "내가 말하는 사람은 그녀가 아니라 하느님께서 이미 예정해 놓으신 자네의 짝일세. 그 애는 이제 여섯 살에 불과하지. 가난한 농사꾼의 딸이지만 하느님의 천사라네." 성인이 작고한 마리아의 질녀인 작은 옐레나 멜리우코바를 불러 오게 하여 수녀들에게 앞으로 이 아이가 수녀들의 보호자가 될 분이니 머리 숙여 인사하라고 말한 지 4개월 되던 때였다.

침묵이 흐른 뒤 스타레츠는 계속 말을 이었다. "인생에는 아주 다른 두 순간이 존재한다네. 하나는 자네가 지금 그렇게 하고 싶어 하듯이 사람이 자신의 운명을 혼자 결정하고 처분하고자 할 때이고, 또 하나는 주님 자신이 그분께서 선택한 사람의 운명을 결정하고 처분하실 때라네. 내가 자네에게 요구한 것을 받아들이겠다고 약속해 주게." 세라핌 성인은 모토빌로브에게 세 번이나 크게 몸을 숙여 부탁하였다.

◀ 그리고리 크루그 수도사가 그린 세라핌 성인

▲ 사로브 수도원의 동쪽 전경

▲ 세라핌 성인의 초상과 친필서명

▲ 복원된 세라핌 성인의 거처 : '머나먼 광야'

◀ '광야'로 가는 길에 세라핌 성인이 기도하곤 했던 장소

▲ 남서쪽에서 바라본 세라핌 디베예보 수도원 전경

▲ 세라핌 성인의 전신초상

6장

하느님 안에서의 삶: 그 정점을 향하여

세라핌 성인이 겪은 이 모든 시련은 그로 하여금 그리스도를 닮아가게 해 주었다. 성인은 이미 눈에 보이는 세상의 경계를 훌쩍 뛰어넘어 모든 세속에 대한 관심으로부터 자유로워지게 되었다. 성인이 거처에서 성체성혈을 모시는 것이 금지되고 그래서 반드시 성당에 가야만 하게 되었을 때, 성인이 나오기를 기다리며 병동 소성당 문 앞에 모여 있던 순례자들은 성인이 고개를 숙이고 하느님께만 집중한 모습으로 느릿느릿 그들 앞을 지나가는 것을 보았다. 하지만 조금 후에 성인은 흰 사제복을 입고 다시 나타났으며 그때 그의 얼굴은 내적 빛으로 환하게 빛났다. 그의 몸은 마치 물리법칙에서 벗어난 듯 했고 그래서 종종 문자 그대로 땅에서부터 들어올려지곤 하였다.

전신마비 병에 걸렸던 한 젊은이의 증언을 들어보자. 어느 날 고모인 치카에브 공주가 그를 사로브의 성인에게 데려왔다. 스타레츠는 젊은이를 거처 안으로 맞이한 후 문을 닫고, 기도하러 다녀올 동안 그 사이에 돌아갈 생각은 말고 조용히 누워서 뜨겁게 기도하라고 권했다. 하지만 젊은이는 성인의 권고를 잊고 되돌아가고 말았다. 바로 그때 젊은이는 땅에서 솟아 오른 세라핌 성인을 발견했다. 젊은이가 자신을 발견하자 스타레츠는 젊은 환자를 질책한 후, 본 것을 아무에게도 말하지 말라고 지시했다. 이 젊은이는 자기가 본 것을 세라핌 성인이 돌아가신 후에야 공개했다.

똑같은 사건이 디베예보의 네 수녀가 보는 앞에서도 일어났다. 그 중의 한 수녀는 이렇게 전한다. "어느 날 우리는 들판을 지나고 있었고 잡풀들이 매우 높게 우거져 있었어요. 세라핌 신부님은 우리보다 앞서 걸어가고 계셨고 우리는 신부님에 대해 수다를 떨며 따라 갔지요. 그런데 갑자기 신부님이 멈추어 서서 우리보고 앞서 가라고 명하시지 뭐예요. 우리는 순종했지요. 하지만 호기심이 동한 우리들은 신부님을 보기 위해 뒤돌아섰어요. 우리는 거의 기절할 뻔했어요. 신부님께서 땅에서 솟아올라 잡풀들 위로 걸어가시지 뭐예요. 우리는 신부님 발치에 가서 꿇어 엎드렸어요. 그러자 신부님은 우리에게 이렇게 당부하셨어요. '아, 나의 기쁨들이여. 내가 살아있는 한 아무에게도 이를 말하지 말라.'라고 말씀하셨지요."

게다가 사물들조차 성인에게 복종했다. 성인이 기도하자 물이 땅에서 용솟음쳤고 불이 저절로 켜지기도 했으며 숲 속의 짐승들도 성인의 명령에 복종했으며 성인의 몸은 중력에 영향 받지 않기도 했다. 시간과 공간이 더 이상 성인에게 힘을 발휘하지 못하는 것 같았다. 아니 도리어 성인이 그것들을 지배하셨다.

우리는 성인이 구덩이 파는 일을 시작하기 위해 디베예보 수녀들에게 나타났고 그와 동일한 시각에 또 다른 수녀는 은둔처에서 성인을 만났던 일을 기억한다. 또 폭풍우 속에 방앗간 일을 하다가 절망에 빠져버린 수녀를 돕기 위해 날아갔던 일도 있었다. 혹심한 두통에 초죽음이 되어 버린 또 다른 수녀가 마음 속으로 세라핌 성인에게 도와달라고 기도했을 때 스타레츠는 수녀의 방에 찾아와 "대수녀여, 나를 찾기에 이렇게 자네를 돕기 위해 왔다네." 하고 말하고는 그녀를 일으켜 세우고 그녀를 향해 십자 성호를 그은 뒤 멀어져 갔다. 두통은 씻은 듯이 즉시 사라져 버렸다.

화상을 입은 한 소녀는 세라핌 성인이 고통을 잠재우기 위해 그녀의 집에 들어서는 것을 보았다. 얼마 후 그녀의 부모는 소녀를 사로브에 데려왔다. 소녀를 위로하기 위해 찾아 왔던 '작은 노인' 스타레츠에게 감사드리는 것은 조금도 놀랄 만한 일이 아니었다. 그런데 스타레츠는 오히려 자신이 소녀에게 감사라도 하듯이 "아, 이 소녀가 그때의 그 소녀란 말인가!" 하고 감격해 하며 소녀를 안아 주었다.

1831년 콜레라가 창궐하던 해, 세라핌 성인은 테플로브라는 한 관리의 부인에게 나타나서 이 전염병으로부터 보호하기 위해 동정녀 샘의 물을 길어다 주변의 이웃들에게 나누어 주라고 말했다. 이 부인은 성인의 말에 순종했고 심지어는 많은 전염병 환자들이 입원해 있는 병원에도 물을 갖다 주었는데, 놀랍게도 물을 마신 많은 환자들이 나았다. 하지만 그때뿐만 아니라 소련에서도 '작은 노인' 세라핌 성인은 계속해서 그리스도 안의 수많은 형제들과 자매들을 찾아가 그들을 위로해 주었다.

세라핌 성인이 거룩한 성모님과 맺은 놀라울 정도의 내밀한 관계에 주목하지 않을 수 없다.[1] 성인은 공동체의 수녀들, 만트로브, 바실리 신부에게 이를 아주 자연스러운 일처럼 말하곤 했다. 성인과 성모님의 관계는 너무도 친밀해서 동정 성모께서 가져다주는 그 정체를 알 수 없는 신비스럽고 달콤한 열매를 내적으로 맛보곤 했다. 성모님은 성인에게 이렇게 말씀하셨다. "내가 사랑하는 이여, 네가 원하는 것은 무엇이든지 나에게 요구하여라." 세라핌 성인은 그 어떤 선물보다도 그 영적 자녀들의 보호를 요청했다. 그 때문에 디베예보의 수녀들은 가끔 성모님의 아주 신비스러운 방문을 경험했고 이를 스타레츠에게 말했다.

예를 들어 옐레나 만투로바는 성당에서 '아름다운 부인' 한 분을 보았다. 또 다른 수녀가 식당에서 일할 때 일어난 일이었다. "자리에 쭈그리고 앉아 있던 나는 작은 소녀와 함께 온 매우 아름다운 부인을 볼 수 있었어요. 나는 세라핌 신부님이 그분들을 보냈다고 생각했어요. 하지만 아무도 그분들을 맞이해 줄 사람이 없어서 마음이 조마조마했는데 그 부인께서 내가 내일 먹을 빵을 준비하고 있는 탁자로 다가오셨어요. 그리고는 그 중 한 조각을 집어 맛보시더니 이렇게 말씀하셨어요. '순종과 기도, 그리고 신부님의 축복으로 구워낸 빵이라 참 맛있네

---

[1] 동정녀 마리아에 대한 정교회의 공경은 그리스도에 대한 신심과 분리될 수 없다. 동정녀 마리아는 테오토코스, 즉 성모이시며 따라서 구원의 신비와 분리할 수 없는 한 부분이다. 하느님이신 아드님 곁에서 모성애를 가지고 중보하시는 성모님의 능력은 성모님을 모든 성인들의 행렬 맨 앞자리에 놓는다. 또 성모님은 하늘의 거처로 인도하는 야곱의 사다리이며 이 세상과 영원한 세상을 이어주는 살아있는 끈이다.

요.' 그들이 나갔을 때, 나는 그들의 방문을 알리기 위해 뛰어나갔는데 아무도 그런 분들을 보지 못했다는 거예요. 다음 날, 세라핌 신부님께서 내게 오셔서 말씀하시기를 '대수녀님, 어제 그분이 뭐라고 하시던가요?' 하고 물으시는 것이었어요. 나는 신부님께 물었죠. '그분은 누구신가요? 저는 그분을 맞이할 시간조차 없었어요.' 하지만 성인은 약간은 장난스럽게 다음과 같이 덧붙였어요. '아, 순종이란 얼마나 위대한 것인가요! 그것은 기도와 금식보다 더 훌륭한 것이예요. 그 부인이 누구신지 아시나요? 바로 하늘의 여왕이신 성모님이셨어요.'라고 말씀하셨어요."

디베예보 연보에 기록된 수녀들의 순박하고 단순한 이야기들을 읽노라면 세라핌 성인 앞에서는 보이는 세계와 보이지 않는 세계의 장벽이 사라져 버린 듯한 인상을 받는다.

▲ 성모님이 나타나시다

예브독시아 수녀는 어느 날 성인이 성모님과 대화를 나누고 있었다고 전한다. "1831년 3월 24일, 성모희보 축일 대만과 때였다. 스타레츠는 나를 수도원의 거처로 불러서 이 날 나에게 주어질 큰 기쁨을 예고해 주었다. 우리는 함께 기도했다. 그때 갑자기 신부님이 소리치셨다. '보라. 우리에게 주님의 크신 은총이 임하고 있구나!' 이때 내게는 나무 꼭대기를 스치는 부드러운 바람 같은 소리가 들렸고 이어서 노래 소리도 들렸다. 거처의 공기는 마치 향냄새를 연상시키는 듯 했지만 그보다도 더 향기롭고 그윽한 냄새로 가득 찼다. 그때 나는 세라핌 신부님이 땅바닥에 엎드려 기쁨으로 외치는 소리를 들었다. '오! 지극히 거룩한 성모님, 흠 없이 순결한 동정녀이시며 은총으로 가득한 여왕이시여!' 그리고 나는 하늘의 여왕을 앞장서 인도하는 두 천사가 나타나는 것을 보았다. 이어서 성모님 양쪽에는 세례자 요한 성인과 사도 요한 성인 그리고 열두 동정녀 순교자들이 각각 머리에 월계관을 쓰고 나타났다. 거처는 수천 개의 촛불이 밝히고 있는 것처럼 온통 환하게 빛났다. 그 빛은 점점 더 밝아져 햇빛보다 더 밝게 되었다. 벽들은 환희에 찬 것처럼 보였고 거처의 공간은 점점 더 넓어지는 듯했다. 빛이 참을 수 없을 정도로 너무 밝아져서 나는 마치 천둥 번개를 피하기나 하듯이 땅바닥에 엎드렸다. 그때 나는 하늘의 여왕이 세라핌 신부님과 대화하시는 것을 들었다. 하지만 그 말씀들은 너무 멀리서 들려오는 것 같았고 그래서 잘 알아들을 수 없었다. 나는 단지 다음과 같은 단어들만 들을 수 있었다. '내가 사랑하는 사람아, 곧 네가 우리와 함께 있게 될 것이다!' 성모님은 나를 일으켜 일일이 동정녀들의 이름을 부르며 소개하고 인사하도록 해 주었다. 그러고 나서 성모님은 세라핌 신부님과 인사를 나누고 사라지셨다. 스타레츠는 나중에 이 일이 네 시간에 걸쳐 일어났다고 나에게 말해주었다. 또 신부님은 성모님께 그분의 아드님 곁에서 공동체의 수녀들뿐만 아니라 신부님을 사랑하고 또 신부님을 위해 일하고 그의 조언을 따르는 모든 사람들을 위해 중보해 주시기를 간청했다고 말했다."[2]

성령에 관한 모토빌로브와의 대화

세라핌 성인이 성령과 맺은 내밀한 관계는 더욱 더 인상적이고 놀랍다. 복된 성령의 현존이 성인에게 임했고 또 성인을 움직였기에 성인은 진정한 '성령의 담지자(擔持者)'가 되었다. 성인이 모토빌로브에게

---

[2] 신비가들의 삶에서 볼 수 있는 초자연적인 현상들은 그리스도의 비유들에 비교할 수 있다. 볼 눈과 들을 귀가 있어야 하며, 이것은 오직 마음이 가난하고 순결한 사람들에게만 주어진다. 이러한 신비적 관상은 데이시스 이콘(탄원과 중보)에 나타난 기도하는 교회에 대한 관상으로 해석될 수 있다. 성모님, 신랑의 친구인 세례자 요한, 천사들과 사도들이 드리는 기도는 영광의 보좌에 앉으셔서 왕적 권위를 입으신 그리스도께로 향한다. 안식하기 몇 달 전 세라핌 성인은 그가 곧 가게 될 승리의 교회에 대한 신비적 관상을 경험했던 것이다.

무엇을 말하고 또 드러내 주었는지는 이미 모두가 알고 있지만 그렇다고 어찌 이를 다시 한 번 상기하지 않을 수 있겠는가? 1831년 11월 한 젊은이와 그의 미래에 관해 대화를 가진 뒤 한 달이 되자 세라핌 성인은 다시 젊은이를 불렀다. 디베예보의 한 수녀가 그를 찾으러 사로브의 교회로 갔다. 젊은이는 늘 교회의 동정녀 이콘 앞에 자리를 잡고 기도하곤 했기 때문이다. "세라핌 신부님께서 병을 고쳐 주신 젊은이가 당신인가요?" 하고 수녀가 물었다. 그렇다는 대답을 듣자 수녀는 스타레츠가 수도원에서 기다린다고 전해 주었다.

이에 대해 모토빌로브는 이렇게 기록했다. '사로브에서 신부님을 보거나 또 그에 대해 말하는 것을 들어 본 사람들이라면 전혀 예상치 못한 이 호출에 내가 얼마나 기뻐했는지 쉽게 이해할 것이다. 나는 성당을 나와 신부님께 달려갔다. 거처 문턱에 계시던 세라핌 신부님은 "오 하느님의 친구, 자네를 기다리고 있었네. 자네에게 알려줄 것이 많이 있다네. 하지만 먼저 내 고아들과 할 일을 마치도록 해 주게나." 신부님은 난로 근처에 있는 발판에 나를 앉게 한 후 거처로 들어갔다. 두 시간 가량이 지난 후 신부님은 수녀들을 돌려보내면서 나에게 말했다. "오 하느님의 친구여, 내가 자네를 너무 기다리게 했구먼. 나를 너무 욕하지 말게나. 내 고아들은 정말로 위로가 필요하다네. 자 들어가지!" 신부님은 내 영혼의 구원과 관련된 여러 가지를 말씀해 주셨고 다음 날 방문객 담당 수사와 함께 그의 '가까운 광야'로 오라고 부탁했다.

우리는 너무 행복해서 잠을 이룰 수가 없었기에 구리이 신부[3]와 함께 이야기를 나누며 밤을 새웠다. 다음 날 아무 것도 먹지 않고 우리는 '가까운 광야'로 갔다. 수천 명의 사람들이 이미 은둔처에 도착해 있었지만 스타레츠는 아직 문을 열지 않았다. 구리이 신부가 나에게 말했다. "너무 늦었네. 말은 너무 허기지고 숲 속의 짐승들이 우리를 공격할지도 모르니 돌아가세." 나는 구리이 신부에게 말했다. "두렵다

---

3) 구리이 신부는 나중에 게오르기이 수도원장이 되시는 분으로 1845년 상트 페테르부르그에서 세라핌 성인에 대한 회고담을 출판했다.

면 혼자 돌아가십시오. 저는 신부님을 기다리겠습니다." 그런데 세라핌 신부님이 곧 문을 여시고 나에게 말씀하셨다. "오 하느님의 친구여. 내가 자네를 오게 했지. 하지만 오늘은 수요일, 침묵의 날이라네. 그러니 내일 오게나. 그러나 꼭 식사를 한 후에 오게!" 구리이 신부에게도 당부의 말씀을 주셨다. "내 친구여. 내일 이 젊은이를 숲 속의 양지바른 빈터로 데려오게. 그럼 평화 안에서 돌아가게!" 내가 느낀 기쁨은 어떤 말로도 표현할 수 없었다. 비록 아무 것도 먹지 못하고 한나절을 꼬박 기다렸지만 나는 뭔가 모를 포만감과 시원함을 느꼈다. 물론 성령의 임재를 느끼는 환희와 배부름을 경험하지 못한 사람에게 나의 말은 공허하게 들릴 것이고 나의 이야기는 과장되어 보일 것이다. 그렇지만 나는 앞으로 이야기하게 될 모든 것이 조금의 과장도 섞이지 않은 참된 진실이며 그나마도 내가 느낀 감동을 전하기에는 너무 형편없는 것이라는 점을 확신한다.

그때는 목요일이었다. 하루 종일 날씨가 흐렸고, 땅은 두텁게 눈으로 덮여 있었다. 세라핌 신부님이 강가에 있는 그의 '가까운 광야' 근처의 숲 속 빈터에서 나에게 말할 때도 여전히 굵은 눈발이 흩날리고 있었다. 신부님은 나를 얼마 전에 베어버린 나무 둥치에 앉게 하고 자신은 내 앞에 쪼그리고 앉았다. 신부님이 나에게 말했다. "자네가 어릴 적에 그리스도교적인 삶의 목표가 무엇인지 그토록 알고 싶어했다는 것과 또 여러 훌륭한 사제들에게 여러 번에 걸쳐 이런 질문을 던졌었다는 것을 주님께서 나에게 알려 주셨네." 사실 열두 살 때부터 이 물음은 내게 너무도 중요한 것이었으며 여러 번 질문을 던졌지만 한 번도 만족스런 대답을 듣지 못했다는 것은 사실이었다.

신부님께서는 계속해서 말을 이어갔다. "그런데 아무도 뭔가 구체적인 대답을 주지 않았지. 사람들은 그저 '교회에 가라, 기도해라, 선을 행하라, 그것이 그리스도교적인 삶의 목표이다.'라고 말하곤 했지. 또 어떤 사람은 '네가 할 수 없는 일을 추구하지 말라.'라고 말하기도 했지. 하지만 하느님의 불쌍한 종인 나는 그 목표가 도대체 무엇인지 자네에게 말해 줄 의무를 느낀다네. 기도, 금식, 자비를 베푸는 것, 이 모든 것들이 참으로 좋은 것이지만 그것들은 단지 수단일 뿐이야. 결코 그 자체로 그리스도교적 삶의 목표는 아니라는 걸세. 참된 목표는 성령을 받아 누리는 것일세."

그래서 나는 신부님께 물었다. "신부님이 어떤 의미로 받아 누려야 한다고 말씀하시는 것인지 저는 아직 잘 이해하지 못하겠습니다."

신부님은 나에게 대답하셨다. "받아 누린다는 것은 번다는 것이야. 돈을 버는 것이 무엇을 말하는 것인지 자네도 알고 있지 않나, 안 그런가? 성령에 대해서도 마찬가지일세. 어떤 사람에게는 인생의 목표가 돈을 버는 것, 명예를 얻는 것, 영예를 누리는 것이지. 성령 또한 하나의 이득, 하지만 영원한 이득이라 할 수 있지. 우리 주님께서는 우리의 인생을 장사에, 또한 인생의 여러 행위들을 매매 행위에 비유하셨지. '너는 나에게 불로 단련된 금을 사서 부자가 되고'(묵시록 3:18) 또한 '이 시대는 악합니다. 그러니 여러분에게 주어진 기회를 잘 살리십시오.'(에페소 5:16)라고 말씀하셨지. 이 땅에서 가치 있는 것들은 모두 그리스도를 향한 사랑을 통해 만들어진 열매들이지. 바로 이 열매들이 성령의 은총을 우리에게 가져다 준다네. 어떤 선행도 그리스도의 사랑으로 행해진 것이 아니라면 성령의 열매를 맺지 못한다네. 그래서 우리 주님께서는 '나와 함께 모아들이지 않는 사람은 해치는 사람이다.'라고까지 말씀하신 것일세. 또 열 처녀의 비유에서 기름이 부족한 미련한 처녀들은 '너희 쓸 것은 차라리 가게에 가서 사다 쓰는 것이 좋겠다.'(마태오 25:1-11 참조)라는 말을 듣게 되었지. 하지만 가게에 간 사이 혼인잔치가 열리는 방의 문이 닫혀 버렸고 그래서 그들은 들어갈 수 없게 되지 않았나. 사람들은 종종 기름이 부족하다는 말을 선행이 부족하다는 뜻으로 설명하곤 했지. 하지만 이 설명은 옳지 않아. 비록 미련한 처녀라 불리긴 했어도 그들이 동정을 간직했다면 그 이상 또 무슨 선행이 필요하단 말인가? 동정성은 우리를 천사와 같은 존재로 만들어 주며 모든 덕들을 다 포괄하는 가장 뛰어난 덕 중의 하나이니 말일세. 비록 나는 부족한 사람이지만 미련한 처녀들에게 부족했던 것은 성령의 은총이었다고 나는 감히 생각한다네. 왜냐하면 핵심은 선을 위한 선을 행하는 것이 아니라 모든 덕들의 열매인 성령을 얻는 것이기 때문이지. 그렇지 않으면 구원은 불가능해. 그래서 '성삼위 중의 성령께서 신비롭게 역사하시어 모든 영혼이 생명을 받아 순결해지고 치켜지고 반짝이나이다.'4)라고 기록되지 않았는가 말일세. 전능하신 성령은 우리가 얻을 수 있는 만큼만 우리에게 주어진다네. 그러면 성령은 우리 안에 자리를 잡으시고, '내가 그들 안에 내 처소를 만들어 내가 그들의 하느님이 되고 그들은 나의 백성이 된다.'라고 한 예레미야 예언자의 말씀과 같이 우리 영혼과 육체 안에서 성부 하느님의 처소를 준비하신다네. 그리스도의 사랑으로 성취한 선행 중에서 기도는 가장 쉽게 성령의 은총을 가져다 준다네. 왜냐하면 기도는 언제나 우리의 수중에 있기 때문이지. 자네가 성당에 가고 싶어 해도 근처에 성당이 없다면 힘들지 않는가. 또 가난한 사람을 돕고 싶어도 돈이 없거나 가난한 사람을 만나지 못한다면 그것도 힘들지 않는가. 또 정결을 지키고 싶어도 본성이 약해 여러 가지 시험을 이기는 게 보통 힘든 것이 아니지 않는가 말일세. 하지만 기도는 모두에게 가능하고 부자나 가난한 자나 유식자나 무식자나 강한 자나 약한 자나 병든 자나 건강한 자나 죄인이나 의인이나 누구든지 전념할 수 있는 것이라네. 그 효과는 엄청나서 그 어떤 것보다도 훌륭하게 성령의 은총을 우리에게 끌어다 준다네. 그러므로 성령이 우리에게 임할 때까지 기도해야 하고 그래서 마침내 성령께서 우리를 방문하셔서 이 위대하신 위로자 하느님께서 우리 안에서 함께 계실 때까지 기도를 멈추지 말아야 한다네."

나는 신부님께 말씀드렸다. "신부님, 기도에 대해서만 말씀하시지 말고, 그리스도의 이름으로 행해지는 다른 덕들에 대해서도 말씀해 주십시오."

그러자 세라핌 신부님께서 대답하셨다. "그러세. 자네는 다른 선행들

---

4) 주일 조과 아나바트미

을 통해서 성령의 은총을 얻을 수 있다네. 하지만 이 자본을 하늘나라 은행에 저축하게. 그리고 어떤 이익이 돌아오는지 보게나. 기도와 깨어 있음은 더 많은 하느님의 은총을 가져다 줄 것이네. 그러니 깨어 기도하게. 또 금식할 때는 참회가 같이 따라야 하고 자선도 베풀어야 하네. 자네도 알다시피 나는 쿠르스크의 상인 가정 출신이네. 내가 세상에 있었을 때, 형과 나는 장사를 했지. 우리는 가장 이득을 많이 내는 물건들을 사다 되팔았지. 마찬가지로 자네도 그렇게 하게. 그리스도인인 우리 모두에게 인생의 목표는 선행을 한없이 쌓아 놓는 것이 아니라 그것으로부터 이익을 내는 것이고 여기서 이익이란 바로 성령의 선물이라네. 그러고 나면 이제는 자네가 촛불이 자신의 불꽃을 꺼뜨리지 않고 다른 초들에게 불꽃을 전해 주는 것처럼 이 은총을 다른 이들에게 나누어 주게 될 걸세. 이 땅의 불꽃이 그러하거늘 성령의 불꽃이야 더 말할 나위가 있겠는가? 이 땅의 부는 나누어 주면 없어지고 말지만 하느님 은총의 부유함은 나누어 주어도 계속 커지기만 한다네. 주님께서 사마리아 여인에게 하신 말씀을 잘 들어 보게나, '이 우물물을 마시는 사람은 다시 목마르겠지만 내가 주는 물을 마시는 사람은 영원히 목마르지 않을 것이다. 내가 주는 물은 그 사람 속에서 샘물처럼 솟아올라 영원히 살게 할 것이다.'(요한 4:13-14)

나는 다시 말했다. "신부님, 신부님은 성령의 은총을 그리스도교적 삶의 목표인 것처럼 계속 말씀하시는군요. 하지만 그러한 은총을 어떻게 어디서 알아 볼 수 있습니까? 선행은 눈에 보이는 것입니다. 그러면 성령도 눈으로 볼 수 있습니까? 성령이 나와 함께 계신지 그렇지 않은지 어떻게 알 수 있습니까?"

스타레츠는 말씀하셨다. "우리 시대에는 우리들의 신앙이 다 식어 버려서, 또 하느님께서 개입하시는 것에 거의 관심을 가지지 않아서 우리 모두는 그리스도 안에서의 삶으로부터 완전히 멀어져 버렸다네. 그래서 성서 말씀도 아주 낯설고 이해할 수 없는 것이 되어 버렸지. 예를 하나 들어 볼까? '아담은 하느님께서 동산을 거니시는 소리를 들었다.'(창세기 3:8) 또 성령께서 바울로가 비티니아 지방으로 가는 것을 막고 그를 마케도니아로 인도하셨다고 전하는 사도행전(16:7 참조)의 말씀이 그렇다. 그 밖에도 수많은 성서 구절들이 하느님께서 사람들에게 나타나셨다는 것을 증언하고 있지. 어떤 이들은 이 구절들이 이해할 수 없는 것들이라거나 또는 사람이 하느님을 육안으로 보는 것은 불가능하다고 말한다. 하지만 이해하지 못하는 것은 우리가 원래 그리스도교의 단순함을 잃어버렸기 때문이야. 또 우리 자신의 교만한 이성의 빛을 자랑하다 지독한 무지의 어둠 속에 빠져 버렸기 때문에 옛 사람들은 그렇게도 쉽사리 이해할 수 있었던 것을 우리는 조금도 이해할 수 없게 된 거지. 나는 지금 하느님의 현현을 이해하는 것에 대해 말하고 있는 중이다. 아브라함과 야곱은 하느님을 보았고 또 그분과 대화했다고 성서는 전해준다. 야곱은 하느님과 싸워 이겼다고까지 말한다. 모세도 하느님을 관상했고 그와 함께 이스라엘 백성 모두가 구름 기둥으로 임하신 하느님을 관상했지. 구름 기둥이 무엇이냐? 그것이 광야에서 이스라엘 백성을 인도하신 성령의 은총이 아니면 무엇이겠느냐? 성령의 은총은 꿈에서도 보였고 황홀경에서도 또 상상 속에서도 보였지만 무엇보다도 참된 현실로 나타나셨단다. 하느님의 말씀을 바르게 이해하지 못하는 것은 우리가 우리의 구원에 무관심하게 되어 버렸기 때문이야. 하느님의 은총을 구하지 않을 뿐만 아니라 교만해서 그 은총이 우리 영혼 안에 자리잡도록 내버려 두질 않는다는 거지. 또한 주님께서 열심히 또 진리에 대한 갈망을 가지고 기다리는 사람들에게 비추어 주시는 주님의 빛을 우리가 받지 못했기 때문이지. 우리 주 예수 그리스도께서는 부활하신 후 우리 구원의 사역을 완성하시기 위해 사도들에게 아담이 잃어버린 생명의 입김을 불어 넣어주심으로써 성령의 은총을 부어 주셨네. 오순절이 되자 주님께서는 무서운 바람과 불의 혀 모습으로 사도들을 삼킨 성령의 능력을 베풀어 주셨고 그들을 그 은총의 기운으로 충만하게 채워 주셨지. 그리스도를 믿는 사람들은 세례를 통해 이와 똑같은 뜨거운 입김을 받으며, 몸 구석구석에 기름

바르는 견진성사를 통해서 은총이 날인되었음이 인증된다네. 이것이 바로 사제가 '성령께서 주신 선물의 날인입니다.'라고 말하며 성유를 바르는 이유라네. 너무도 위대하고 필수적인 이 은총은 살아 있어서 결코 퇴색되지 않는다네. 심지어는 배교자도 죽을 때까지 그 날인을 보존하지. 이 말은 만약 우리가 세례 받은 후에 죄를 짓지 않는다면 우리는 하느님의 의인들처럼 모든 죄와 흠으로부터 벗어난 거룩한 사람으로 남아 있게 된다는 것을 의미한다네. 하지만 불행하게도 나이가 들어가며 우리는 은총과 지혜 안에서 전진하지 못하고 도리어 점점 더 커져만 가는 타락 때문에 성령의 은총으로부터 멀어지고 큰 죄인이 되어 가지. 하지만 지혜이신 하느님은 언제나 우리의 구원을 찾으신다네. 만약 우리가 이 때 하느님의 음성을 잘 듣고 하느님에 대한 사랑으로 깨어있기를 결심한다면 또 열심히 선행을 베풀고 참된 참회에 도달한다면 성령께서 우리 안에서 활동하시며 그 안에서 하느님의 나라를 세워 가신다네. 세례 받을 때 성부와 성자와 성령의 이름으로 주어진 은총은 우리의 타락과 우리 영혼의 어둠에도 불구하고 마치 하느님의 빛처럼 우리의 마음 속에서 빛날 것이네. 우리 안에서 성부 하느님을 향해 '아바 아버지'라고 부르짖는 이도 성령이시며 영혼을 썩어 없어지지 않을 불멸의 옷으로 입혀 주시는 분도 성령이시라네. 하느님의 친구여, 자네에게 보다 명확하게 설명해 주기 위해서 이렇게 말해 보겠네. 주님은 종종 당신께서 성화시키시고 계시를 주신 사람들 안에서 이 은총이 드러나게 하셨다네. 시나이 산에서 하느님과 대화하고 내려온 모세를 기억해 보게나. 백성들은 그의 얼굴을 쳐다 볼 수 없었지. 왜? 그의 얼굴이 찬란하게 빛났기 때문이야. 그래서 모세는 베일을 덮어 쓰고 백성들 앞에 나서야 했지. 또 주님께서 다볼 산에서 변모하신 일을 기억해 보게. '예수님의 모습이 그들 앞에서 변하여 얼굴은 해와 같이 빛나고 옷은 빛과 같이 눈부셨다.' 또 '제자들은 너무도 두려워서 땅에 엎드렸다.'라고 하지 않았는가. 모세와 엘리야도 나타나서 주님의 빛으로 밝게 빛나고 있었지. 그때 구름이 몰려와 그 그늘로 제자들을 덮어 버렸어. 제자들의 눈을 다 멀게 해 버릴 수도 있는 하느님의 은총의 빛을 가려준 것이지. 이렇게 성령의 은총의 역사는 하느님께서 그것을 보여 주고자 하는 사람에게 이러한 형언할 수 없는 빛으로 드러난다네."

나는 재차 물었다. "하지만 내가 성령의 은총 안에 있다는 것을 어떻게 알 수 있습니까?"

세라핌 신부님은 말씀하셨다. "그것은 너무도 간단하다네. 하느님의 친구여. 왜냐하면 지혜를 얻은 사람에게는 모든 것이 다 단순하기 때문이야. 우리의 불행은 우리가 하느님께로부터 오는 지혜를 찾지 않는다는 것에 있지. 사도들 자신은 하느님의 영이 그들 가운데 임하셨는지 그렇지 않은지를 잘 알 수 있었다네. 그들이 하느님의 영을 소유했을 때 그들은 자신들의 사역이 거룩하고 기쁜 것이라고 하느님께 고백할 수 있었지. 바로 이러한 확신 속에서 그들은 유익한 불변의 진리를 표현하고 있다고 믿는 편지들을 모든 신자들에게 써서 보냈다네. 보게나, 하느님의 친구여. 이 얼마나 단순한가!"

하지만 나는 또 물었다. "그렇지만 저는 아직도 하느님의 영 안에서 살아가고 있다는 절대적 확신이 어떻게 가능한지 모르겠습니다. 혹시 확신을 주는 어떤 증거가 있을까요?"

스타레츠는 다시 말씀을 이어가셨다. "이미 말하지 않았는가, 하느님의 친구여. 그것은 너무나 단순하다고 말이야. 어떤 이들이 어떻게 해서 성령으로 충만해졌고 성령의 충만한 현존을 확신할 수 있었는지에 대해서 내가 이미 말하지 않았나. 그 밖에 뭘 또 원하는가?"

나는 재차 말했다. "완벽하게 이해하고 싶어요."

그러자 세라핌 성인은 내 어깨를 꽉 잡으시며 말씀하셨다. "내 친구여. 이 순간 우리 둘은 성령 안에 있다네. 자네와 내가 말이야! 왜 자네는 나를 바로 쳐다보지 않는가?"

"신부님, 신부님을 쳐다 볼 수가 없어요. 신부님 눈에서는 광채가 흘러나오고 신부님 얼굴은 햇빛처럼 찬란하게 빛나고 있기 때문이에요.

내 눈이 멀 지경이라고요."

"하느님의 친구여, 걱정하지 말게. 자네 역시 나처럼 빛나고 있으니 말이야. 자네 역시 지금 성령의 은총으로 충만하다네. 그렇지 않다면 지금 자네가 나를 보듯이 나를 쳐다보지는 못했을 걸세."

나에게 몸을 조금 숙이시면서 세라핌 신부님이 부드럽게 덧붙여 말씀하셨다. "한 없이 선하신 주님께 감사드리게. 자네도 보았다시피 나는 십자성호조차 긋지 않았다네. 단지 마음속으로 주님께 이렇게 기도드렸지. '주님, 주님께서 당신의 종들에게 허락하셨듯이 영광스러운 빛으로 나타나셔서 이 사람도 육안으로 당신의 성령의 빛나는 임재를 볼 수 있게 은총을 허락해 주십시오.'라고 말이야. 나의 친구여. 이 순간 주님께서는 이 불쌍한 세라핌의 기도를 들어주시네. 그러니 우리 모두에게 이렇게 큰 기쁨을 주신 주님께 감사드리지 않을 수 있겠는가! 자식들을 격려하고 용기를 북돋워 주는 어머니처럼 주님께서는 참회하는 우리의 마음을 채워 주셨네. 자, 보게. 내 친구여. 자네는 왜 나를 쳐다보지 않는가? 두려워 말고 나를 보게. 주님께서 우리와 함께 하신다네."

그래서 용기를 내어 스타레츠를 쳐다보았는데 나는 그만 두려움에 질리고 말았다. 상상해 보라. 태양광선 아니 한 낮에 내리 쬐는 태양빛보다 더 밝은 빛에 휩싸인 얼굴이 나를 보고 이야기하는 것이 아닌가! 당신은 그 입술의 움직임과 그 눈의 표정을 본다. 그의 음성을 듣고 그의 팔이 당신의 몸을 감싸고 있는 것을 느낀다. 하지만 그의 팔도, 몸도, 얼굴도 실제로는 빛 때문에 보이지 않는다. 자기 자신에 대한 의식조차 잃어버리고 당신 주위 멀리까지 퍼져 나가는 눈부신 빛만 보일 뿐이다. 그 빛은 숲 속의 빈터를 뒤덮고 있는 눈밭에 반사되어 더욱 빛나고, 하얗게 떨어지는 투명한 눈송이들에 부딪쳐 반짝이고 있었다.

세라핌 신부님이 물으셨다. "자네는 무엇을 느끼는가?"

나는 대답했다. "이루 말할 수 없는 행복을 느낍니다."

"정확히 어떤 것인가? 말해보게."

"내 영혼 안에 어떤 말로도 표현할 수 없는 깊은 고요와 평화가 찾아왔음을 느낍니다."

"하느님 안에서 친구가 된 나의 형제여. 이 평화는 주님께서 '나는 너희에게 평화를 주고 간다. 내 평화를 너희에게 주는 것이다. 내가 주는 평화는 세상이 주는 평화와는 다르다.'라고 말씀하시면서 제자들에게 약속하신 것이라네. 이 평화는 사도가 말하듯이 '모든 지성을 능가하는' 것이라네. 지금 자네의 마음을 충만하게 채운 것은 바로 이 주님의 평화란 말일세. 또 무엇을 느끼는가?"

"별나게 달콤한 어떤 것입니다."

"그렇다네. 하느님의 집에서 사람의 아들들이 맛보게 될 것이라고 시편에서 말했던 바로 그 달콤함이라네. 이 달콤함은 우리 안에 마음을 녹이는 이루 말할 수 없는 행복을 펼쳐주네. 그 지복(至福)은 그 어떤 말로도 표현하기 힘들지. 또 무엇을 느끼는가?"

"내 마음을 가득 채우는 놀라운 기쁨입니다."

세라핌 신부님은 다시 말을 이어 가셨다. "성령께서 내려오셔서 영혼을 그 현존의 충만함으로 채우실 때, 사람은 그리스도께서 말씀하신 대로 세상의 그 어떤 것도 빼앗아 갈 수 없는 헤아릴 수 없는 기쁨을 맛본다네. 하지만 사도 바울로가 말한 것, 즉 그 어떤 사람도 보지 못했고, 듣지 못했고, 사람의 마음이 결코 느껴보지 못했던 것, 하느님께서 사랑하는 자들을 위해 준비해 놓으신 모든 것에 비하면 자네가 지금 마음 속에서 느끼는 기쁨은 아무 것도 아니라네. 이 기쁨의 햇물들은 이미 우리에게 주어졌네. 그리고 이미 우리의 영혼이 부드러움과 명랑함으로 가득 채워졌다면 이승에서 고통 받은 사람들을 위해 하늘에 준비된 행복에 대해서야 감히 무어라 표현할 수 있겠는가? 자네 역시, 내 친구여, 살아가면서 얼마나 많은 눈물을 뿌렸는가. 보게나. 주님께서 어떤 기쁨으로 이 세상에서 자네를 위로해 주시는가를. 하느님의 친구여, 또 무엇을 느끼는가?"

나는 대답했다. "말할 수 없는 따뜻함입니다."

"따뜻함? 내 친구여 무슨 말을 하는가? 우리는 지금 한 겨울 숲 속 한가운데 있다네. 발밑에는 눈이 수북이 쌓여 있고 계속 눈이 내려 우리의 겉옷이 눈옷을 입고 있지 않은가 말일세. 그런데 이곳에서 무엇이 따뜻함을 준단 말인가?"

"그것은 증기 목욕탕에서 느끼는 것과 같은 따뜻함입니다."

"냄새 또한 같은 것인가?"

"아니오, 그렇지 않아요! 제가 느끼는 것과 비교할 만한 것은 이 세상 어디에도 없습니다. 이 땅 위에서는 그와 같은 향기를 맡아 보지 못했어요."

스타레츠는 웃으면서 말했다. "나도 알고 있네. 나도 자네와 똑같이 느끼고 있으니 말일세. 내가 자네에게 그런 질문을 한 것은 자네가 경험하는 것을 알아보기 위함이었다네. 하느님의 친구여, 정말 그렇다네. 이 세상의 어떤 아로마 향기도 우리가 지금 맡고 있는 향기와 비교할 수 없을 걸세. 왜냐하면 그것은 성령의 향기이기 때문일세. 잘 보게. 자네는 증기 목욕탕의 그것과 같은 따뜻함이 우리를 감싸고 있다고 방금 말했지만 그러나 보게나. 눈은 자네에게서도 나에게서도 전혀 녹지 않았지 않는가. 이 따뜻함은 공기에서 온 것이 아니라 우리 안에서 일어난 것임을 보여 주는 증거가 아니겠는가. '당신의 성령의 불로 우리를 태워주소서.'라고 우리가 부르짖을 때 성령께서 주님께 간청하여 우리에게 마련해 준 것이란 말일세. 그 따뜻함으로 온기를 유지할 수 있었기 때문에 또 성령께서 우리를 위해 짜 주신 은총의 옷으로 보호되었기 때문에 은둔 수도자들은 겨울의 혹심한 추위도 두려워하지 않는다네. 그러므로 우리도 그렇게 되어야 하네. 왜냐하면 하느님의 은총이 거처를 만드는 곳은 우리의 마음 안 즉 우리 자신의 내부이기 때문이지. 주님께서 말씀하셨지. '하느님의 나라가 너희 가운데 있다.' 이 하느님 나라는 분명 우리 안에 거주하시어 우리를 따뜻하게 해 주시고 우리를 밝혀 주시고 그 향기로 감싸 주시고 우리를 그 달콤함으로 기쁘게 해 주시고 말할 수 없는 기쁨으로 우리 마음을 뛰놀게 해 주시는 성령의 은총과 다르지 않다네. 지금 우리는 주님께서 '여기에 서 있는 사람들 중에는 죽기 전에 하느님 나라를 볼 사람들도 있다.'(루가 9:27)라고 말씀하셨던 그 사람들이라네. 내 친구여. 이것이 바로 대 마카리오스 성인이 말했던 성령의 충만함, 그 안에 거하는 것이라네. 성인은 이렇게 말했지. '나는 성령으로 가득 차서 완전히 정복되었다.' 우리의 부족함에도 불구하고 오늘 우리를 가득 채워 주신 것은 바로 이 성령이라네. 하느님의 친구여. 사람 안에서 성령의 현존을 알아볼 수 있는 방법에 대해서는 더 이상 의문이 없을 것이라고 보는데 그렇지 않은가? 오늘 자네를 찾아오신 하느님께서 말할 수 없는 자비로 자네에게 보여 준 이 계시를 늘 잊지 말고 기억하게나."

나는 대답했다. "신부님, 제가 이렇게 부족하고 미천한데, 주님께서 항상 저를 기억하시고 불쌍히 여기실지 잘 모르겠습니다."

신부님은 말씀하셨다. "나는 하느님께서 영원토록 이 순간을 기억하도록 자네를 도와 주실 것이라고 확실히 믿네. 그렇지 않다면 하느님의 선하심이 이 비천한 세라핌의 요구를 그렇게 빨리 들어주실 리가 없지, 안 그런가? 더욱이 자네에게 보여준 이 계시는 자네만을 위한 것이 아닐세. 자네를 통해서 온 세상이 은총의 능력으로 더욱 굳세어지도록 하기 위함이야. 그러니 자네는 이웃을 위해 봉사할 수 있어야 해. 내가 수도자이고 자네는 평신도라는 사실은 하나도 중요하지 않다네. 하느님 앞에서 계산해야 할 것은 하느님과 성자에 대한 참된 신앙이라네. 성령의 은총이 우리에게 부어지는 것은 바로 이 신앙을 위해서일세. 주님은 당신과 이웃을 향한 사랑이 흘러넘치는 심령들을 찾으시고, 그 사랑 위에 좌정하셔서 그분의 영광이 충만한 가운데 자신을 드러내신다네. 주님께서는 말씀하고 계시네. '나의 아들아, 네 마음을 전부 다오. 그러면 모든 것을 아니 나 자신을 네게 주마.' 하느님 나라가 세워지는 곳은 바로 마음 속이라네. 그렇다네. 하느님의 친구여, 자네에게 보여 주신 주님의 호의를 이제 알았으니 구원을 바라는 모든 사람들에게 이것을 전하게. '수확할 곡식은 많은데 일꾼은 정말 부족하다.'라는 말씀을. 그분이 그 은총의 선물들을 우리에게 보내 주셔서 이루고자 하시는 일의 완성을 위해 우리는 부름 받았다네. 우리 형제들이 쉽게 하느님 나라에 들어갈 수 있도록 해 줌으로써 우리는 수확의 결실을 하느님께 바칠 수 있네. 그러니 받은 것을 두 배로 늘려 다시 주인에게 돌려 드렸던 충성된 종들을 본받아야 하네. 주님께서는 신실한 모든 사람들, 그분을 마음을 다해 사랑하는 사람들 가까이에 계신다네. 비록 그 믿음이 겨자씨보다도 작을지라도 믿음 안에서 살아가는 사람이라면 수도자의 기도만큼이나 평신도의 기도도 주님께서는 기꺼이 들어주신다네. 그렇다네. 주님께서는 이 모든 사람들에게 산을 옮길만한 능력을 주시지. 왜냐하면 '주님을 믿는 자에게는 모든 것이 가능하기' 때문이라네. 하느님의 친구여, 그러니 이제 자네가 하느님의 영광과 이웃의 행복을 위해서 하느님께 구하는 것은 무엇이든지 얻을 수 있을 걸세. 게다가 자네가 다른 사람들의 행복을 위해 행한 것을 주님께서는 주님의 영광을 위한 것으로 받아들인다는 것을 알지 않는가? 주님께서 말씀하셨지. '너희가 여기 있는 형제 중에 가장 보잘 것 없는 사람 하나에게 해 준 것이 바로 나에게 해 준 것이다.'(마태오 25:40)라고 말이야. 이제 나는 자네에게 할 말을 다 했고, 주님께서 이 가엾은 세라핌을 통해서 자네에게 계시해 준 것을 입증해 주었네. 그러니 이제 평화를 안고 돌아가게. 주님과 성모님께서 이제로부터 영원히 자네와 함께 하실 것이네."

세라핌 신부님의 얼굴이 밝게 빛나던 순간부터 이 놀라운 광경은 계속되었다. 스타레츠는 대화 서두와 똑같은 자세를 유지했고 이 형언할 수 없는 빛은 대화가 진행되는 동안 계속해서 신부님을 밝게 빛나게 해 주었다. 내가 말한 모든 것이 참되다는 것을 나는 맹세할 수 있다.[5]

---

[5] 모토빌로브의 이 기록은 세라핌 성인이 돌아가신 후 70년 이상이나 디베예보의 창고에 다른 낡은 문헌들 속에 섞여 파묻혀 있었다. 이 기록이 해독된 것은 작가인 닐루스(S.A. Nilus)의 노고 덕분이다. 닐루스는 1903년 5월 사로브에 도착했고, 그때 그를 영접한 사람은 그때까지 디베예보에 살고 있었던 77세의 모토빌로브의 아내였다. 그녀는 남편이 남긴 모든 문서들을 작가에게 건네주었다. 닐루스는 이 대화 기록을 발견하자 지체없이 세라핌

세라핌 성인의 삶에서 가장 장엄하고 위대했던 순간은 이러했다. 성인이 우리에게 남겨준 가장 중요한 가르침은 이런 것이었다. 세례의 효력은 우리에게 성령으로 태어날 가능성, 그리스도 안에서 살아갈 가능성과 능력을 준다는 것. 확실히 우리는 이와 동일한 가르침을 시나이의 그리고리오스(1255-1346)에게서도 발견한다. 그리고리오스에게 있어서 영적 삶이란 세례의 능력을 경험적으로 재발견하고 세례의 빛을 인식해 가는 것에 있다. 기도는 이런 삶으로 이끌어 가는 가장 빠른 지름길이다.6) 그런 발견은 영혼을 뜨겁게 하고 즐겁게 하며 하느님과 모든 사람들을 위한 이루 말할 수 없는 사랑으로 불태우는 충만감으로 바뀐다.7) 신신학자 시메온은 세례의 은총이 영혼 안의 성령의 현존을 인식하는 데 이르고 또 하느님의 영광의 빛을 볼 수 있게 해 줄 때 세례의 결과들은 참으로 현실적인 것이라고 생각했다. 시메온 성인은 익명으로 그가 예수의 이름을 부르며 밤을 새워 기도할 때 보았던 신비한 관상에 대해 묘사한다. "갑자기 강력한 하느님의 빛이 위로부터 그에게 비쳐왔고 모든 곳이 빛으로 흘러넘쳤다. 그는 하느님의 빛과 하나가 되어 그 자신도 빛이 되었다. 세상에 속한 것은 다 사라져 버렸던 것이다."8)

그럼에도 불구하고 시메온 성인이 경험한 이 신비는 모토빌로브가

성인이 시성되었던 해와 같은 해인 1903년에 모스크바 신문에 기고했다.
6) *Petite Philocalie*, pp. 125-135.
7) *Ibid.*
8) *Ibid.*, p. 128, p. 132. 빛의 충만이라는 현상들은 그리스도교의 초기부터 사막의 교부들에 의해 경험되었다. 교부들은 순결한 인간의 영은 거룩한 삼위일체의 빛이 그 사람 안에서 빛나는 것을 가능하게 하며 또 그 사람 자신이 주변을 밝히는 빛이 된다고 주장했다. 우리는 또한 대 그리고리오스 성인이 전하는 성 베네딕도의 신비 관상을 기억한다. 베네딕도 성인은 우주 전체가 단 하나의 광선 안에 모이는 것을 보았다. 이 현상은 사람 안에 있는 하느님의 빛을 신화의 결과라고 정의했던 그리고리오스 팔라마스에 의해서도 언급된 바 있다. 이 신화로 인해 하느님은 신화에 합당한 사람들의 영혼과 육체를 통해서 빛난다. 팔라마스는 말한다. "성인들은 은총의 불이 태우는 재료들이다." 참고: Jean Meyendorff, *Introduction à l'étude de Grégoire Palamas*, Editions du Seuil, Paris, p. 286.

묘사한 현상과 다르다. 즉 모토빌로브나 세라핌 모두 주변 사물들을 보고 생각할 수 있었다는 점에서 황홀경의 상태에 있지 않았다. 세라핌 성인의 새로움은 다음과 같은 바울로 사도의 말로 요약될 수 있다. "누구든지 그리스도를 믿으면 새 사람이 됩니다. 낡은 것은 사라지고 새 것이 나타났습니다."(고린토 후 5:17) 오순절 성령 강림으로 드러난 바와 같이 사람들 가운데 혹은 사람들 안에 하느님께서 현존하심은 그리스도 안에서 살아가는 사람들의 일상 속에 나타난다. 이 사건을 생생하게 기억하고 보전하도록 권고하면서 스타레츠는 성령 안에 있는 사람들에게 주어진 이 새 생명을 증언하도록 모토빌로브를 세상으로 보냈다.9)

모토빌로브는 사로브에서 여덟 달을 지냈고 그 동안 세라핌 성인의

---

9) 모토빌로브가 남긴 기록의 특징은 이 기록이 세라핌 성인과의 대화 직후에 남겨진 것이라고 추측할 수 있게 해 준다. 왜냐하면 이 기록은 세라핌 성인이 말하는 스타일과 방식을 잘 보존하고 있기 때문이다. 즉 어느 정도 시간이 경과한 다음에는 기억조차 하기 힘든 세부적인 것들이 아주 많이 기록되어 있다는 것이다. 닐루스가 출판한 이 기록물은 신문에서 아주 대단한 논쟁거리가 되었고 특히 작가는 시노드 위원들의 비판과 공격에 맞서지 않으면 안 되었다는 점을 또한 잊지 말아야 한다. 게다가 닐루스는 러시아어로 『Velikoyé v malom』(『무의미 한 것처럼 보이는 것들의 위대함』 정도로 번역될 수 있다)이란 제목을 가진 자신의 저서에서 이 논쟁들의 세부적인 것들을 기록하여 출판하였다. 오늘날 우리는 이 유례없는 저서를 통해서 그리스도교적인 신비의 역사에서 가장 위대한 순간 중의 하나를 발견하는 기쁨을 누린다. 세라핌 성인의 말씀은 그가 인용한 성서 본문들에 대한 고전적인 주석에 전적으로 기초하고 있다. 열 명의 동정녀 비유에 대한 설명에서 성인은 마카리오스 성인의 네 번째 영적 설교의 사상을 따르고 있는 것 같다. 예를 들면 등잔 기름은 미련한 동정녀들이 얻지 못한 성령의 은총이다. 마카리오스는 이 은총이 사람의 본성에 더해지는 육체의 중압감을 정복하여 인간의 본성을 거듭나게 하며, 성령의 사랑이라고 하는 유일한 보화를 찾아가는 여정을 가로막는 모든 한계들을 극복할 수 있는 능력과 가능성을 제공해 준다고 설명한다. 세라핌 성인은 또한 상인이 뜻하는 것에 대한 설명에서도 마카리오스를 따른다. 상인은 인간 영혼을 상징하는 것으로 인간의 영혼은 지상의 여러 수단들을 통해서 하늘나라의 유산을 얻어야 한다. 세라핌 성인의 삶에 나타난 이 사건은 오늘날까지도 계속해서 연구되고 해석되고 묵상되고 있으며 주님께서 그분의 사랑하시는 사람들 안에서 성취하시는 위대한 일들에 대한 경의를 불러일으키고 있다.

지도를 받으며 디베예보 공동체의 운영을 담당했다. 그의 극진한 보살핌으로 작은 방앗간 공동체는 수십 헥타르나 되는 밭과 초원을 갖춘 공동체로 성장했다. 모토빌로브는 디베예보 마을에 집을 지었다. 집 짓는 동안에도 그는 자주 스타레츠의 '가까운 광야'로 찾아가서 공사 전반에 대한 조언을 구하곤 하였다. 아름답고 위대한 우정이 이 둘을 연결시켜 주었다. 매우 총명하고 아주 탁월한 영성을 소유한 이 젊은이는 온 힘을 다해 스타레츠와의 깊은 교제를 유지해 나갔고 그래서 스스로를 '비천하고 작은 종'이라고 부르기를 좋아했다. 어느 날 성인은 그를 불러서 디베예보와 관련된 모든 것을 아주 장황하게 설명해 주었다. 성인은 그에게 아주 세부적인 것까지 다 알려 주었고 앞으로 실현시켜야 할 계획들도 소개해 주었다. 또한 성모님께서 공동체를 '먹여 살릴 미래의 아버지'로 선택한 사람이 바로 그임을 확신시켜 주었다. 그러므로 세라핌 성인이 이 세상을 떠나게 되면 공동체를 돌보는 것은 그의 몫이 될 것이었다. 이어서 성인은 두 수녀를 불러들였다. 이들은 곧 자신들의 증언을 통해 수도원 생활에서 중요한 역할을 하게 될 수녀들이었다. 성인은 수녀들의 손을 잡아 모토빌로브의 손에 쥐어 주면서 그에게 공동체의 미래를 맡겼다.

성인은 수녀들에게 말씀하셨다. "당신들은 이제부터 어려운 일이 있을 때마다 아무 것도 숨기지 말고 이 사람에게 알리고 도움을 구하십시오."

그리고 나서 성인은 모토빌로브에게 말했다. "자네와 미하일(미쉔카)은 내가 디베예보에서 한 일에 대한 유일한 증인이 될 날이 올 것이네." 파호미 수도원장이 죽음의 침상에서 디베예보 수녀들의 운명을 그의 영적 제자인 세라핌에게 맡겼듯이 이제 세라핌 성인도 그의 '고아들'을 헌신적인 제자인 모토빌로브에게 맡겼다. 모토빌로브는 수도자도 사제도 아니었지만 이 엄숙한 행위를 통해서 스타레츠가 생애의 대부분을 바쳤던 이 일을 책임지게 되었다.

모토빌로브가 공적인 업무로 복귀해야 할 시간이 되자 성인은 그를 보내 주었다. 모토빌로브는 성인이 돌아가시기 전에 한 번 더 사로브에 왔던 것 같다. 1832년 여름 스타레츠는 다시 한 번 중한 병에 걸렸다. 성인은 정혼녀가 디베예보에서 그를 기다리고 있다는 사실을 그에게 상기시켜 줌으로써 그의 앞날을 되새기게 해 주었다. 또 성인은 그에게 앞으로 러시아가 겪게 될 사건들에 대해서도 말해 주었다. 하지만 불행하게도 모토빌로브는 하느님의 사람인 스타레츠의 이 예언을 출판하고자 했던 뜻을 성사시키지 못했다. 스타레츠는 마지막으로 그에게 이번에 그의 병을 고쳐줄 사람은 스타레츠 자신이 아니라 보로네즈의 안토니 대주교가 될 것이라고 말했다. 그래서 그는 하느님의 뜻이 그러함을 믿고 즉시 대주교를 찾아뵙게 되었다. 성인은 생애의 마지막 순간이 다가옴을 잘 알고 있었다. 그래서 그는 그의 친구이자 하느님의 친구인 모토빌로브를 앞으로 그를 지도하게 될 거룩한 사람에게 맡겼던 것이다.

　세라핌은 모토빌로브를 축복해 주고 헤어졌다. 만트로브나 모토빌로브도 이후로는 그들의 영적 아버지인 세라핌 성인을 다시 볼 수 없었다. 세라핌 성인은 이때부터 영혼의 지고한 고독 안으로 들어가서 이 땅과의 모든 관계를 끊었다. 오직 하느님만이 그의 조국이요 고향이었다.

7장

가르침과 마지막 대화들

　세라핌 성인은 거의 글을 남기지 않았다. 성인은 그저 수도자들과 수녀들, 평신도들에게 이런저런 말을 했으며 때가 되면 디베예보의 그의 '고아들'과 친분이 있는 사람들에게 하느님에 대한 가르침을 들려주었다. 모토빌로브의 친구이기도 했던 구리이 수사신부는 스타레츠에 대해 들려오는 거의 모든 것들을 가능한 한 모두 기록으로 남겼다. 하지만 구리이 수사신부와 또 나중에 이 기록들을 따로 글로 옮겨 놓은 세르기이 수사신부 덕분에 알게 된 것은 세라핌 성인이 하느님의 위대하심에 대해 다른 사람들에게 말하고 싶어한 것의 아주 일부분만이 알려졌을 뿐이라는 것이다. 성인의 이 '가르침들'은 분명 그가 필로칼리아와 헤지카스트 전통을 잘 알고 있었다는 것을 암시한다. 그렇지만 이 가르침들은 특별히 개인적 경험, 즉 성령 안에서 그리스도와 깊이 사귀며 살았던 그의 삶을 반영하는 것이다. 분명 이것이야말로 가장 관심을 끄는 부분이다.
　세르기이 수사신부가 출판을 위해 모스크바의 필라렛 총대주교에게 성인의 가르침들을 소개하였을 때, 바로 세라핌 성인의 가르침이 담고 있는 이 개인적 특성들 때문에 아주 엄격한 검열이 행해졌다. '그는 다른 사람처럼 이야기하지 않는다'[1]라는 것이 가장 당황스러운 점이었던 것이다. 하지만 결국 1839년에 성인의 가르침은 은둔 수도자 마르코의 생애에 관한 책의 부록으로 출판되었다. 성인의 '가르침들'은 1841년에

---

[1] 마태오 7:28-29. 검열은 니콜라이 1세 치하(1825-1855)의 러시아 정교회 안에서 행해졌다. '가르침들'은 교회 권위자들에게 교리에 있어서 몇몇 새로운 사항을 도입하고 있는 것으로 보였다. 하지만 그렇게 보는 것은 불행하게도 당시의 정교회 신학과 신앙이 서방 스콜라 신학의 잘못에 크게 빠져 있었고 그리스도 현존의 살아있는 의미를 잃어버렸기 때문이었다.

는 필라렛 총대주교에 의해 수정되어 재출판되었다. 총대주교는 보로네즈의 안토니 대주교에게 보낸 편지에서 다음과 같이 썼다. "나는 오해를 막기 위해 좀 색다르게 표현된 몇몇 구절들을 수정했습니다."[2] 이것은 분명코 큰 불행이라 아니할 수 없다.

첫 번째 문단부터 이 가르침의 기록들은 우리들을 하느님의 세계로 인도해 준다.

1) 하느님 : "하느님은 불입니다. 이 불은 예수님께서 '나는 이 세상에 불을 지르러 왔다. 이 불이 이미 타올랐다면 얼마나 좋았겠느냐?'(루가 12:49)라고 말하셨을 때의 그 불입니다. 하느님은 마음과 속을 뜨겁게 하고 타오르게 하는 불입니다. 우리 마음 속에 악마에게서 오는 차가움(악마는 차갑기 때문이다)이 느껴질 때 주님께 부르짖으십시오. 그러면 주님께서 오셔서 우리를 주님과 이웃을 향한 완전한 사랑으로 뜨겁게 해 주실 것이며 이 불을 만난 사탄의 차가움은 순식간에 사라지고 말 것입니다."[3]

2) 하느님에 대한 앎 : "사람이 하느님 앞에서 정화되고 그분의 현존 안에서 걸어가는 만큼 하느님은 자신의 얼굴을 이 세상에서부터 그에게 보여주십니다. 성인들은 하느님의 형상을 마치 거울로 보듯이 관상하였습니다. 만약 당신이 아직 하느님을 보지 못했다면(알고 있지 못하다면) 당신은 하느님을 사랑할 수 없습니다. 또 당신이 하느님을 사랑할 수 없다면 그것은 당신이 하느님을 관상하지 못했기 때문입니다. 하느님을 볼 수 있게 해 주는 것은 하느님에 대한 앎입니다. 왜냐하면 관상은 알기 전에는 결코 올 수 없는 것이기 때문입니다."

3) 하느님을 향한 사랑 : "하느님의 온전하신 사랑을 아는 사람은 누구든지 이 세상에 속하지 않은 자처럼 이 세상에서 살아가며 스스로를 지상의 이방인이요 여행자로 생각합니다. 그는 오직 하느님만을 관

---

2) 『모스크바 총대주교 필라렛의 편지』, 1권. 모스크바.
3) 루가 12:49. 사막의 교부들은 이 불이 타오르는 것을 경험했다. 그래서 그들은 요셉 교부가 말한 것처럼, '당신 역시 원하기만 한다면 전체가 불이 될 수 있다!'라고 말하곤 했던 것이다.

상하기 때문입니다. 그는 통째로 하느님을 향한 사랑으로 변형되어서 그 밖의 다른 어떤 것에도 마음을 빼앗기지 않습니다. 하느님의 사랑으로 충만해진 영혼은 육체를 떠나는 순간에도 이 세상의 왕자를 두려워하지 않고 천사들에 둘러싸여 마치 이방인의 땅에서 고향을 찾아가듯 하늘로 날아갑니다."

 4) 신앙 : "참된 신앙을 소유한 사람은 누구든지 하느님 아버지의 일을 위해 예정되고, 예수 그리스도의 능력과 성령의 은총의 도움으로 높여진 하느님의 전을 떠받치는 모퉁이 돌입니다. '믿음에 행동이 따르지 않으면 그런 믿음은 죽은 것입니다.'(야고보 2:17) 신앙의 행위는 이렇습니다. 사랑, 평화, 인내, 자비, 겸손, 고요, 십자가 수용, 성령과 일치된 삶입니다. 참된 신앙은 좋은 행위 없이 존재할 수 없습니다. 믿는 사람은 누구든지 선을 행합니다."

 5) 희망 : "하느님께 굳은 희망을 두고 살아가는 모든 사람들은 하느님 계신 곳까지 높여져서 영원한 빛으로 밝게 비춰지게 됩니다. 참된 희망은 하느님 나라만을 추구합니다. 또 참된 희망은 사람이 이 생(生)에서 살아가는 데 필요한 모든 것을 하느님께서 주실 것이라는 사실을 잘 압니다. 사람의 마음은 이 희망을 소유할 때만 평화를 누릴 수 있습니다."

 6) 하느님을 두려워하는 마음 : "내적 관상의 길을 따르기로 마음먹은 사람은 무엇보다도 먼저 하느님을 두려워하는 마음으로 적셔져야 합니다. 하느님을 두려워하는 마음은 지혜의 시작(시편 3:5-9 참조)입니다. 그런 마음 없이는 다음과 같은 예언자의 말씀들이 그 사람에게서 이루어지는 것을 보게 될지도 모릅니다. '주께서 시키신 일, 건성으로 하다가는 천벌을 받으리라.'(예레미야 48:10) 그러므로 거룩한 것을 위해서는 최고의 신중함과 최고의 존경심으로 나아가야 합니다."

 7) 이미 받은 은사들 : "우리는 모든 방법으로 이미 받은 은사들을 영적인 보물로 자신의 깊숙한 곳에 고이 간직하도록 노력해야 합니다. 그렇지 않으면 우리는 그것들을 잃어버려서 다시는 찾을 수 없게

될 것입니다. 바로 이런 이유 때문에 꼭 필요한 경우가 아니라면 우리 마음의 비밀들을 남들에게 함부로 드러내서는 안 되는 것입니다. 하지만 꼭 필요할 때, 그래야만 하는 때가 오면 하느님의 영광을 위해서 그것을 드러낼 수 있습니다."

8) 헛된 말 : "사람의 마음속에 그리스도께서 가져오셨고 또 성령에 의해 타오르는 불을 끄는 데 헛된 말보다 더 큰 힘을 가진 것은 없습니다."

9) 기도 : "시리아 사람 이삭 성인이 말한 것처럼, '분심이 없는 기도는 영혼이 하느님을 계속 생각하도록 해 줍니다.' 하느님께서 우리의 영혼과 연합하는 것도, 우리 안에 거주하는 것도, 기도를 통해서입니다. 신신학자 시메온 성인은 『필로칼리아』에서 기도의 방법을 잘 설명해 놓았고 요한 크리소스톰 성인도 기도의 위대함을 놀라우리만치 아름답게 찬양했습니다. 하느님을 섬기기로 결심한 사람들은 모두 영 안에서 '주 예수 그리스도, 하느님의 아들이시여, 죄인인 나를 불쌍히 여기소서.'라고 말하면서 끊임없이 기도 안에 머물러 있어야 합니다. 또 우리는 성모님께서 대천사에게 건넨 인사말로 기도를 드림으로써 성모님의 보호를 요청할 수 있습니다. 영과 마음이 기도를 위해 일치되고 영혼이 오직 하느님께서 바라시는 일에 집중될 때 마음은 뜨거워지고 그리스도의 빛이 비치어 속사람을 평화와 기쁨으로 충만하게 채울 것입니다."[4]

10) 눈물 : "세상에서 물러난 모든 성인들과 수도자들은 영원한 위로를 소망하며 눈물을 쏟았습니다. 우리들도 우리 죄의 용서를 구하면서 눈물을 흘려야 합니다. 이삭 성인은 우리에게 또 한 번 다음과 같이 권면해 줍니다. '당신의 얼굴을 눈물로 적시십시오. 그러면 성령의 은총이 당신 안에 임하셔서 당신의 모든 흠을 깨끗하게 정화하실 것입니다. 눈물 흘리는 사람의 마음은 정의의 태양이신 그리스도의 빛으로

---

4) *Petite Philocalie de la prière du coeur*, préface de J. Gouillard, Editions du Seuil, Paris.

밝아질 것입니다. 그리스도께서 우리에게 이렇게 말씀하셨듯이 말입니다. '슬퍼하는 사람은 행복하다. 그들은 위로를 받을 것이다.'5)"

11) 슬픔 : "슬픔은 마음을 좀먹는 벌레와 같습니다. 자신의 욕망을 정복하는 사람은 또한 슬픔과 싸워 이길 수 있을 것입니다. 얼굴의 창백함이 병을 드러내 주듯이 슬픔은 정념에 의해 조종당하는 사람임을 알려줍니다. 세상의 것들을 포기한 사람은 늘 명랑하고 기쁩니다."

12) 병 : "하느님의 자비는 종종 몸이 병으로 고통당하는 것을 허락하기도 합니다. 이렇게 해서 사람의 거친 욕망들이 잠잠해지는 것입니다."

13) 인내와 겸손 : "우리는 고통을 인내로 견뎌내야 합니다. 왜냐하면 우리의 삶은 영원에 비하면 한 순간에 불과하기 때문입니다. 마찬가지로 능욕도 인내로 견뎌내야 합니다. 고통 받는 당신의 마음을 열어 보여야 할 분은 오직 하느님입니다. 겸손 안에 깊이 들어가십시오. 그러면 시리아의 이삭 성인이 말한 것처럼 '하느님의 영광을 보게 될 것'입니다."

14) 자선 : "당신의 마음이 당신이 하는 아름다운 자선으로부터 기쁨을 누리도록 하십시오. 그것 또한 이삭 성인의 가르침입니다."

15) 이웃 사랑 : "우리는 우리의 형제들이 곤란에 빠질 때 온유함을 가지고 그들에게 다가가야 하며 사랑이 가득한 말로 형제들을 격려해야 합니다. 형제가 죄를 짓는 것을 보아도 결코 그들을 판단해서는 안 됩니다. 왜냐하면 우리 자신도 내 영혼의 순수함이 얼마나 오랫동안 보존될 수 있을지 모르기 때문입니다. 이삭 성인은 말합니다. '만약 형제가 잘못을 저지르는 것을 보거든 네 겉옷으로 그것을 덮어주어라.'라고 말입니다."

16) 영혼에 필요한 돌봄과 영혼의 양식 : "우리의 모든 관심과 돌봄이 우리 영혼에 주어져야 합니다. 몸에 대해서는 영혼의 선한 봉사자

---

5) 마태오 5:4. 눈물에 대한 가르침에 대해서는 다음을 보라: Haussher, *Penthos*, Editions Orientalia periodica patristica, Rome.

가 되는 한도 안에서만 관심을 기울여야 합니다. 만약 우리 영을 탈진시킬 만큼 몸을 혹사시킨다면 우리는 어리석은 사람처럼 행동하는 것입니다. 비록 그 행동이 욕망들을 정복하기 위한 것일지라도 말입니다. 영혼을 하느님의 말씀으로 먹여야 하고, 특별히 신약성서와 시편을 읽는 데 전념하여야 합니다. 말씀의 빛은 영을 밝혀주고 사람은 빛으로 변형됩니다. 이 거룩한 독서는 홀로 있는 곳에서 수행하는 것이 좋습니다. 그리고 주의를 집중하여 성서를 읽어야 합니다. 그러면 하느님께서는 지성이라는 선물을 주심으로써 그 사람에게 그분의 은총을 가득 채워주십니다. 말씀으로 양육될 때, 사람은 하느님의 불과 눈물의 은사를 받아 누리게 됩니다."

17) **내적 평화** : "그리스도 안에서의 평화보다 더 좋은 것은 없습니다. 왜냐하면 평화는 땅과 공중의 모든 나쁜 영들에 대한 승리를 가져다 주기 때문입니다. 평화가 사람의 마음에 자리 잡을 때, 그 평화는 그로 하여금 평화 속에서 성령의 은총을 관상할 수 있도록 해 줍니다. 평화 안에 머무는 사람은 영적인 은사를 풍부하게 모아들이고 또 다른 이들에게 지식의 빛을 비추어 주게 됩니다. 우리의 모든 생각들, 우리의 모든 바램들, 우리의 모든 노력들, 우리의 모든 행위들은 전체 교회와 함께 끊임없이 이렇게 간구하기 위해 노력해야 합니다. '주 우리 하느님이시여, 우리에게 평화를 주소서!' 만약 사람이 평화 안에 머물면 하느님께서는 그에게 신비들을 드러내 주실 것입니다."

18) **마음 간수** : "우리는 끊임없이 우리의 마음을 잘 지켜보아야 합니다. 마음은 하느님의 불로 뜨거워진 살아있는 생수로 가득 찰 때만 살아 움직일 수 있습니다. 이 따스한 생수가 부족하다면 마음은 다시 식어지고 그 사람은 얼음처럼 차갑게 될 것입니다."

19) **하느님 은총의 표시들** : "사람이 하느님의 은총을 받게 되면 그에게는 외적인 표식이 필요치 않습니다. 은총을 받은 사실 자체가 그 은총이 하느님에게서 왔다는 것을 그에게 분명하게 설득해 주기 때문입니다. 왜냐하면 그 사람은 사랑, 기쁨, 평화, 인내, 친절, 자비, 믿음, 온

유, 정결(갈라디아 5:22 참고)과 같은 은총의 영적인 결과들을 경험하기 때문입니다. 그러나 때로는 사탄도 빛의 천사로 둔갑하거나 거짓 은총을 이용한다는 것을 알아야 합니다. 하지만 이때에도 사람의 마음은 그것을 분별할 수 있습니다. 왜냐하면 그것이 사탄으로부터 올 때는 늘 생각 속에 어떤 근심이 생기거나 감정의 동요가 있기 마련이기 때문입니다. 마카리오스 성인은 이것을 정확하게 설명했습니다. '사탄은 언제나 자신의 현존을 몇 가지 표식들을 통해 드러냅니다.' 시나이 산의 그레고리오스도 이렇게 말했습니다. '그 빛이 여러분 안에서 만들어 내는 효과에 따라 여러분들은 자신의 영혼 안에 나타난 빛이 하느님에게서 온 것인지 아니면 사탄에게서 온 것'인지 알 수 있습니다."6)

20) 회개 : "보니파키우스 성인은 하느님을 두려워하는 마음은 주의를 낳고 주의는 영혼의 양심을 일깨우는 내적 평화를 낳는다고 우리에게 말합니다. 양심이 하는 일은 마치 투명하고 맑은 물처럼 영혼의 잘못을 영혼에게 보여주는 데 있습니다. 회개는 이렇게 태어납니다."

21) 그리스도의 빛 : "자기 안에서 그리스도의 빛을 받아 느끼기 위해서는 할 수 있는 한, 보이는 모든 것들로부터 탈피해야만 합니다. 회개와 선행을 통해서 영혼을 정화시키고 십자가에 달리신 그리스도에 대한 믿음을 선언한 후, 눈을 감고 우리 주님 예수 그리스도의 이름을 열심히 부르면서 모든 정신을 마음 깊은 곳에 집중합니다. 그러면 사랑하는 그 분을 향한 마음의 약동과 열정에 따라 사람은 주님의 이름을 부르는 행위 안에서 최고의 빛을 향한 강한 열망을 불러일으키는 그윽함을 발견하게 됩니다. 이러한 연습을 통해서 영이 마음 안에 집중될 때, 그리스도의 빛은 그 신적인 광채로 영혼의 성전을 밝혀주며 빛나기 시작합니다. 이 빛은 복음 사도 요한 성인의 말씀대로 사람들의 생명입니다.(요한 1:4 참조) 사람이 자신 안에서 이 영원한 빛을 관

---

6) 교부들은 그리스도의 진리 안에서 걸어가는 데 절대적으로 필요한 '영의 식별'에 대해 많은 가르침을 주었다. 예를 들어 신신학자 시메온 성인의 『세례 예비자를 위한 교리』를 보라: 'Discours 31' in Sources chrétiennes 3, Editions du Cerf, Paris.

상할 때 사람의 영은 순결한 상태에 머물게 되고 모든 육적인 형상으로부터 벗어나게 됩니다. 창조되지 않은 아름다움을 관상하는 대로 깊이 들어가면 감각에서 오는 모든 것들뿐만 아니라 자기 자신의 인격조차 잊게 되고 그래서 영혼의 유일한 보화인 하느님을 잃느니 차라리 땅 속 깊은 곳에 묻혀버리기를 바라게 될 것입니다."

22) **활동적 삶과 관상적 삶** : "오랫동안 거룩한 성서 말씀을 구한 후에 두려움과 내적 떨림으로, 겸손하게 회개하는 마음으로, 영적 삶에 대해 이야기해야 합니다. 처음에는 경험이 많은 스타레츠를 찾아가 지도를 받는 것이 좋을 것입니다. 만약 이것이 불가능하다면, 하느님 말씀의 도움에 의지해 길을 가야 합니다. 영적 삶에는 두 단계가 있다는 것에 주목해야 합니다. 활동적인 삶과 관상적인 삶. 활동적인 삶은 포기와 금욕적 노력으로 구성되며, 두 번째는 그것의 목표입니다. 활동적 삶은 금식, 절제, 깨어있음, 회개, 그 밖에 영생으로 인도하는 좁은 길을 갈 수 있도록 도와주는 여러 가지 훈련들로 구성됩니다. 사람은 몸과 영혼을 가지고 있기 때문에 사람의 삶은 필연적으로 육체적인 동시에 영적이며 활동임과 동시에 관상입니다. 사람의 행위는 욕망을 정화하도록 해 주며, 그렇게 해서 모든 흠으로부터 벗어나 깨끗하게 되면 아주 겸손하게 관상의 삶을 향해 나아갈 수 있습니다. 관상의 삶은 주 하느님을 향한 영의 고양, '순전한 기도', 이삭 성인이 말한 마음의 깨어있음, 영적인 묵상 등으로 구성됩니다. 이미 관상의 삶의 높은 경지에 올랐다 해도 활동적 삶의 실천을 결코 게을리 해서는 안 됩니다. 왜냐하면 그러한 실천은 관상의 삶을 더욱 강화시켜 주기 때문입니다. 영적 삶으로 나아가길 원하는 사람이라면 누구나 먼저 활동적이고 실천적인 삶의 일 속에서 훈련하고 이어서 조금씩 관상의 높은 단계들로 고양되어 감으로써 한 단계 한 단계 완전으로 가는 사다리를 올라가야 합니다."[7]

---

[7] '가르침'에 대한 일련번호는 세라핌 성인에 대한 다른 여러 전기들 마다 다르게 되어 있다. 또 본문 내용에도 약간의 차이가 존재한다. 여기에는 침묵, 고독, 금욕적 삶 등에 대한 가르침을 이야기 중간 중간에 삽입하는

이것이 바로 스타레츠가 수도자들과 그의 '고아들' 그리고 그 생애의 마지막 순간까지 쉴 새 없이 찾아든 사람들에게 준 가르침을 증언해 주는 몇 안 되는 내용들이다.

게다가 성인은 죽음을 눈앞에 두고 있었다. 기력은 날이 갈수록 쇠약해져 갔지만 성인은 조금도 불편하다고 말하지 않았다. 성인은 단지 이렇게 말할 뿐이었다. "내 삶도 이제 종착점에 가까이 왔구나. 비록 내 몸은 이미 죽은 거나 다름없게 느껴지지만, 내 영혼은 마치 이제 막 태어난 것 같다." 디베예보의 수녀들이 성인을 찾아왔을 때, 성인은 그들에게 이렇게 말했다. "이제부터는 너희들끼리 살아야 한다. 나는 이제 곧 너희 곁을 떠날 것이기 때문이다." 하지만 수녀들은 성인이 죽음에 대해서 말하고 있다고는 생각지 않았다. 수녀들은 단지 성인이 다시 은둔 생활을 하고 싶어 한다고 믿었다.

한번은 수도원장인 프라스코비아 대수녀가 '가까운 광야'로 성인을 찾아왔다. 스타레츠는 나무 그루터기 위에 앉아 있었고 대수녀는 성인 곁에 무릎을 꿇고 앉았다. 세라핌 성인은 항상 들고 다니던 신약성서를 열어 요한 사도의 복음에서 예수님이 제자들과 나누신 마지막 대화를 읽기 시작했다. 성인은 예수님의 다음과 같은 말씀으로 독서를 끝맺었다. "정말 잘 들어두어라. 너희가 내 이름으로 아버지께 구하는 것이면 아버지께서 무엇이든지 주실 것이다. 지금까지 너희는 내 이름으로 아무것도 구해 본 적이 없다. 구하여라. 받을 것이다. 너희는 기쁨에 넘칠 것이다."(요한 16:24) 성서를 읽는 동안 내내 대수녀는 스타레츠의 발치에 무릎을 꿇고 앉아 눈물을 흘렸다. 이어서 성인은 하늘을 향해 눈을 들더니 멀리 보이는 무언가를 향해 혹은 누군가를 향해 손을 뻗었다. 얼굴이 환해지더니 성인은 영원한 기쁨에 대해서 말하기 시작했다. "주님의 천사들이 주님의 얼굴 앞으로 데려가기 위해 한 영혼을 찾아올 때, 그 영혼은 얼마나 기쁘고 환희에 차 있겠는가!"

성인은 생의 마지막을 준비하기 시작했다. 예를 들어 성인은 마지막

방식을 선호하여 채택하게 되었다.

으로 자신을 보러 오라고 몇몇 지인들에게 편지를 써 보냈다. 또 몇몇 에게는 이미 마지막 작별인사를 고했다. 성인은 사로브에 다시 오겠다는 몇몇 사람들에게 "우리는 다시는 보지 못하게 될 것입니다"라고 말했다. 또 극구 다시 오겠다는 사람들에게는 "이제 내 독방 문은 닫힐 것입니다"라고 말하였다. 성인은 '광야'에 거의 가지 않았고, 맞이하는 사람은 현격하게 줄어들었다. 사람들은 성인이 준비해 놓은 관 위에 앉아 명상에 깊이 빠져있는 모습을 자주 보곤 했다. 하지만 성인은 그의 '고아들'을 계속해서 돌보았고 숲 속에 들어갈 만한 기력이 생기면 그곳으로 가서 수녀들을 한 명씩 불러 각자에게 조언을 해 주었다. 디베예보에서 숲으로 가는 길은 사로브 수도원을 지나가게 되어 있었다. 길을 가면서 수녀들은 종종 꼬부라진 허리로 삽자루나 도끼 자루에 몸을 의지해 천천히 걸어가고 있는 스타레츠와 마주치곤 했다.

　사로브의 수도자들은 수녀들이 무려 이십오 킬로미터나 되는 먼 길을 오고 가는 것을 보고 불쌍히 여겨서 돌아가는 길에 방문객 숙소에 들러 쉬기도 하고 또 겨울에는 몸도 녹일 수 있도록 배려해 주었다. "노수도자가 수녀님들을 쉴 새 없이 달려오게 하고 추위에 벌벌 떨게 하면서도 대가로 해 주는 일은 별로 없군요." 하고 수도자들은 수녀들에게 말하곤 했다. 세라핌 성인은 수녀들이 수도자들의 말과 평가에 현혹되지 않도록 주의를 주었고 심지어는 전례 의식 시간이 되어 수도원의 성당에 들르는 것을 제외하곤 사로브에 머무는 것을 엄격하게 금지했다. 수도자들에게 영향을 받은 몇몇 수녀들은 수군대며 동요했고 공동체를 떠나 고향으로 돌아가려 했다. 하지만 스타레츠는 이러한 마음의 동요를 잠재울 줄 알았으며 수녀들에게 다시 용기를 북돋워 주었다.

　세라핌 성인은 점점 더 수도원 생활의 외적이고 공동체적인 양식들로부터 멀어졌다. 성인은 '그리스도를 위한 바보'라고 불리는 신비스런 행위를 보여주기도 했다. 이상한 옷차림을 하기도 했고 또 가끔은 나중에나 그 의미가 드러나게 될 이상한 말들을 하기도 했다. 사람들은 몇 번 성인이 아무런 주의도 기울이지 않고 모기와 파리가 몰려와 무는 것을 그대로 방치하는 모습을 보기도 했다. 그래서 모기와 파리를 내쫓으려 하면 스타레츠는 천진하고 선량한 얼굴로 "내버려 두시오. '숨 쉬는 모든 것들아, 주를 찬양하여라.'(시편 150:6)라고 했듯이 하느님께서 창조하신 것을 함부로 죽여서는 안 되오."라고 하면서 이를 말렸다. 괴상한 옷차림을 하고 있어 사람들이 이를 지적해 주면 성인은 이렇게 대답하였다. "거지가 준 남루한 옷을 이전에 자기가 입었던 왕의 외투보다 더 아름답다고 생각한 왕자도 있지 않았던가요."

사람들 때문에 완전히 탈진이 되면 성인은 마치 휴식의 잠을 청하려는 듯이 거처로 물러갔다. 하지만 독방에 있을 때도 성인은 좀처럼 쉴 수 없었다. 왜냐하면 사람들이 거처까지 찾아와 문을 두드리며 만나주기를 줄기차게 요구했기 때문이었다. 가끔씩 성인은 숲 속으로 몰래 도망가 낙엽과 나무 가지를 덮어쓰고 있기도 했다. 그러던 어느 날 성인은 숲 속에서 한 젊은이를 만났는데, 그는 세상을 떠나 수도자가 되기 전에 자신의 성소에 대해 성인의 조언을 구하려던 참이었다. 젊은이는 커다란 나무 아래 키 큰 잡목들 사이에 숨어 잠들어 있는 것 같은 성인을 발견했다. 농부들의 소박한 작업복을 입고, 허리에는 빵 조각들을 담은 보따리를 끈으로 매단 스타레츠는 마치 양치는 목자의 모습이었다. 그런 소박함과 겸손함은 젊은이를 너무 감동시켜서 그가 수도원에 입회하는 데 수많은 말보다 더 결정적인 영향을 주었다.

1832년 7월, 성인은 한 수녀의 병을 고쳐주었다. 수녀는 되돌아가면서 다음에도 다시 뵙고 싶다고 말했다. 하지만 스타레츠는 손으로 하늘을 가리키며 이렇게 말했다. "저기서 다시 보자꾸나!" 성인은 또 네 살배기 눈먼 여자아이를 고쳐 주었다. 성인은 샘물로 그 아이의 눈을 씻어 준 뒤 아이 엄마에게 간절히 기도하라고 말했다. 다음 날, 아이는 놀랍게도 병에서 치유되었다.[8]

---

8) 병자들이 샘가에 있는 것을 발견하면 성인은 그들에게 샘물을 마시게 할 뿐만 아니라 오지 못한 사람들에게도 갖다 주게 했다. 이렇게 해서 이 샘물을 담은 물병이 러시아 전역에 퍼지게 되었다. 또 스타레츠는 기꺼이 이 샘물로 병자들의 병든 부위를 씻어 주고 또 손수 늘 차고 다니던 수건으로

8월이 되자 장차 키예브의 대주교가 될 탐보브의 아르세니이 대주교가 사로브에 왔다. 수도원을 탐방한 후 대주교는 샘가에 머물고 있던 세라핌 성인을 찾아갔다. "하느님의 노수도자여, 거기서 무엇을 하고 있습니까?"하고 대주교가 성인에게 물었다. "샘물에 쓸려 내려가지 않도록 돌로 둑을 튼튼하게 만드는 중이랍니다." 하고 스타레츠가 대답했다. 대주교는 "좋아요, 좋아요, 계속하시오. 하지만 나에게 숲 속에 있는 당신의 '작은 광야'를 좀 보여줄 수 없겠소?" 하고 주문하였다. 그래서 성인은 대주교를 그의 오두막으로 안내하여 기도매듭 하나, 보자기로 싼 초 한 상자, 긴 무명 양말 한 켤레 그리고 등잔 기름 한 통을 선물했다. 선물을 받고 감동한 대주교는 성인에게 이렇게 물었다. "하지만 신부님의 광야엔 더 외딴 은둔처가 있을 것 같군요." 스타레츠의 대답을 듣기도 전에 대주교는 난로 뒤쪽으로 다가갔다. 대주교는 사람들에게서 난로 뒤에 은밀한 곳이 있다는 말을 들은 바 있었기 때문이었다. 세라핌 성인이 말했다. "옷이 더러워질 텐데요." 하지만 대주교는 벌써 너무 좁아 간신히 서 있기도 힘든 구석의 작은 공간으로 향하는 문을 열어젖혔다. 그곳에도 성모님 성화가 있었고 그 앞에는 그윽하게 등잔불이 타오르고 있었다. 바로 이곳에 내려가 성인은 쉴 새 없이 문을 두드리는 사람들의 성가심을 받지 않고 기도할 수 있었던 것이다. 대주교는 성인과 헤어지면서 순례자들에게 포도주를 주지 말 것이며 오직 축복된 빵 조각들만 나누어 주라고 지시했다. 스타레츠는 그 앞에 엎드려 지시를 반드시 지키겠다고 약속했다. 다음날, 성인은 새벽 미명에 아침기도를 드리러 가기 위해 대주교가 묵고 있는 숙소 앞으로 지나가면서 사람을 시켜 그가 준비해 놓았던 적포도주 한 병을 대주교에게 갖다 주게 하였다.

  수도원 고문서 보관실에는 아르세니이 대주교의 편지 한 장이 보관되어 있는데, 이 편지는 스타레츠가 준 선물의 의미를 우리에게 알려

 닦아 주곤 했다. 이때부터 감사의 마음을 전하기 위해 천 조각들과 수놓은 수건들을 성인에게 갖다 드리는 풍습이 생겨났다.

준다. 세라핌 성인이 돌아가시기 전까지 그대로 보존되었던 초, 기름, 포도주는 나중에 성인을 기념하는 전례 의식에 사용되었다. 또 대주교는 양말 한 켤레, 보자기, 기도매듭을 하느님의 사람이 보여 준 환대의 아주 소중한 기억으로 잘 보관하였다. 또 대주교는 성인을 만났을 때 성인이 샘가에서 하던 일의 상징적 의미도 이해하게 되었다. 언젠가 대주교는 한 편지에서 이 의미를 이렇게 설명했다. "스타레츠는 돌아가셨습니다. 하지만 나는 하느님의 도움으로 물결이 집어삼킬 수 없도록 교회의 둑을 쌓는 일을 계속해 나가야 합니다."

쿠르스크의 몇몇 장사꾼들이 성인의 형의 전언을 듣고 성인을 만나기 위해 찾아왔을 때 성인은 단지 "내가 형님을 위해 기도하고 있다고 전해주시오." 이렇게 말할 뿐이었다는 이야기도 전해진다. 성인의 형은 성인이 하느님 곁으로 간 지 얼마 되지 않아 안식했다고 한다.

디베예보의 거의 모든 수녀들은 스타레츠와 가진 마지막 대화들에 대한 몇몇 기억들을 간직하고 있었다. 그 대부분은 수도원 연보에 보존되었다. 마트리오나 수녀는 이런 이야기를 전한다. 언젠가 그녀가 세라핌 성인의 오두막 근처에 당도했을 때 아침기도를 알리는 사로브 수도원의 종소리가 울렸다. 성인이 "종소리가 들리는구나. 그러니 서둘러 성당으로 가거라."라고 말하면서 수녀를 돌려보냈다. 성당을 향해 가다가 뒤돌아보았을 때 수녀는 스타레츠가 밝은 광채에 휩싸여 빛을 내며 문 앞에 서 있는 모습을 보고 놀라움에 사로잡혔다. 수녀는 몇 걸음을 더 가다가 다시 뒤돌아보았다. 성인을 휩싸고 있던 빛은 여전히 떠나지 않고 있었다. 세 번째로 멈추어 뒤돌아보았을 때, 수녀는 아직까지도 땅에 닿도록 그녀에게 인사하는 스타레츠를 볼 수 있었다. 이것은 수녀가 이 땅에서 스타레츠를 볼 수 있었던 마지막 기회가 되었다. 얼마 후 수녀는 성인의 인사가 결국 이 땅에서의 작별인사였다는 것을 깨달았다.

성인은 또 예브독시아 대수녀에게 다음과 같은 말을 남겼다. "적그리스도가 와도 수녀님에게는 아무것도 행하지 못할 것입니다. 아마 수녀님은 적그리스도를 보지 못할 수도 있어요. 하지만 다른 수녀님들은 그때까지 살아있을 것이고 사건이 생기는 것을 보게 될 것입니다. 적그리스도가 교회의 십자가를 다 뽑아 버릴 때 그 고통과 혼란은 이루 말할 수 없을 것입니다! 이곳을 버리고 떠나는 수녀들도 많을 것입니다. 이 모든 일들을 보게 되거든 공중과 바다에 떠도는 것들에 현혹되지 않도록 하세요. 짐 가방과 신발을 챙기고 발에 양말을 신고 또 한 켤레는 여분으로 준비하세요!" 성인은 다가올 전쟁을 이야기한 것일까, 아니면 혁명과 뒤이은 대규모 망명을 예고한 것일까?

12월 초 도로페이 수녀에게 이렇게 말했다. "나의 기쁨이여, 너는 가라지를 알고 있느냐? 그러면 이 말을 새겨들어라. 사람들이 너희들 가운데 있는 가라지를 다 솎아낸 연후에 디베예보의 좋은 싹은 크고 아름답고 푸르게 자라날 것이다. 내가 너에게 말한 이것을 잘 기억하고 있어라." 성인은 잠시 침묵하다가 다시 말을 이어갔다. "나의 기쁨이여, 잘 있거라! 나는 너희들 모두를 모든 기쁨 중의 기쁨이신 거룩하신 동정 성모님께 맡긴다. 많은 사람들이 와서 너희들의 '신부'를 자처할 때가 올 것이다. 하지만 그들의 말을 쉽게 믿지 않도록 해라. 이반 티코노비치도 너희의 '신부'라고 자처할 것이다. 하지만 보잘것없는 이 세라핌만이 너희 모두를 보살핀 진정한 신부이다."

또 하루는 성인이 바실리 사도프스키 신부를 불러 이같이 말했다. "신부님, 당신의 부인과 디베예보의 많은 수녀들이 죽고 나면 이제 신부님 당신이 죽을 차례가 올 것입니다. 즉 하느님 앞에 나아갈 때가 되면 사람들에게 주 탄생 교회 근처에 신부님은 오른쪽에 미하일 만트로브는 왼쪽에 묻어달라고 부탁하십시오. 그것은 평화로운 안식이 될 것입니다! 그리고 나는 두 분 가운데서 안식할 거구요! 이렇게 하면 우리 모두가 함께 있게 될 겁니다." 이어서 성인은 긴 소매 옷을 벗어 바실리 신부의 팔에 안겨 주었다. 이것은 성인이 그의 양떼들의 영적 지도를 바실리 신부에게 맡긴다는 것을 의미하는 것이었다.

공동체를 돌보아 온 여러 해 동안, 성인은 수녀들의 생필품들을 마련해주는 일을 도맡았다. 죽음을 맞기 며칠 전까지도 성인은 수녀 두 명을 오게 해서 일 년 동안 필요한 모든 것을 마련하라며 돈이 가득 들어 있는 가방을 전해주었다. 성인은 사야 할 식료품 목록까지 일일이 일러주었다.

성인은 수녀들에게 다음과 같은 말을 남겼다. "내가 너희들과 함께 있지 못하더라도 나의 무덤에 찾아 오거라. 시간이 나는 대로 찾아 오거라. 너희들의 모든 근심과 고통을 다 가지고 와서 나에게 말하여라. 너희들을 슬프게 하는 것들이 있거든 내 무덤에 와서 마치 살아있는 사람과 이야기하듯 털어놓아라. 나는 너희들을 위해 언제나 살아있을 것이며, 너희들의 이야기를 다 들어줄 것이기 때문이다. 그러면 너희들의 고통도 다 지나갈 것이다."

성인은 사람의 인생을 타오르는 촛불에 비유하길 좋아했다. "밀랍은 믿음을 상징하고 심지는 소망을, 불꽃은 모든 것을 하나 되게 하는 사랑을 상징한다." 성인은 이콘 앞에 언제나, 심지어는 부재중에도 촛불을 밝혀 놓았다. 성인의 거처 곁에 사는 파벨 수도자는 촛불을 끄지 않는 것은 매우 위험한 일이라고 자주 성인에게 말하곤 했지만 그때마다 성인은 이렇게 대답하곤 했다. "내가 살아있는 한 화재는 나지 않을 테니 걱정 말게. 하지만 내가 죽게 되면 불이 나의 죽음을 알려 줄 걸세." 성인의 습관을 잘 알고 있던 이웃 수도자들은 가끔 불을 빌리러 성인에게 오기도 했다. 어느 날 저녁, 한 수도자가 성인의 방이 어둠 속에 잠겨 있는 것을 보고 놀랐다. 세라핌 성인은 "보게나. 불이 꺼지지 않았는가. 하지만 불은 아직도 얼마간은 더 타올라야 한다네." 하고 말했다. 이렇게 말하는 동안 그 수도자는 이콘 앞에서 순백의 빛줄기가 나타나는 것을 보았다. 빛줄기는 순식간에 등잔의 심지를 감아도는 푸르스름한 불꽃이 되었고 그 순간 등잔의 심지에 불이 붙었다. 세라핌 성인은 초를 들고 등잔불에서 불을 옮겨 붙였다. 성인은 초를 손에 들고 수도자에게 입으로 바람을 불어 보라고 말했다. 촛불은 꺼졌다. 성인은 이렇게 말했다. "이처럼 내 생명도 이제 곧 꺼지게 될걸세!" 그리고 이렇게 말하는 동안 성인의 얼굴이 빛으로 밝아졌는데 그 빛이 너무 강렬해서 수도자는 한편으로 두려움에 사로잡히고 또 한편으로는 스타레츠의 죽음이 얼마 안 남았다는 것을 알게 된 고통으로 땅에 엎드렸다. 세라핌 성인은 그를 일으켜 세우고는 "오, 나의 기쁨이여. 그것은 고통의 순간이 아니라네. 도리어 너무나도 커다란 환희의 시간이 다가오고 있어!"

이 해 주님의 탄생 축일에 성인은 평소처럼 병동에 있는 교회에서 성체성혈을 영했다. 성찬예배가 끝나자 성인은 수도원장 니폰트 신부와 만나 오랫동안 이야기하면서 특별히 젊은 수도자들에 대한 호의와 관심을 부탁했다. 거처로 돌아온 성인은 라도네즈의 세르기이 성인에게 나타나신 성모님을 묘사한 작은 이콘을 집어 들고 그곳에 있던 한 수도자에게 이렇게 말했다. "여보게. 내가 만약 죽으면 이 이콘을 내 가슴 위에 올려놓고 묻어주게. 이 이콘은 안토니 수도원장이 세르기이 성인의 성해가 모셔진 곳에서 축성해 내게 보내준 것이라네."

새해 전날 성인은 자신이 묻히고자 하는 곳을 표시하기 위해서 성모 안식 대성당 뒤편에 돌을 하나 갖다 놓았다. 다음 날, 주일이 되자 성인은 병동의 성당으로 가서 모든 이콘들에게 작별의 입맞춤을 하면서 초에 불을 붙여 봉헌했다. 성찬예배는 아직 시작되지 않았고 교회는 어둠에 잠겨 있었다. 성가대를 지휘하는 이반 티코노비치가 다가올 때 성인은 의자에 앉으려던 참이었다. 성인은 그에게 축복해 주고 또 이미 내려준 여러 가지 권고 사항을 상기시켰다. 그런 다음 파루시아(재림)의 임박함과 이 세상에서 그리스도인들이 취해야 할 행동에 대해 말하고 있는 베드로 1서의 한 구절을 그에게 읽어 주었다. 사람들은 사로브의 수도자들을 통해서 이반이 스타레츠의 경고를 이해하지 못했고 오히려 성인의 축복이 자신의 계획에 대한 인가라고 생각하여 그 경고를 자기 멋대로 해석했다는 것을 알게 되었다.[9]

---

9) 이 대화에 대한 그의 해석은 그가 1849년 상트페테르부르그에서 출판되었고 19세기 내내 여러 번 재 출판되었던 세라핌 성인의 전기에 잘 묘사되어 있다.

낮에 스타레츠의 이웃에 기거하는 파벨 수도자는 성인이 다시 한 번 자신이 돌을 갖다 놓은 대성당 뒤편에 갔다 오는 것을 목격했다. 성인은 이곳에서 오랫동안 명상에 잠겨 있었다. 저녁이 되자 파벨 수도자는 성인이 부활절 성가를 부르는 것을 들을 수 있었다. "그리스도의 부활을 본 후에 거룩하신 주 예수를 경배하오니", "빛나라, 빛나라, 새 예루살렘이여, 주의 영광이 그대 위에 솟아났도다", "오 위대하고 거룩한 빠스까시여, 오 하느님의 지혜요 말씀이요 능력이시여! 우리가 진정으로 당신과 결코 쇠락하지 않을 당신의 왕국에 참여할 수 있게 하소서!"

다음 날 새벽, 파벨 신부가 자기 거처에서 나와 아침기도에 참례하러 가던 길이었다. 세라핌 성인의 문 앞을 지날 때 파벨은 연기 냄새를 맡았다. 그는 문을 두드렸지만 아무런 응답이 없었다. 파벨 신부는 어둠 속에서 성당을 향해 줄지어 가고 있던 수도자들에게 이를 급히 알렸다. 수도자들은 먼저 성인이 촛불을 끄지 않고 숲으로 갔고 그래서 방에 화재가 발생한 것이라고 생각했다. 한 수련자가 몸을 부딪쳐 문을 열었을 때 내부는 깊은 어둠에 잠겨 있었고 연기가 방안을 가득 채우고 있었다. 수도자들이 초를 찾으러 이리저리 뛰어다니다 결국 눈을 펴가지고 왔을 때에 비로소 흰 성직자 예복을 입고 '모든 기쁨 중의 기쁨'이신 성모님 이콘 앞에 무릎 꿇고 앉아 있는 세라핌 성인을 알아볼 수 있었다. 작은 책상 위에는 조금 타다만 복음경이 놓여 있었다. 스타레츠가 기도할 때 손에 들고 있던 촛불의 불똥이 떨어져 그렇게 된 것임이 분명했다. 수도자들은 성인이 피곤에 못 이겨 잠이 든 것이라고 생각했다. 왜냐하면 성인의 몸이

▲ 성인이 안식하시다

아직도 온기를 간직하고 있었기 때문이었다. 그래서 수도자들은 성인을 깨우려고 해 보았지만 헛수고였다. 심장의 박동이 멈추었던 것이다. 수도자들은 이 소식을 니폰트 수도원장 신부에게 알렸고, 소식은 삽시간에 수도원에 전부 퍼졌다. 성인의 시신 이마와 무릎에 행해지는 전통적인 세정식이 끝난 뒤 수도자들이 성인에게 수도복을 입혔다. 그러고 나서 입관을 하고 성모안식 대성당으로 성인의 시신을 운구했다.

될 수 있는 한 많은 사람들이 장례 예식에 참례하여 성인과 마지막 인사를 나눌 수 있도록 하기 위해 시신을 눕혀 놓은 관은 팔일 동안 열어 두었다. 수천수만의 사람들이 사방에서 몰려와 스타레츠에게 입을 맞추었다. 너무나 많은 사람들이 몰려와서 대성당을 가득 메웠기 때문에 산소 부족으로 촛불들이 꺼질 지경이었다.

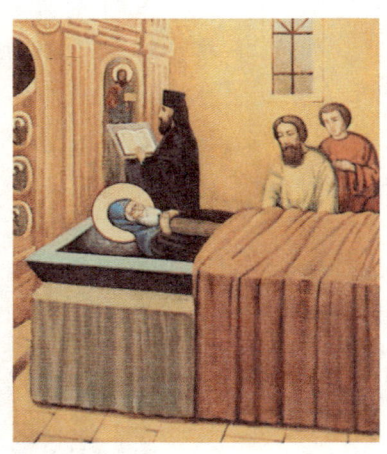

성인이 돌아가신 후 비상한 빛 하나가 하늘에서 반짝였는데 이 빛을 본 쿠르스크 지역에 있던 한 수도자는 같이 있던 수련자에게 "저것은 하늘로 올라가는 세라핌 신부님의 영혼이야!"라고 말했다고 한다.

▲ 성인의 장례식

8장
스타레츠가 돌아가신 후의 디베예보

 사랑하고 존경하던 세라핌 신부님이 돌아가신 후 디베예보의 '고아들'은 바실리 사도프스키 신부를 중심으로 다시 혼연일체가 되었다. 또 종종 수녀들은 니폰트 수도원장의 지시로 세라핌 성인의 독방에서 공동체의 식당으로 옮겨진 '모든 기쁨 중의 기쁨'이신 동정 성모님 이콘 앞에 모이곤 했다. 이렇게 해서 이전에 식당이 하늘의 여왕이신 성모님의 거처가 될 것이라고 한 스타레츠의 예언이 실현되었다. 더욱이 수녀들의 생활에서는 아주 세세한 부분에 이르기까지 성인의 보이지 않는 현존이 감지되었다. 수녀들은 어려운 일이 있으면 언제나 영적 도움을 얻기 위해 성인에게 이야기했다. 매일 저녁 수녀들은 각자 일거리를 가지고 촛불 주위에 함께 모여 특별한 감동을 받았던 스타레츠의 생애에 대해 이야기꽃을 피웠다. 이렇게 해서 나중에 덧붙여진 몇몇 증언들과 함께 디베예보의 연보를 구성하게 될 이야기들이 모아졌다. 세라핌 성인은 이런 저녁 모임들 속에 늘 현존하여 함께 모인 수녀들의 마음에 기쁨과 위로를 충만하게 채우고 있는 것 같았다. 이러한 현존은 가끔 성인이 직접 나타날 만큼 아주 구체적이고 생생한 것이었다.

 돌아가신 지 이 년 후인 1835년 새해 전날, 성인은 한 수녀에게 나타났다. 수녀는 뭔가 모를 힘이 자신을 성당으로 가도록 밀고 있다는 느낌을 받았고 성당에 도착했을 때, 찬란하게 빛나는 흰 옷을 입은 성인을 보게 되었다.

 "정말, 바투쉬카세요?!" 수녀가 외쳤다.[1)]

 "그렇고말고. 나의 기쁨아. 그렇게 쉴 새 없이 나를 불러 놓고도 나

---

1) 바투쉬카(Batiouchka)는 러시아 말로 '아빠' 혹은 '작은 아버지'라는 뜻이다.

를 몰라보겠단 말이냐? 어찌 그리 믿음이 없느냐! 내가 매일 성당에서 너희와 함께 예배를 집전하는 것을 알지 못하느냐?" 이렇게 말하면서 성인은 임금의 문을 통해 지성소로 들어갔다.

　세라핌 성인이 디베예보에서 그리고 전혀 성인을 보지 못했던 사람들에게 나타난 예들은 너무나 많다. 특별히 성인은 생명의 위협 속에 처한 사람들에게 나타나 그들의 생명을 구해주곤 했다.

　이야기들이 입에서 입으로 전해지면서 수많은 전설들이 만들어졌다. 어느 겨울밤, 삼두마차를 타고 디베예보로 통하는 길을 따라 돌아오던 한 상인의 이야기도 그런 예이다.

　길을 가던 중 갑자기 돌풍이 그를 덮쳤다. 우박 같은 얼음 눈이 한없이 쏟아졌고 돌풍은 사정없이 상인을 몰아붙여 도저히 길을 알아 볼 수 없었다. 온몸이 거의 얼어 버린 그는 세라핌 성인에게 기도를 드렸다. 그러자 상인은 자기 옆에서 누군가가 함께 걸어가며 처음 듣는 목소리로 "나를 따라오시오." 하고 말하는 것을 들었고, 자기 앞에 한 노인 남자와 여자가 썰매로 눈 위에 굵은 자국을 남기며 나아가고 있는 것을 알아보았다. 그는 이 표시를 따라갔다. 그가 길을 잃을 때마다 "이쪽이요, 이쪽. 우리만 따라오면 되오." 하고 외치는 소리가 들렸다. 그의 말들은 있는 힘을 다해서 달렸지만 이 신비로운 썰매를 따라잡을 수는 없었다. 눈 위에 남겨진 자국들과 그를 쉴 새 없이 독려하던 목소리만 있을 뿐이었다. 말들이 길을 다시 찾았을 때 저 멀리 마을이 있음을 알리는 불빛이 보였다. 그러자 노인들, 눈 위의 자국들, 모든 것이 사라져 버렸다. 상인은 아무런 해도 입지 않고 안전하게 마을 여관에 도착했다. 놀라움에 사로잡힌 그는 이 작은 노인 남자와 여자가 자신의 기도를 들어준 세라핌 신부와 알렉산드라 대수녀였을 거라고 생각하게 되었다.

　하지만 디베예보에서는 경륜 있는 지도자의 부재로 인해 스타레츠 생전에 이미 시작된 여러 가지 혼란이 점점 더 심해졌다. 세라핌 성인은 "내가 떠난 후 너희들에겐 영적 아버지도, 영적 지도 수녀도 없을 것이다!"라고 말하곤 했었다. 이 말이 현실이 된 것이다. 연로한 프라스코비아 대수녀는 너무 나이가 많아 이미 삼백여 명에 달한 수녀 공동체를 지도할 수 없었기에 수녀원장직을 사임했다. 그녀의 후임으로 몇 년 동안 다섯 명의 수녀원장이 교체되었다. 그 중 두 명은 죽었고 또 나머지 세 명은 공동체를 이끌어 가는 것이 자신들의 능력을 뛰어넘는 것이라고 토로하며 스스로 물러났다. 모든 일들이 너무 엉망이었기 때문에 1842년 이반 티코노비치는 어렵지 않게 방앗간 공동체를 알렉산드라 대수녀의 공동체에 합병시켜 한 명의 수녀원장의 지도하에 두도록 허락받았다. 그리고 수녀원장으로는 연로한 크세니아 대수녀의 딸로 어려서부터 수녀원에서 자란 이리나 대수녀가 임명되었다. 심약하고 온유한 성격의 이리나 대수녀는 다른 수녀들의 저항에도 불구하고 디베예보 수녀원에 자리 잡은 이반의 영향력을 물리칠 수 없었다. 이반은 두 공동체의 상황을 아주 자의적으로 설명하면서 이 두 공동체의 합병을 교회 당국에 요구하는 편지를 상트페테르부르그로 보냈고 성 시노드의 지시로 이 합병이 성사되었다. 이 사건은 공동체 안에 큰 저항을 불러일으켰고 수녀들 사이에 불화를 만들어냈다. 합병 요구가 받아들여지자 이반은 수녀 한 명을 상트페테르부르그로 보내 자금을 모금해 오도록 했다. 첫 번째로 기부한 사람들은 황후, 공작, 공작부인들이었다. 여기서 우리는 궁정 세계에 미친 '탐보브 화가'[2]의 영향력을 볼 수 있다. 하지만 그보다 이 고귀한 기부자들의 마음을 감동시킨 것은 세라핌 성인의 이름이었음이 분명하다.

  이반은 모금한 돈을 자기 취향의 성당을 짓는 데 사용했다. 세라핌 성인이 계획한 성당건축은 취소되었고 이리나 대수녀는 탐보브의 대주교까지 설득하는 데 성공한 자칭 스타레츠의 제자인 이반의 지시에 쉽게 복종했다. 세라핌 성인이 건축한 건물들은 대부분 철거되었고 일련의 새 건물들이 그 자리에 들어섰다. 이반 티코노비치는 또한 땅을 파

---

[2] 사람들은 그의 화가로서의 재능과 그의 지연(地緣) 때문에 이반 티코노비치를 이렇게 부르곤 했다.

서 만든 동정 성모님의 오솔길을 평탄하게 메워버렸다. 사로브의 수도자들은 이반을 좀 무시하긴 했어도 하느님의 사람인 성인이 이룩한 일들에 별로 관심을 가지지 않았기에 이반의 이런 행동에 공개적으로 반대하지는 않았다. 사실 세라핌 성인을 기억하고 기념하는 일은 수도자들에게 거의 관심의 대상이 아니었다. 수도자들은 이렇게 말하곤 했다. "세라핌 신부를 가장 공경하는 곳은 디베예보이다. 우리가 그를 신뢰하기 위해서는 더욱 놀라운 징표들이 필요하다."

하지만 사람들은 이곳에서 일어난 이상한 일들에 대해서 말하곤 했다. 예를 들어 스타레츠의 무덤에서 빛이 비치는 것을 보았다든가, 성인이 나타난 것을 보았다든가, 성인의 기적들을 경험했다는 등의 말들이 돌았다. 하지만 수도자는 믿는 데 가장 느린 사람들이기도 하다.

이반은 마침내 디베예보에 대성당을 건축할 계획을 세웠다. 세라핌 성인이 그것을 얼마나 마음에 두고 간절히 바랐는지 사람들은 알고 있었다. 하지만 이반의 설계는 거의 자신의 착상에만 기초한 것이었고 성인의 구상에 기초한 것은 아니었다. 이반은 대성당을 디베예보에서 사로브 수도원 방향으로 몇 킬로미터 떨어진 외딴 곳에 세우길 원했다. 그의 의도는 공동체 자체를 대성당 근처로 옮기는 것이었다. 바로 이 극적인 순간에 세라핌 성인의 진짜 제자인 미하일 만트로브가 마치 성인 자신이 보낸 사람처럼 무대에 다시 등장했다.3)

성인이 돌아가셨을 때, 아직 쿠프리아노브 장군의 영지에 있었던 만트로브는 너무 먼 지방에 있어 연락이 힘들었기 때문에 성인의 부음을 곧바로 전해 듣지 못했다. 장군이 그보다 먼저 소식을 들었고 폴란드 전쟁이 끝나자마자 장군은 사로브를 방문했다. 이반은 이번 기회에 세라핌 성인의 공동체 운영에 대해 의심을 심어주겠다는 불순한 의도를 가지고 장군을 맞이했다. 하지만 만트로브는 공동체에 속하는 땅 매입

---

3) 디베예보의 역사에 대해 생각할 때, 우리는 세라핌 성인의 모습을 그의 '고아들'의 모습이나 그의 충직한 친구인 만트로브, 모토빌로브, 프라스코비아, 펠라기아의 모습과 분리할 수 없다는 것을 말해 둘 필요가 있다. 이들에 대해 무게를 두고 언급하는 이유가 바로 여기에 있다.

과 관련된 모든 문서들을 다 가지고 있었다. 성인은 물론 거짓 제자 이반의 간계를 미리 예견하여 만트로브에게 이 모든 문서들을 잘 보관해 두라고 지시했었다. 이반은 장군과 대화하는 동안 만트로브가 앞으로 디베예보에서 중요한 역할을 차지하기 위해 이 모든 것을 보존하는 일에 집착하고 있다고 설득하려 했다. 이반은 분명 성인이 죽고 나면 만트로브가 그의 계획에 가장 큰 장애가 될 것을 잘 알고 있었다. 그래서 이반은 만트로브가 모든 문서를 자기에게 돌려주고 공동체의 땅도 팔도록 설득해 달라고 장군에게 간청하기 위해 허위 계획을 세웠다. 이런 일에 거의 경험이 없고 또 사람 믿기를 잘하는 장군은 이반이 말한 모든 것을 믿었고 그래서 집에 돌아가자마자 만트로브에게 이반 티코노비치가 말한 모든 것을 이행하도록 강요하려 했다. 하지만 장군이 들은 대답은 이것뿐이었다. "원한다면 나를 죽이십시오. 하지만 이 문서들은 어떤 일이 있어도 돌려줄 수 없습니다. 나는 이제야 스타레츠가 나에게 이 모든 것을 왜 맡겨 놓았는지 그 이유를 알게 되었습니다."

만트로브의 고집에 화가 난 장군은 삼 년 동안4)이나 자신을 위해 봉사한 그를 감사의 말 한마디 없이 쫓아내 버렸다. 이렇게 만트로브는 돈 한 푼 없이 아내와 함께 디베예보로 돌아가는 여행길에 올랐다. 여행은 너무나 길고도 힘겨웠다. 먼짓길을 걸으면서도 그들은 마음씨 좋은 이들이 연민의 마음으로 건네준 것들로 양식을 삼으며 자족해 했다. 모스크바에서 어느 날 만트로브가 이베르스카야 동정녀 이콘 앞에 서 있을 때 알지 못하는 어떤 사람이 몇 루블의 돈을 주고는 사라졌다. 이 돈으로 만트로브 부부는 여행을 계속할 수 있었으며 마침내 디베예보에 당도했고 바실리 신부가 그들을 반갑게 맞아 주었다.

만트로브의 아내는 아주 젊은 나이에 디베예보에서 만트로브를 만나 인생의 동반자가 된 이래 언제나 그에게 듬직한 힘이 되어 주었다. 그녀는 하느님의 의도를 굳게 믿었고 세라핌 성인에 대해서 아주 깊은

---

4) 1830년에서 1833년까지.

헌신성을 가진 사람이었다. 디베예보 연보에 수록되어 있는 그녀의 회고담에서 우리는 다음과 같은 이야기를 들을 수 있다. "언젠가 내가 거센 반감을 가지고 있었을 때, 세라핌 성인은 부드럽게 내 손에 성인들의 전기를 건네주고는 한 순교자에 대해 말하고 있는 곳을 펴서 주의 깊게 읽으라고 하셨다. 슬라브어 철자를 알지 못했던 나는 그 글을 해독하고 있는 나 자신을 발견하고는 매우 놀랐다. 글을 훑어보며 지나갈 때마다 내가 읽고 있는 글의 의미가 눈앞에 마치 그림처럼 펼쳐지는 것이었다. 그 후로부터 배우지도 않았던 슬라브어가 나에게 아주 친숙한 언어로 되어 버렸다." 그녀가 읽은 순교자의 고난은 안나 만트로브와 그녀의 남편이 디베예보에서 겪게 될 모든 고난을 예고하는 것이었다.

미하일 만트로브는 공동체 안에서 벌어진 모든 일들을 보고 너무나 슬펐다. 하지만 그는 일개 가난뱅이일 뿐이며 그의 영향력은 보잘 것 없는 것이 되었기 때문에 어떻게 해 볼 도리가 없었다. 이반 티코노비치의 정당치 못한 행위들에 대해 종종 반대의 목소리를 높여 보았지만 그것은 오히려 이반의 적대감을 키울 뿐이었다. 게다가 그는 그의 생애에서 세라핌 성인의 뜻을 지키기 위해 애쓴 모든 노력들이 아무런 결실도 맺지 못할 상황에 처해 있었다. 어느 날, 몇 명의 악한들이 그의 집에 불을 질렀고 그의 몇 푼 안 되는 재산마저 불길에 다 타버리고 말았다. 그러나 다행스럽게도 스타레츠를 기억하고 있던 헌신적인 사람들이 와서 그가 교회 앞에 새로운 거처를 지을 수 있도록 도와주었다. 만트로브는 이 집에서 죽을 때까지 살았다.

이반 티코노비치가 대성당을 짓고자 하는 벌판은 옛날엔 채석장이었는데 지하에 십에서 이십 미터 깊이의 갱이 파여진 곳이었다. 건축가들과 전문가들의 반대에도 불구하고 이반은 기초를 파도록 인부들에게 명령했고, 1848년 6월 4일에는 니즈니-노브고로드의 야곱 대주교를 초대하여 공사를 축복하도록 요청했다.

대주교가 도착하자 만트로브는 그에게 세라핌 성인의 설계에 관해 알고 있는 모든 것을 단숨에 설명했다. 하지만 만트로브는 대주교에게 성인이 어떻게 자신의 누이를 보내 이미 점지해 놓은 땅을 사게 했는지를 이야기했다. 매우 혼란스러워진 대주교는 이반이 인부들과 함께 기다리고 있는 공사 현장을 방문해 보았다. 사천 명 가까이 되는 사람들이 대주교의 도착 소식을 듣고 사방에서 몰려와 나라 전체에 큰 분란을 일으키게 될 공사의 시작을 지켜보려고 조바심을 내며 기다리고 있었다. 이미 밤이 이슥해진 때였지만 대주교는 옛 채석장의 흔적들을 어렵지 않게 발견할 수 있었다. 사람들은 점점 동요하기 시작했다. 사람들은 이반 티코노비치에 대해 수군대기 시작했고, 여기저기서 이반에 대해 불평하는 소리들이 높아졌다. 사람들은 말했다. "기다려 봅시다. 어떻게 세라핌 성인이 대성당을 원래의 자리로 돌려놓는지 잘 봅시다." 그런데 갑자기 대주교가 "세라핌 성인이 예고한 자리, 미하일 만트로브가 나에게 보여준 그 자리에 이 공사가 시작되도록 하느님께서 축복하시길!" 하고 소리쳤고 이 선언을 들은 모든 사람들이 기뻐했다. 하지만 대주교는 말을 계속 이었다. "다른 곳에 새로 땅을 파서 기초를 만들어야 한다면 지금 뭘 어떻게 해야 하겠소? 내일이면 지방의 고위 인사들이 축성식에 참여하러 올 텐데 말이오!" "우리는 수가 많습니다. 그러니 우리 모두가 손을 거들면 될 것입니다." 하고 사람들이 외쳤다. 곧 만트로브의 지휘 아래 사람들이 지시된 땅으로 향했고 작업이 시작되었다. 그동안 이반은 넋이 나가 니즈니-노브고로드 지방의 다른 수도원으로 옮겨가게 해 달라고 요구했다. 부근에 사는 농부들의 도움을 받은 인부들은 밤새도록 일했고, 결국 다음날 세라핌 성인이 지시한 곳에서 성당 기초 축성식을 열 수 있게 되었다. 그러나 불행하게도 10년이 지난 1858년까지도 이 대성당은 완공되지 못했다. 이반 티코노비치가 비록 멀리 떠나가기는 했지만 공사를 방해하려고 온갖 작태를 벌였기 때문이었다.[5] 만트로브는 이로 인해 깊이 상처받았고 큰 병에 걸리지 않았음에도 스스로 죽음을 준비하고 있었다. 세라핌

---

5) 이반 티코노비치는 요사팟이라는 이름으로 수도자가 되었다.

성인이 나타나 "내가 너를 찾으러 오겠다."고 만트로브에게 말씀하셨기 때문이었다. 1858년 7월 7일, 그는 성체성혈을 영한 후 성당을 나가자마자 그냥 긴 의자에 쓰러지고 말았다. 하느님 나라로 갈 시간이 왔던 것이다. 사람들은 그가 온 영혼을 다 기울여 공사 현장을 돌보았던 주님의 탄생 성당 근처에 그를 묻었다.

또한 스타레츠의 임종 시 그 자리에 있지 않았던 '세라핌의 겸손한 종' 모토빌로브에 대해서도 이야기해야 할 것이다. 그는 우리가 기억하고 있듯이 성인에 의해 보로네즈의 안토니 주교에게 보내졌다. 안토니 주교는 그에게 신부이자 친구가 되어 주었다. 병이 다 나은 후 그를 돌보아준 주인의 부탁으로 대주교의 서가에서 얼마 후면 시성될 보로네즈의 미트로판이라는 성인의 생애를 정리하며 얼마간을 아주 평온하고 행복하게 살았다. 하지만 1832년 12월 말경 그는 갑작스런 근심과 스타레츠를 보고 싶다는 강한 열망에 사로잡혔다. 미래를 내다보는 능력이 있었던 안토니 대주교는 그가 떠나도록 내버려 두지 않으려 했다. 스타레츠의 죽음이 모토빌로브에게 가할 고통스런 충격을 예견했기 때문이었다. 하지만 1833년 1월 2일 모토빌로브는 어떤 강력한 감정에 이끌려 갑자기 대주교의 방으로 들어갔다. 대주교는 모토빌로브가 말할 겨를도 없이, 밤 두 시경 한 노인이 나타나 울면서 이 땅에 버려두고 간 한 영혼 때문에 너무도 슬프다는 말을 했다고 전했다. 이 말을 듣고 모토빌로브는 소리쳤다. "오, 저에게 진실을 숨기지 그러셨어요. 저를 불쌍히 여기소서! 그것은 바로 제 영혼을 두고 하는 말이랍니다. 주님께로 가신 스타레츠가 눈물짓는 이 죄 많은 영혼을 불쌍히 여기소서. 아! 저에게 말해주세요. 주교님. 그 노인이 누구인지. 세라핌 신부님이 돌아가시기라도 했다는 것입니까?" 대주교가 대답했다. "그렇다네. 세라핌 신부는 지난밤에 돌아가셨네." "그럼 대주교님께서는 제가 사로브에 가겠다고 했을 때 왜 말리셨나요?" "왜냐하면 그 때 떠났다 해도 이미 늦었기 때문이지. 보로네즈에서 사로브까지 가는 여행길은 삼일도 더 걸리지 않는가." 그러자 모토빌로브는 "지금 당장 떠나겠습니다." 하고 외쳤다. 대주교는 "하느님께서 강복하시길." 하고 축복하였다.

　같은 날인 1월 2일에 대주교는 스타레츠의 죽음을 알리는 전보도 기다리지 않고 주교좌에서 이 슬픈 소식을 선포했고, 존경스런 성인의 영혼을 위해 엄숙하게 기도를 드렸다. 모토빌로브는 곧 길에 올랐지만 세라핌 성인의 장례 예식이 끝난 지 이틀 후인 1월 11일 사로브에 도착하였다. 절망에 빠진 그에게 니폰트 수도원장은 스타레츠가 매일 들고 다니며 읽던 불에 탄 복음경을 전해 주었다. 모토빌로브는 서둘러서 성인과 관련된 기억들을 모으기 시작했다. 또 그는 두 곳의 은둔처에 있었던 성인의 오두막들을 사들여 디베예보로 옮겨놓고 이를 소성당으로 개조했다. 얼마 후, 그는 스타레츠의 어린 시절과 청소년 시절에 대한 기억들을 수집하기 위해 쿠르스크로 여행을 떠났다. 하지만 그 결과는 보잘것없었다. 세라핌 성인의 형님도 오래 전에 성인이 예언한 대로 성인이 돌아가신 지 며칠 안 되어 세상을 떠났기 때문이었다. 성인의 부모가 살던 집도 도로 확장을 위해 헐렸기 때문에 더 이상 남아있지 않았다. 이웃의 노인 한 분만이 젊은 프로코르를 알고 있다고 대답했는데 이 노인으로부터 모토빌로브는 우리가 알고 있는 스타레츠의 어린 시절에 관한 몇몇 상세한 사실들을 수집할 수 있었다. 사로브로 돌아오는 길에 모토빌로브는 이반에게 들러 이 사실들을 들려주었다. 모토빌로브는 여전히 이반을 진정한 친구로 생각하고 있었기 때문이었다. 이반은 1849년에 출판되는 세라핌 성인의 전기를 쓸 때 이 사실들을 이용했다.

　하지만 쿠르스크로의 이 여행은 모토빌로브에게 정말 무서운 결과를 초래했다. 자신의 회고담6)에서 밝히고 있듯이, 악마는 그가 세상에 스타레츠를 알리기 위해 착수한 일들을 좌초시키려 했다. 즉 수집한 여러 가지 사실들을 적어놓은 메모를 훑어보며 사로브로 돌아오는 길에 갑자기 여러 가지 의심이 그를 사로잡았다는 것이다. 과연 악마가

---

6) *Cahiers NN*, pp. 40-60. *Mémoires de N.A. Motovilov.*

세라핌 신부님과 같은 정련된 성성을 가진 사람들에게 이토록 무시무시한 유혹을 가할 수 있는 것일까? 이 모든 것이 그에게는 가능하지 않은 것처럼 보였다. 이렇게 생각에 몰두하고 있을 때 갑자기 차가운 구름이 몰려와 그를 감싸더니 몸속으로 침투하여 사지를 마비시키고 심지어는 십자성호조차 긋을 수 없게 만드는 것이었다. 이를 두고 그는 "악마가 나에게 가한 고문은 정말로 지옥이나 다름없었다."라고 회고했다. 그런데 이런 공격은 거의 삼십년 동안이나 계속 반복되었다. 하지만 친구인 모토빌로브의 전 생애에 대한 계시를 받았던 세라핌 성인은 언젠가 그에게 이렇게 말했었다. "주님께서 나에게 보여주시지 않았다면 나는 아마도 자네처럼 복잡한 영혼을 가지고 있는 사람이 이 땅 위에 또 있을까 의심하지 않을 수 없었을 거네. 하느님의 친구여, 자네의 모든 생애는 정말 괴상하고 환상적인 일들로 가득 찰 거네. 자네 안에 있는 육적인 것이 영적인 것과 너무도 교묘하게 섞여 있어서 도저히 이들을 분리할 수 없기 때문일세. 하지만 오랜 고통의 시간들이 지나면 마침내 주님께서 자네에게 그리스도 안에서의 평화로운 죽음을 선사해 주실 것이네." "그러면 이 땅에서 제가 살아갈 생애는 어떤 것입니까?" 모토빌로브가 질문했을 때, 성인은 이렇게 대답할 뿐이었다. "주님께서는 내가 그것을 자네에게 드러내지 못하게 하셨네. 단지 자네에게 말할 수 있는 것은 사람들이 자네를 비난하면 하느님께 감사드리고, 또 사람들이 자네를 박해해도 평화를 지키고, 사람들이 자네에게 악을 행할 때도 자네의 마음은 기쁨으로 충만하도록 하라는 것일세! 하느님의 친구여, 자네와 내가 이 땅에서 걸어가야 할 길이 바로 이것이라네." 이것이 모토빌로브가 스타레츠와 가진 마지막 대화였다. 처음으로 세라핌 성인을 방문했을 때 성인은 수호천사가 모토빌로브와 함께 있는 것을 보았지만 지금은 악마가 이 비범한 영혼에게 다가오는 것을 보고 있었다. 그래서 성인은 죽기 전에 모토빌로브를 안토니 대주교에게 보냈던 것이었다. 그가 장차 성인이 될 영적 신부와 영적 친구를 가질 수 있도록 하기 위해서였다.

모토빌로브는 비록 거룩한 성모님께 자신을 온전히 헌신하겠다고 결심했지만 세상과의 인연을 과감하게 단절할 수는 없었다. 그는 여전히 젊고 청초한 야시코바를 사랑하고 있었지만 야즈코바는 그의 사랑을 단호하게 거부했다. 이 때문에 그는 너무도 깊은 절망을 경험해야 했다. 그녀는 얼마 후에 유명한 작가이자 신학자이며 철학자이기도 한 코먀코브와 결혼했고 그를 통해 영혼의 고양과 섬세함을 진작시켜 나갔다. 모토빌로브는 온갖 모순으로 가득 찬 생을 살면서 스타레츠가 미리 정해둔 약혼녀를 기다리고 있었다. 그는 공동체를 너무 사랑해서 성당만 출입하며 디베예보를 떠나지 않고 몇 달을 살 수도 있었다. 하지만 그는 또한 장거리 삼두마차 경주를 거의 미칠 지경으로 좋아했다. 러시아의 두 위대한 인물들이자 하느님의 사람들인 세라핌 성인과 안토니 대주교는 그를 친구이자 비밀을 나누는 사람으로 간주했지만 세상 사람들은 그를 마치 미치광이처럼 생각했다.

사로브에 있었던 어느 해 봄, 그는 갑자기 안토니 대주교와 함께 부활절 철야예배를 드리기 위해 보로네즈로 가야겠다는 걷잡을 수 없는 충동을 느꼈다. 호수와 강의 얼음이 아직은 모두 녹지 않아서 모토빌로브는 썰매를 타고 무사히 통과할 수 있기를 희망했다. 모토빌로브는 여행을 만류하는 니폰트 수도원장에게 "신부님도 제 말들이 얼마나 훌륭한지 아시지요?" 하고 말했다. 실제로 심비르스크에 있는 그의 소유인 종마 사육장은 러시아 전역에서 다 알만한 곳이었고 심지어는 짜르 황제에게 여섯 말이 끄는 매우 아름다운 마차를 바친 적도 있었다. 모토빌로브는 부활절 전야에 출발했다. 그는 보로네즈로부터 약 오십 킬로미터 떨어진 어느 마을에 도착했고 마을 농부들은 멀지 않은 곳에 있는 수문이 열릴지도 모르며 이미 얼음이 녹아 깨지기 시작했다고 경고했다. 그러나 충동을 억누를 수 없었던 모토빌로브는 되돌아가길 원하지 않았다. 삼두마차는 화살처럼 건너편 둑을 향하여 내달렸다. 썰매가 강 한가운데 이르렀을 때 수문이 열렸고 물결이 모토빌로브를 덮쳐 마차를 함께 집어삼켰다. 그는 건너편 둑에 당도했을 때에야 비로소 정신을 차렸고 말들과 마부는 다친 데 하나 없이 온전했다. 모토빌로브는 썰매에 들어찬 물을 퍼내고 다시 "가자!" 하고 소리쳤다. 그는 정확히 부활절 성찬예배가 시작되려 할 즈음에 도착했다. 대주교는 거처에서 나와 성당을 향하고 있었다. 대주교는 반갑게 말했다. "보로네즈의 미트로판 성인이 나에게 자네의 도착을 알려 주었다네. 가서 얼른 옷을 갈아입고 주님께 감사드리러 가세!" 모토빌로브의 짐 가방과 안에 있는 것들은 물 한 방울 묻지 않고 모두 그대로였다.

이 부활절 예배는 그의 생애 내내 마치 하나의 장엄한 환상처럼 지울 수 없는 기억으로 남아 있었다. 모토빌로브는 대주교가 빛으로 둘러싸인 것을 보았고, 대주교가 성찬 기도문을 외고 있을 때 불의 혀들이 그의 입에서 튀어나와 집전자들과 신자들에게 임하였다. 하지만 이 신적인 불꽃이 모든 참례자들에게 다 임한 것은 아니었다. 어떤 이들은 빛처럼 빛났고 다른 이들은 반대로 숯처럼 검었다. 대주교는 전례가 진행되는 동안 "하느님의 은총이 임하시는 것을 보았느냐?"라고 묻기나 하듯이 두세 번 깊은 시선으로 모토빌로브를 바라보았다. 모토빌로브는 이에 대해 "예, 보았습니다. 이로 인해 제 마음이 한없이 기쁩니다!"라고 대답하는 듯한 시선을 대주교에게 보냈다.

거룩한 성찬예배를 마친 후 이 두 신비가는 하느님께서 사람들에게 보여 주시는 신비에 관하여 대화하며 밤을 지새웠다. 이를 통해 이미 이 두 사람을 엮어준 우정의 관계가 더욱 깊어졌다.

1840년 모토빌로브는 디베예보에서 일 년을 보냈고 그 동안 스타레츠가 예언한 신비의 약혼녀를 알게 되었다. 그녀는 그 아름다움과 절제됨이 모토빌로브의 마음을 온통 사로잡은 열일곱 살의 처녀였다. 모토빌로브는 그녀와 결혼했다. 젊은 마리아의 조카인 옐레나 멜리우코바는 농민 출신이었다. 이것이 많은 사람들에게 실망을 안겨 주었다. 부부는 심비르스크의 소유지에 정착했고 자주 디베예보를 찾아와서 모토빌로브가 세운 집에서 오랫동안 휴가를 보내곤 했다. 수녀들의 공동체는 모토빌로브의 방문에서 많은 유익을 얻었다. 그는 '먹을 것을 가져다주는 아버지'와 같이 행동했기 때문이다. 1848년 두 수녀 공동체가 합병되었을 때, 만트로브의 설명을 듣고 모토빌로브는 이반 티코노비치의 사악한 행위를 알게 되었다. 그는 언젠가 이렇게 말하기까지 했다. "만약 내가 그때 있었더라면 만사가 이렇게 결판나지는 않았을 텐데. 나는 이 합병의 날을 가장 불행한 날 중의 하나라고 생각합니다. 왜냐하면 그는 거룩한 스타레츠의 뜻에 반하여 끔찍한 의도를 드러냈기 때문입니다."

이반은 승리의 고비에 서 있었다. 그는 전 수녀원장이 사임한 후 새 수녀원장을 선출하는 데 있어서 자기에게 유리한 수녀가 수녀원장이 되도록 하기 위해 상트페테르부르그에서 분주하게 선동을 하며 시간을 보내고 있었다. 그는 자신에게 헌신을 다짐한 농민 출신으로 꽤 교육받은 글리케리야 수련수녀를 새 수녀원장으로 점찍어 놓고 있었다. 그는 예술 전문학교에서 음악과 미술을 공부하도록 그녀를 포함한 몇 명의 수녀들을 상트페테르부르그로 보냈다. 이 수녀들은 그곳에서 디베예보 공동체의 후원 조직들을 만들었다. 황실 가족의 몇몇 사람들이 수련수녀들에게 관심을 갖게 되었고 그들을 통해서 이반은 궁정에서 확고한 위치를 잡을 수 있었다. 그는 또한 성 시노드가 디베예보 공동체에 수도원의 위상과 권리를 부여하게 해달라고 황후를 설득하는데 성공했다.

1858년 만트로브가 사망했다. 요사팟(이반 티코노비치) 신부는 모토빌로브를 두려워할 이유가 하나도 없다고 생각했다. 왜냐하면 그는 어느 모로 보나 자기가 모토빌로브보다 우월하다고 확신했기 때문이다. 하지만 스타레츠 세라핌 성인을 충실히 기억하고 있던 수녀들은 요사팟 신부의 부재를 틈타 엘리자벳 우차코바 수녀를 수녀원장으로 선출하는 데 만장일치를 보았다. 1844년 스물다섯 살 나이로 디베예보에 들어온 엘리자벳은 그녀의 온화함과 세라핌 성인에 대한 헌신과 영적인 삶과 지적인 총명함으로 공동체 전체의 관심을 끌기에 충분했다. 귀족 출신인 그녀는 좋은 교육을 받았고 음악과 성악을 공부했으며 회계에도 능력이 있었다. 하지만 공동체의 후견인으로 자처한 요사팟 신부는 이 수녀를 허드렛일이나 하게 만들었다. 1860년 그녀는 이제 나이 사십을 넘겼고 그녀의 겸손과 강직함은 모든 사람들의 존경을 받기에 부족함이 없었고 그래서 공동체를 지휘하는 자리에 오를 충분한 자격을 갖추게 되었다. 1861년 요사팟 신부와 친분이 깊었던 니즈니-노브고로드의 넥타리이 대주교는 디베예보 공동체를 수녀원으로 격상시킨다는 내용의 성 시노드 칙서를 받았다. 이를 계기로 새로운 수녀원장을 임명해야 했다. 왜냐하면 엘리자벳 수녀는 아직 수도서원을 하지 않은 상태였고 따라서 그녀가 수녀원장으로 선출된 것은 교회 지도자들에게 타당하지 않은 것으로 여겨졌기 때문이었다. 1861년 5월 18일 넥타리이 대주교는 수녀원으로의 승격을 수녀들에게 알려주고 수녀원장을 선출하기 위해 디베예보를 방문했다. 그의 방문은 하느님의 섭리로 모토빌로브의 도착과 일치했다. 모토빌로브는 아내와 두 딸을 데리고 이날 디베예보에 도착했던 것이다. 그는 두 딸을 기숙학교에 입학시키기 위해 모스크바로 떠났으나 공교롭게도 도중에 마차 바퀴가 망가져 다시 돌아올 수밖에 없었고 돌아오는 길에 디베예보에 들렀던 것이었다. 집으로 가는 길에 그는 아내의 고모인 복된 프라스코비아 멜리우코바 수녀를 만났다. 세라핌 성인의 샘에서 오는 길이었던 프라스코비아 수녀는 그곳에서 있었던 일을 이야기해 주었다. 즉 샘에서 요사팟 신부의 총애를 받고 있는 글리체리야 수녀를 만났는데, 그녀가 샘에 다가오자 샘물이 출렁이며 크게 요동쳤다는 것이었다. 프라스코비아 수녀는 이렇게 말했다. "디베예보에서 일어난 모든 일의 원인은 바로 글리체리야야. 이제 앞에 나서서 증언하고 행동해야 할 때가 왔어. 세라핌 성인은 내가 그렇게 하면 그것으로 모든 것이 종말을 고할 것이니 두려워하지 말고 진실을 말하라고 나에게 명령하셨어."

수녀원으로 돌아온 프라스코비아 수녀는 이콘 앞에 있는 초에 불을 붙이고 악마들의 힘을 물리치기 위해 향을 피웠다. 프라스코비아 수녀는 그 이유를 이렇게 증언했다. "악마들은 사방에서 몰려옵니다. 창문으로 기어들어 오고 문을 박차고 들어오기도 하지요. 하지만 우리를 어떻게 하지는 못할 것입니다. 세라핌 성인이 우리를 보호해 주니까요!" 그녀는 더욱 열렬히 성인을 찬양했고, 또 여러 가지 환상을 보거나 예언을 하기도 했고, 마치 옆에 두고 이야기하듯 자주 세라핌 성인에게 말을 걸기도 했다. "신부님 기억하세요? 맷돌에서 저를 구해내어 땅에 뉘어 놓으셨던 날 말이에요. 마치 제가 가야할 가시밭길을 예고라도 하듯이 그렇게 하셨잖아요. 지금 신부님은 아주 어려운 탐험을 하고 계셔요. 오, 하느님의 뜻이 이루어지이다!" 그러고 나서 그녀는 젊은 마리아가 죽은 뒤 대신 맡아 키웠던 조카 엘레나 모토빌로브를 오게 해서 작별인사를 나누었다. 얼마 후 그녀는 모토빌로브에게 자신의 죽음이 임박했음을 알렸고 그에게 진리를 위해 투쟁해야 할 그의 의무를 상기시켜 주었다.

그런데 프라스코비아 수녀의 방안에서 이런 일이 일어나고 있을 때 넓은 마당 한쪽 끝에서는 예전에 스타레츠가 "고아들을 잘 돌보라."고 지시를 내렸던 복된 펠라기아가 아주 이상한 징조로 인해 두려움에 사로잡혔다. 그녀는 "폭풍이 몰려오고 있어요!" 하고 말했다. 사실 하늘도 다가올 사건들에 참여하는 것 같았다. 검은 구름이 겹겹이 쌓였고 번개들이 하늘을 갈라놓고 멀리서는 천둥소리가 요란하게 울려 왔다. 곧이어 폭풍이 몰려와 폭우가 쏟아지기 시작했다. 그럼에도 불구하고 펠라기아는 마당으로 나가 사람들이 램프등과 횃불을 밝히고 종소리를 울리며 넥타리이 대주교의 입장을 맞이하는 모습을 멀리서 밤새 지켜보았다. 그녀는 기도하며 밤을 새웠다.

다음 날, 대주교는 세라핌 성인의 '고아들'에 의해 수녀원장으로 선출된 엘리자벳 수녀를 불러서 사임할 것을 지시했다. 엘리자벳 수녀는 다른 수녀원으로 보내질 게 분명했다. 이 지시를 전해들은 수녀들은 "우리는 엘라자벳 이외의 다른 수녀원장을 원치 않습니다!" 하고 소리쳤다. 그런데 대주교가 공동체에 대한 전반적인 감사를 벌이며 수녀들의 독방을 찾아가고 이 예기치 못한 반항에 대해 질책하는 사이, 두 명의 복된 사람, 즉 두 명의 '그리스도를 위한 바보'들이 각자의 방식으로 독방 안에서 비밀스럽게 광기를 드러냈다. 아주 조용하고 수줍음 많은 프라스코비아 수녀는 유리창을 깨부수고 창밖으로 소리쳤다. "펠라기아, 세라피마, 어서 와 나를 좀 도와줘요!" 반면 펠라기아는 땅바닥에 앉아 기도하고 있었다. 이 두 복된 수녀들의 기이한 행동은 공동체에 커다란 감동을 불러일으켰다. 그것은 보이지 않는 힘이 수녀원을 괴롭히고 있으며 두 복된 수녀는 그들의 행동을 통해 이 보이지 않는 세계에서 본 것들을 재연하는 것 같았다.

하루가 극심한 혼란과 격동으로 지나갔다. 대주교는 매우 당황했지만 감히 성 시노드의 결정에 저항할 수는 없었다. 5월 19일 저녁, 대주교는 수녀원장 선출을 위해 오백여 수녀들을 식당으로 불러 모았다. 그것은 단지 형식적인 절차에 불과했다. 왜냐하면 이미 결정은 내려졌고 글리케리야가 수녀원장이 되는 것은 불을 보듯 뻔한 것이었기 때문이었다. 엘리자벳 수녀를 따르는 사백육십여 명의 수녀들이 대주교에게 엘리자벳을 수녀원장으로 유임시켜 달라고 간청했던 반면, 사십여 명에 불과한 요사팟 신부 추종 수녀들만이 강 건너 불 보듯 했다. 대주교의 준엄한 목소리와 '고아들'의 오열 소리가 식당을 가득 울리고 있을 때 모토빌로브가 들어왔다. 그는 매우 흥분했고 피가 거꾸로 솟아 뭔가 행동하지 않으면 안 되겠다고 결심했다. 대주교는 아무 말도 없이 식당을 나가 버렸다.

다음 날, 대주교는 보제에게 성찬예배가 끝난 후에 글리케리야 수녀가 새 수녀원장으로 임명되었음을 알리라고 지시했다. 수녀들은 오열하고 여기저기서 수군대는 소리가 들렸다. 예브독시아 대수녀(세라핌 성인에게 동정 성모님이 나타나셨을 때 함께 있었던)는 더 이상 참고 있을 수만은 없었다. 그녀는 분개한 나머지 이렇게 외쳤다. "주교님, 제발 삼십 년 동안이나 요사팟 신부의 박해로 고통을 당해 온 우리를 불쌍히 여겨 주십시오. 이제는 주교님까지 우리를 짓누르고 있군요! 하지만 이것만은 분명히 알아두십시오. 우리들 중 누구도 글리케리야를 받아들이지 않을 것입니다!"

예배를 마친 후 주교는 요사팟을 추종하는 수녀들과 새로 임명된 수녀원장을 방문했다. 수도생활이 오래된 수녀들을 중심으로 나머지 수녀들은 하루 종일 기도에 전념했다. 식사 하던 중 복된 프라스코비아 수녀가 갑자기 식당 한 가운데로 뛰어나가더니 대주교 앞에 꼿꼿이 서서 이렇게 말하는 것이었다. "오, 불의하고 불경스런 심판관이여, 정의가 어디에 있는지 나에게 말할 수 있느냐?" 그리고 또 이렇게 덧붙였다. "당신이 그렇게 못하겠다면, 짜르 황제 자신이 우리의 심판관이 될 것이다!" 프라스코비아를 아주 높은 영성의 소유자로만 알고 있던 대주교는 너무 놀랐다. 그는 수녀의 분노에 두려움을 느꼈다. 자신의 사명을 마친 프라스코비아 수녀는 세라핌 성인이 예언했던 것처럼 자기 독방으로 들어가서 임박한 죽음을 기다렸다. 대주교가 떠난 지 9일째 되던 날인 1861년 6월 1일, 주님의 승천 축일에 프라스코비아 수녀는 평안히 잠들었다. 글리케리야가 대주교에게 이 소식을 알렸을 때, 대주교는 강렬한 감정에 사로잡혀 "아, 하느님의 위대한 여종이여!" 하고 말할 뿐이었다.

한편 펠라기아는 길가에 앉아서 대주교의 행렬이 지나가기를 기다리고 있었고, 그런 그녀를 대주교가 발견하고 마차에서 내려 몇 걸음을 걸어 그녀에게 다가갔다. 하지만 펠라기아는 대주교에게 등을 돌렸다. 대주교가 가지 않고 버티자 펠라기아는 조용히 일어나 갑자기 대주교의 뺨을 때렸다. 대주교는 다른 쪽 뺨을 대며 "자, 이쪽도 때리시오" 하고 말하였다. 하지만 펠라기아는 "한 대로 충분합니다!"라고 말하고 가버렸다. 대주교는 이 사건의 의미를 알아채지 못했다. 이는 하느님의 음성이 때때로 고위 성직자들이 아니라 보잘것없는 단순한 사람들, 광인들에게 들려진다는 깊은 확신이 러시아에 존재했다는 것을 증언해 준다. 이들의 말과 행동은 비록 상식을 벗어나는 것이었지만 진리를 드러내 주었기 때문이다.

글리케리야 수녀가 수녀원장으로 선출된 다음날 모토빌로브는 모스크바로 갔다. 그의 때가 온 것이다. 도착하자마자 그는 친구들을 찾아가 의논했다. 코먀코브는 러시아 전역을 휩쓴 콜레라 전염병으로 얼마 전에 사망했다. 그의 사촌이자 친구인 키리예브스키이 또한 사망했지만 그의 미망인은 크게 기뻐하며 그를 맞아 주었다. 미망인은 세라핌 성인을 잘 알고 있었고 사로브도 몇 번 방문했던 적이 있었기에 디베예보에서 일어난 일들을 알고는 매우 침통해 했다. 그녀는 모토빌로브에게 총대주교 필라렛을 만나서 알고 있는 모든 것을 그에게 이야기해 보라고 조언했다. 올곧고 지혜와 판단이 공평한 사람으로 잘 알려지고 존경받던 총대주교는 성 세르기이 삼위일체 대수도원에서 황제 부부의 도착을 기다리고 있었다. 이 때 이 대수도원의 수도원장은 세라핌 성인을 잘 알고 또 크게 존경해 왔던 안토니 신부였다. 스타레츠는 안토니 신부가 장차 이 수도원의 수도원장이 될 것이라고 예언한 바 있었고, 또 자신이 발휘한 이 예언의 은사에 대해 그에게 자세히 설명해 주었다고 한다. 안토니 신부가 마지막으로 사로브를 방문했을 때 스타레츠는 그와 헤어지며 이렇게 말했었다. "내 고아들을 결코 잊지 마오!" 모토빌로브의 이야기를 주의 깊게 들은 안토니 원장은 총대주교에게로 가서 사정을 모두 말했다. 그런데 마침 이 날 황제가 가족과 함께 이 수도원에 도착했다. 다음 날 총대주교는 황제 곁에서 황실에서 온 손님들을 위해 베푼 식사를 함께 했다. 거기서 얼마 안 되는 곳에는 요사팟 신부를 보호해 주는 몇몇 궁정 인사들이 자리 잡고 서로 밀담을 나누고 있었다. 이때 디베예보 사건이 거론되었고 총대주교는 이 기회를 이용해 짜르에게 상황을 설명했다. 그러자 짜르는 "사실은 나도 황후가 요사팟 신부에 대해 말할 때 요사팟 신부의 말을 크게 믿지 않았습니다." 하고 말했다. 황제는 디베예보에서 일어난 일들에 대해 다시 철저히 조사해 보라는 지시를 내렸다.

    필라렛 총대주교가 1867년 11월 1일에 이시도르 대주교에게 보낸 편지를 보라.[7] "... 조사관들이 보고서를 작성하고 있으며 조만간 디베예

---

7) 『필라렛 총대주교의 서신들』, 1권, 27쪽. 모스크바.

보 사태에 대한 정확한 정보를 얻을 수 있게 될 것입니다. 글리쾌리야의 선출은 완전히 자의적인 것이었음이 확인되었습니다. 요사팟 신부는 용납할 수 없는 방식으로 일을 처리했습니다. 그러므로 나는 대주교님께서 넥타리이 대주교에게 다른 주교구를 맡기도록 조처해 주시길 바랍니다. 그것은 너무나도 정당한 일입니다."

필라렛 총대주교는 디베예보 공동체를 니즈니-노브고로드의 대주교가 아니라 탐보브의 대주교 관할 하에 두도록 조처하는 데 성공했다. 또 그 후로는 요사팟 신부가 공동체의 관할 구역에 나타나는 것이 금지되었다.

필라렛 총대주교의 조치 덕분에 모든 것이 제자리를 잡아갔고 디베예보에는 다시 평화가 찾아왔다. 요사팟을 추종했던 수녀들은 쫓겨났고 엘리자벳 대수녀는 공동체의 수장으로 인정되었다. 엘리자벳은 대수녀 마리아라는 이름으로 서원을 했다. 이렇게 해서 세라핌 성인이 예언했던 모든 일이 성취되었다. "너희 공동체에서의 모든 일들은 두 번째 수녀원장이 들어서며 함께 해결될 것이다." "가라지가 다 제거되면 대마는 더욱 크고 아름답게 자라날게다."

1864년, 마리아(엘리자벳) 대수녀는 성당 기초 축성식 이후 완전히 방치된 대성당 건축공사를 재개했다. 세라핌 성인이 원했던 대로 성 삼위일체의 이름으로 세워진 이 대성당은 모토빌로브가 사망하기 사년 전인 1875년이 되어서야 완공되었다. 모토빌로브는 생애의 마지막 몇 년 동안 그 이전에는 결코 맛본 적이 없는 내적 평화를 얻었고 정치와 세상사를 멀리하며 살았다. 그는 대부분의 시간을 순례여행에 바쳤다. 그래서 광활한 러시아의 많은 수도원에서 그는 큰 키에 긴 턱수염과 물결치는 머릿결을 가진 귀족적이고 열정적인 풍모의 비범한 신사로 잘 알려졌다. 그렇지만 그는 언제나 '괴팍한' 성격을 또한 유지했다. 디베예보에 올 때면 날씨가 어떠하든지 간에 그는 항상 동정 성모의 오솔길을 한 바퀴 돌곤 했다. 또 그는 혹심한 겨울 오솔길을 따라 축조된 성벽이 얼음 눈으로 뒤덮여 있어도 사람들의 조롱에도 아랑곳

하지 않고 무릎을 꿇고 손을 짚고 엉금엉금 기어가는 것이었다.

"아하, 미콜카(펠라기아 수녀는 그를 이렇게 불렀다), 당신은 정말 미쳤군요, 정말 나만큼이나 미쳤어요." 복된 펠라기아 수녀는 말하곤 했다. 하지만 펠라기아 수녀는 그를 참으로 이해할 수 있었던 거의 유일한 사람이었다.

펠라기아 수녀처럼 모토빌로브도 스타레츠의 지시를 잘 지켜서 프라스코비아가 예언한 것처럼 짜르에게 알려줌으로써 그의 사명을 다하였던 것이었다. 이제 그는 평안히 눈감을 수 있었다.

얼마 전 그는 아내에게 꿈 이야기를 해 주었는데, 하늘의 여왕이신 성모님이 꿈속에 나타나 그를 전혀 가보지 못한 곳으로 데려갈 것이며 거기서 이름도 들어보지 못한 수많은 성인들을 보여 주겠다고 약속하셨다는 것이었다. 1879년 1월 14일, 그는 심비르스크에 있는 자신의 영지에서 아내와 두 딸 그리고 네 명의 아들을 남겨두고 평화롭게 안식했다. 그는 세라핌 성인이 원했던 대로 디베예보에 묻혔다.

1927년에도 그의 무덤은 여전히 그곳에 있었다. 다섯 그루의 커다란 자작나무가 마치 모토빌로브와 함께 묻힌 네 아들의 존재를 상징하기라도 하듯이 무덤 위에 자라나 있었다. 그 중 한 그루는 비석 앞의 통로에 서 있었고 나머지 네 그루는 네 모퉁이에서 자라고 있었다. 우리는 디베예보의 고문서실에 있었던 그의 문서들이 어떻게 되었는지 알지 못한다. 단지 그 중의 몇몇 단편만이 치차코브 신부에 의해 출판되었다. 성령에 관한 모토빌로브와 세라핌 성인의 대담은 작가인 닐루스가 그의 아내에게서 전해 받아 알려지게 되었다.

하느님의 사람인 세라핌 성인의 생애를 묵상하면 할수록, 성인을 둘러싸고 있던 독특한 영혼들의 빛나는 존재야말로 우리에게 알려진 성인 자신의 진면목과 영적인 위대성을 더욱 돋보이게 해 준다는 사실이 더욱 분명해진다. 그 중에서도 우리는 펠라기아와 프라스코비아라는 두 명의 '그리스도를 위한 바보'에 대해 묵상하지 않을 수 없다. 우리가 이미 보았듯이 디베예보 공동체가 수도원으로 승격되는 데 있어서 그들이 한 역할은 참으로 크고 신비로운 것이었다.

1837년부터 디베예보에 정착한 펠라기아는 이반 티코노비치가 파괴하지 않고 남겨둔 유일한 곳을 자신의 거처로 삼았다. 어머니와 남편의 온갖 능욕을 참아낸 후였지만 그녀는 디베예보에서조차 편하고 안온한 삶을 살 수가 없었다. 누구에게도 아첨하는 법이 없이 사람들에게 진실을 있는 그대로 이야기하는 그녀의 방식 때문에 누구도 그녀에게 호감을 갖지 않았다. 하지만 이런 괴상망측한 말과 행동이 그녀에게 가져다주는 박해는 그녀를 기쁘게 할 뿐이어서 그녀는 일부러 자신의 행동으로 박해를 야기하는 것 같았다. 언젠가 수도원에서 불이 난 후 그녀는 마당의 물과 벽돌 조각으로 가득 찬 웅덩이에 있었다. 펠라기아의 일과는 있는 힘을 다해 물이 찬 웅덩이를 벽돌 조각들로 메우는 것이었다. 저녁이 되면 쓸데없어 보이는 이 노동을 마치고 흠뻑 젖은 몸으로 집에 돌아오지만 그녀는 잠도 자지 않고 그녀의 독방 한 쪽 구석에 모셔진 동정녀 이콘 아래에 앉아 있곤 했다. 1848년, 그녀의 남편이 콜레라로 사망했을 때도 펠라기아는 직관의 은사로 그것을 느끼고 "그가 죽었어요, 그가 죽었어요." 하고 소리쳤다. 그녀가 공동체 밖에서 예언의 은사로 널리 알려지자 그녀의 가족은 그녀에게서 뭔가 유익을 얻어 볼까 하고 선물을 들고 그녀를 찾아와서 그동안 괴롭혔던 모든 일에 대해 용서를 구했다. 펠라기아는 "하느님께서 당신들을 용서하시길!" 하고 간단하게 대답했다. 사로브 혹은 디베예보를 찾아온 많은 순례객들이 그녀를 보러 갔는데, 그들 중에는 "미친 파샤(Pacha)"라고 불리는 그 유명한 프라스코비아도 끼어 있었다. 이 두 여인은 뭔가 서로 이야기해야 할 대단히 중요한 일을 가지고 있는 듯했다. 하지만 사람들은 이 두 명의 '하느님의 바보들'이 말하는 것을 이해할 수 없었다. 1861년 말에 마리아 대수녀가 다시 수녀원장이 되어서야 펠라기아는 조용해졌다. 펠라기아는 좀처럼 독방에서 나오지 않았고 항상 그녀가 좋아하는 독방 한 구석에 앉아 있었다. 그녀는 들꽃을 좋아해서 사람들은 그녀에게 늘 많은 꽃을 꺾어다 주곤 했다. 그러면 펠라기아는 그 꽃으로 이콘이나 세라핌 성인의 초상화를 장식할 화관을 만들었다. 펠라기아는 수많은 밤을 눈물로 기도하며 지새우기도 했고 그래서 그녀의 눈은 늘 빨갛게 충혈되어 시력을 잃을 뻔했다. '해방자'라 불리는 짜르 알렉산드르 2세[8]가 암살되는 1880년이 다가오자 펠라기아는 "아, 당신들이 앞으로 일어날 일을 알고 있는가! 그 엄청난 불의를!"이라고 말했다. 펠라기아는 겸손하고 인내심이 많고 순종적이며 모욕과 경멸 앞에서도 웃음을 잃지 않고 고요함을 유지하는 사람이 되어갔다. 그녀는 사람들이 이야기해 주지 않아도 수도원에서 어떤 일이 벌어지고 있는지 훤히 알았다. 인근에 출몰하는 강도떼에 대한 소문이 퍼지자 수녀들은 문단속을 더욱 철저히 하려고 했는데, 펠라기아는 오히려 '수녀원을 보살필 분들이 잘 보살펴 줄 것'이니 공동체에는 아무 위험도 없을 것이라고 조용히 말할 뿐이었다. 그때 사람들은 수비병들의 목소리를 들었고 수녀들은 안심했다. 하지만 펠라기아는 "이 수비병들이 아니고 하느님께서 우리를 맡기신 분들을 말한 것이에요." 하고 주의를 환기시켰다.

세라핌 성인을 매우 공경했지만 펠라기아는 단 한 번도 성인의 무덤에 기도드리러 가지는 않았다. 그녀는 "신부님이 우리와 늘 함께 계시는데 왜 그곳에 가겠습니까!" 하고 말했다. 펠라기아는 가끔씩만 성체성혈을 영했고 고해성사를 드리는 일은 거의 없었다. 이를 두고 사람들이 그녀를 비난하면 펠라기아는 단지 "세라핌 성인은 나에게 죽을 때까지 지을 죄를 다 용서해 주셨으니까요." 하고 말할 뿐이었다. 게다가 바실리 신부님도 "그녀를 그냥 내버려 두세요. 이 하느님의 여종은 여러분들보다 더 훌륭하며 주님의 일을 잘 알고 있습니다!" 하고 말하면서 수녀들이 펠라기아를 괴롭히지 못하도록 했다.

1882년에 한번은 펠라기아와 방을 같이 쓰고 있던 수녀가 밤에 사제와 보제 두 명이 거룩한 성체성혈을 들고 방으로 들어가는 것을 보았

---

[8] 알렉산드르 황제는 러시아에서 농노제를 폐지했다. 그래서 '해방자'라는 수식어가 그의 이름에 따라다니게 되었다.

다. 이 수녀는 믿기 힘든 꿈을 꾸고 있는 것이라고 믿었다. 하지만 꿈 같은 일이 계속되었다. 발걸음 소리가 멀어지나 했더니 누군가가 나온 뒤에 문이 닫히는 소리가 들렸기 때문이었다. 수녀는 펠라기아가 무엇을 했는지 보려 했다. 펠라기아는 기쁨으로 빛나고 있었다. 하지만 펠라기아는 수녀의 질문에 좀처럼 대답하려 하지 않았다. 그래서 수녀는 잠을 자지 않는 펠라기아를 지켜보기 시작했다. 수녀는 우리에게 이렇게 전한다. "그런데 갑자기 세라핌 신부님의 목소리가 들려왔어요. 펠라기아는 신부님과 말을 주거니 받거니 했고요. 나는 대화의 줄거리를 파악할 수 없었어요. 그러나 그들이 공동체에 대해서 이야기하고 있다는 것은 이해할 수 있었죠. 목소리가 잠잠해졌을 때 나는 복된 펠라기아 수녀에게 다가가서 물어 보았어요. '당신과 함께 대화한 분이 정말 세라핌 신부님이었나요? 나는 그분의 목소리를 알 수 있어요.' 하지만 펠라기아 수녀에게서 어떤 대답도 듣지 못했어요."

펠라기아는 자주 실을 잣는 일을 했다. 사람들은 그녀의 일솜씨를 높이 평가했다. 가끔 옷 수선하는 일이 맡겨졌는데 그러면 펠라기아는 정성스럽게 그 일을 해냈다. 하지만 때로는 일을 엉망으로 만들어 놓기도 했는데 그럴 때는 꼭 뭔가 안 좋은 일이 일어나곤 했다. 어느 날, 펠라기아에게 차 한 잔을 주었다. 그런데 그녀는 찻잔을 집더니 독방 밖으로 뛰쳐나가 마을 쪽을 향해 차를 끼얹었다. 그런데 동일한 시간에 화재가 발생했으나 뭔가 알 수 없는 힘에 의해 곧바로 진화되었다고 사람들이 전했다. 1884년 1월, 펠라기아는 찾아오는 모든 사람들에게 마지막 작별인사를 하기 시작했다. 그녀의 시력은 극도로 나빠졌다. 그녀와 함께 살고 있던 수녀가 얼마 안 있으면 떠나야 할 그녀를 보며 비탄에 빠져 있을 때, 펠라기아는 부드러운 목소리로 이렇게 말했다. "울지 마세요. 나를 기억하는 사람을 나도 꼭 기억할 거예요. 그리고 주님께서 은총을 베푸신다면, 온 세상을 위해 주님께 기도드릴 거예요. 저는 이 땅 위에서보다는 저 높은 곳에서 여러분께 더 도움이 될 거예요!"

펠라기아 수녀가 죽기 며칠 전, 이 수녀는 펠라기아 수녀가 성모 안식 성가를 아주 온화하게 부르고 있는 것을 들었다. "땅에서 하늘로 올라가는 동정 성모를 보고서 천사들도 놀랐도다." 이틀 후 이 수녀는 펠라기아에게 말을 거는 쉰 듯한 거친 음성을 들었다. 말을 거는 음성은 아마도 펠라기아와 서로 논쟁하는 것 같았다. 이 수녀는 펠라기아 수녀에게 물었다. "누가 당신에게 그렇게 이상한 목소리로 말을 건 것인가요?" 이 수녀는 아마도 펠라기아가 들어오도록 허락한 도둑이 아니었을까 추측했다. 펠라기아는 "맞아요. 그는 도둑이었어요. 영혼들을 훔쳐가는 도둑이었어요."

어느 날 저녁, 펠라기아는 "마지막으로 하늘의 별들을 보고 싶어요." 하고 말했고, 그 후로 독방을 나오지 못했다. 펠라기아는 독방을 나오려 문턱을 넘을 때마다 그 자리에 쓰러지곤 했으며 그래서 사람들이 와서 그녀를 다시 독방으로 들여놓아야 했다. 1월 23일 밤, 겨울이었지만 폭풍우가 천둥 번개와 함께 몰아쳤다. 아마도 펠라기아 수녀의 마지막 임종을 알리는 것 같았다. 죽기 전날 밤 펠라기아는 성체성혈을 영했고 마지막 성유성사를 받았다. 30일 새벽, 펠라기아는 75세의 인생을 마감하고 온화한 모습으로 숨졌다.9) 그녀에게 옷을 갈아입히고 양손에는 꽃들과 함께 그녀가 처음으로 세라핌 성인을 찾아갔을 때 받은 기도매듭을 쥐어 주었다. 삼일 동안 그녀는 촛불과 꽃에 둘러싸인 채 독방에 안치되었다가 헤루빔이 조각된 실편백 나무로 만든 관에 모셔져 성당으로 옮겨졌고 그곳에서 9일 동안 각처에서 그녀와 작별 인사를 나누기 위해 모여든 수천 명의 사람들에게 보여졌다. 그러고 나서 성 삼위일체 대성당 곁에 묻혔다. "내 고아들을 잘 돌보아다오!"라고 스타레츠는 그녀에게 말했었다. 이 약속을 충실하게 지킨 펠라기아 수녀는 마치 충견처럼 아니 공동체를 지키는 천사처럼, 세상의 눈에는 어리석은 것이었지만 하느님의 선택 받은 자들에게는 참된 지혜였던

---

9) 세부적인 정보들은 펠라기아 수녀와 같은 독방을 사용했던 수녀가 기록한 『디베예보의 복된 펠라기아 세레브레니코바 수녀의 삶』에서 얻은 것들이다.(Tver. 1891)

그리스도를 위한 바보의 활활 타오르는 검을 지닌 세라핌 성인의 또 다른 화신인 세라피마로 사십칠 년을 성인의 방문 앞에서 살았다.

펠라기아가 죽은 뒤에 '파샤'인 프라스코비아가 그녀를 뒤이어 공동체의 보호자가 되었다. 펠라기아는 죽기 6년 전에 프라스코비아에게 그들이 가진 공통된 소명의 신비를 알려 주었다. 파샤는 수도원 정문 옆에 있었던 작은 농가에서 오랫동안 살았다. 그래서 수녀들은 기꺼이 그녀를 '우리의 어머니'라고 불렀다. 그녀 역시 수많은 사람들의 방문을 받았고 또 예언의 은사를 소유하고 있었다.[10]

1913년 사로브와 디베예보를 순례했을 때 나도 그녀의 영접을 받았다. 나는 아직도 꿰뚫어보듯 경이로운 그녀의 푸른 눈빛을 생생하게 기억하고 있다. 파샤는 백 살도 넘게 살다가 1903년 니콜라이 2세 황제가 디베예보를 방문했을 때 황제에게 예언한 바 있는 러시아 혁명이 일어나기 직전에 돌아가셨다.

---

[10] 복된 사로브의 파샤의 생애는 오뎃사에서 1912년에 출판되었다.

9장
성인 세라핌

스타레츠 세라핌이 돌아가신 지 몇 년이 흘렀다. 시간이 갈수록 순례객들은 더욱 거세게 쇄도해 왔다. 사람들은 수많은 기적과 치유의 사건들에 대해 이야기했다. 이러한 기적들과 치유들은 수많은 증인들의 증언을 통해 그 사실성을 확인하여 사로브의 고문서에 기록 보존되어 있다. 샘에 물을 길으러 오는 사람들도 많았다. 소성당이 세워진 성인의 무덤에서 모래흙을 담아가는 사람도 있었다. 사람들은 성 시노드가 하느님의 사람 세라핌 신부의 성성을 인정하여 시성하기를 학수고대하였다.[1]

1892년, 성 시노드는 스타레츠의 생애와 기적들에 대한 공식적인 조사 절차에 들어갔고 이를 담당할 특별 위원회를 구성했다. 십 년 후 일이 잘 진척되지 않자 세라핌 신부를 크게 공경하던 짜르 니콜라이 2세는 조사가 조속히 완결되기를 바란다는 의견을 피력했다. 황실은 스타레츠의 강력한 중보의 능력이 여러 황실 가족에게 발휘되는 것을 경험했다. 한 대공작부인과 니콜라이 1세의 부인인 짜르의 증조모도 성인의 기도로 병이 나았다. 또 '네 번째 짜르에게'라는 제목의 편지 한 통이 1903년에 사로브를 방문하게 될 황제에게 건네졌다. 실제로 니콜라이 2세는 네 번째 짜르가 되었다.

비록 성 시노드의 몇몇 위원들의 반대도 있었지만 짜르의 강력한 주장으로 인해 1903년 1월 마침내 조사 위원회가 사로브를 방문하여 스타레츠의 시신 수습에 착수하게 되었다. 지하 묘지가 개봉되었다. 묘지에는 물이 가득 고여 있었지만 참나무로 된 관은 조금도 손상되지 않

---

[1] 이미 유러시아와 시베리아의 28개 도(道)에서 조사가 이루어졌고 세라핌 성인의 중보로 일어난 백여 건의 기적이 확인되었다.

앉다. 관 뚜껑을 들어 올리자 세라핌 성인이 수도복(mantia monastique)에 감긴 채 발견되었다. 시신은 부패했지만 오랜 시간과 목재의 영향으로 검붉어진 피부로 뒤덮인 유골은 그대로였다. 머리카락과 수염은 금갈색으로 변색되어 있었다. 관은 다시 봉인되었고 고인 물이 빠지도록 관을 약간 경사지게 해 놓은 뒤 여러 달 동안 보존되었다.[2] 7월 3일 오전, 성해 성수식을 위해 관이 수도원 병동의 성당으로 옮겨졌다. 예식이 진행되는 동안 꽃과 꿀 냄새가 사방에 진동해서 그 시간에 성당에 들어서던 모스크바의 블라디미르 총대주교는 이렇게 말할 정도였다. "수도 형제들이여, 여러분들이 사용하는 이 비누는 어떤 것입니까? 향기가 너무 진하군요!" 그래서 수도자들은 평소 성체성혈 축성 예식 때 제단의 돌을 닦는 데 쓰던 비누를 보여주었다. 마침내 그 진한 향기가 어디서 비롯됐는지를 깨달은 총대주교는 너무 감격하여 십자 성호를 긋고 감사드렸다.[3]

　유골들은 송편백 나무로 된 성해함에 넣어 옛 양식에 따라 만들어진 참나무 관 속에 넣어 두었다. 이어서 사로브에서는 전에 없는 격동의 며칠이 지나갔다. 가건물을 짓는가 하면 겸손한 세라핌 신부가 시성된다는 소식을 듣고 각처에서 몰려든 수천 명의 순례객들을 맞이하기 위한 천막들이 세워졌다. 사람들에게 필요한 물건을 팔게 될 가게와 상점들도 들어섰다. 주변의 모든 도로에는 가난한 사람들과 병을 치유받으려는 병자들이 줄을 이었다.

　7월 17일 오전, 사로브의 숲 속 빈터에서는 디베예보 수녀들의 행렬과 사로브 수도자들의 행렬이 진행하다 서로 만나 합쳐졌으며, 이어서 두 행렬은 저마다 이콘과 촛불을 들고 행렬을 뒤따르는 헤아릴 수 없는 순례객들과 함께 성모 안식 대성당으로 들어섰다. 오후 3시, 요란한

---

[2] 세라핌 성인이 사로브로 떠날 때 모친으로부터 받았던 구리 십자가는 여전히 가슴 위에 놓여 있었다.
[3] 이 모든 사실들은 드미트리이 트로이쯔키이 대사제의 『사로브의 세라핌 성인』(Tallin, 1939)이라는 책에서 얻었다. 그는 그 자신이 세라핌 성인의 시성식에 참여했었고 성인의 시신 수습의 증인이기도 했다.

종소리가 황실 가족의 도착을 알렸다.[4] 이튿날인 7월 18일 새벽 5시경, 사로브의 모든 성당에서는 세라핌 성인의 영혼의 안식을 위한 마지막 예식들이 거행되기 시작했고, 오후 6시에는 대성당의 큰 종이 스타레츠가 처음으로 성인으로서 공경되고 찬양될 만과의 시작을 알렸다. 대성당에 들어갈 수 있는 행운을 얻었던 이들이건 아니면 성당 밖에 있어야만 했던 이들이건 간에 모든 사람들은 촛불을 밝혀 들고 서 있었고 수많은 촛불들이 어우러져 만들어내는 거대한 빛은 마치 하늘로 치솟는 환희의 횃불처럼 보였다. 사제들의 장엄한 행렬이 지성소에서 회중석으로 진행하는 동안 트로빠리아가 불리고 집전자들은 황제 내외와 모든 신자들이 따르는 가운데 문이 활짝 열려있는 병동의 성당을 향했다. 성해가 안치된 관은 분향이 끝나자 상여에 옮겨졌다. 가난한 세라핌 성인은 주교들과 사제들과 황제의 어깨에 들려 장엄한 행렬을 이루며 이동했다. 성해가 지나가는 곳마다 여인들은 감동어린 눈물을 흘렸고 또 어떤 이들은 상여가 지나가는 길 위에 아름답게 수놓은 보자기들을 펼쳐 놓기도 하였다. 병자들은 자비와 치유를 바라는 간청의 기도를 드렸다. 모든 예배가 끝났어도 대성당 문은 밤새도록 열려 있었고 군중들은 관에 다가와 입을 맞추었다. 행렬은 밤새 이어졌.

다음 날인 7월 19일은 세라핌 성인의 생일로 아침부터 성해는 네 귀퉁이에 여섯 날개를 가진 세라핌이 조각된 은으로 만든 덮개를 가진 대리석 성해함에 모셔졌다. 또 한 번의 행렬이 사로브의 거리들을 수놓았다. 그것은 마치 성인이 된 스타레츠가 성인을 공경하기 위해 찾아온 모든 이들을 축복하기 위해 그 장소에 다시 돌아온 것만 같았다. 성인은 러시아에서 가장 공경 받는 성인의 하나가 될 것이다. 물론 다른 곳에서도.

이 승리에 찬 시성식 이십 년 후 소비에트 러시아 사람들은 사로브의 수도원을 점령했고 수도원의 모든 것들은 신성모독 당했다. 세라핌 성인의 성해는 상자에 넣어져 모스크바의 반종교 박물관으로 옮겨졌

---

4) *Ibid.*

다.5) 사로브의 수도원은 얼마 동안은 정신장애 아동들이나 죄를 범한 아동들을 위한 수련 학교로 운영되었지만 나중에는 유배되었던 사제들의 수용소로 사용되었다. 하지만 이 시기에도 경찰에 체포될 위험을 무릅쓰고 세라핌 성인의 샘에 물을 길으러 오거나 성인이 거닐던 땅의 흙을 구하러 오는 사람들이 적지 않았다.

디베예보 수도원은 1927년 9월에 완전히 몰수되었다. 수녀들은 쫓겨났고 광대한 러시아의 여러 다른 지역으로 흩어졌다. 하지만 그 후에도 수녀들은 인근 마을이나 지방의 농가에 은신해서 농사일을 거들거나 바느질, 수공예, 그림 그리기, 사진 찍기 등의 일을 하며 생존할 수 있었다.

1930년에서 1937년 사이 사로브의 숲은 거대한 벌목 지역으로 개발되었고 유배된 정치범들은 사티스 강과 사로프스카 강에서 뗏목을 만들어 목재를 운반하는 일을 했다. 이곳에서 수년간 강제노동에 시달렸던 한 기술자의 증언으로는 가시철조망으로 둘러싸인 수용소 밖으로 나갈 수 있는 날에 숲에서 감시를 받으며 산책할 때, 버섯 채취를 가장해서 그들을 세라핌 성인의 샘으로 인도하던 작은 남녀 노인들을 자주 만나곤 했다고 한다. 어떤 사람들은 이 기술자에게 전에는 이 지역에서 참으로 놀라운 일들이 벌어지곤 했다고 은밀하게 말하기도 했다. 몇몇 사람은 세라핌 성인이 나타나신 것을 경험했다. 이렇게 세라핌 성인은 마치 밤을 새워 이콘을 밝혀주는 등잔불 같이 늘 백성들과 함께 있었다.6) 오늘날 사로브 지역은 '금지된 구역'이 된 것 같아 보인다. 하지만 빛은 어둠보다 더 강하지 않은가?

---

5) 드미트리이 트로이쯔키이는 1938년 파리에서 시성을 기념하여 출판된 성인의 시성 35주년 기념 안내책자에서 세라핌 성인의 성해 이전에 대해 말한다. 성해의 대부분은 사로브로의 첫 번째 성인 이장 기념일인 1991년 8월 1일 디베예보로 다시 돌아왔다.
6) 이 이야기들은 1953년 세라핌 성인 시성 50주년을 기념하여 성 삼위일체 수도원에서 간행한 소책자에 전해진다.(Jordanville, USA, pp. 104-105, Edition en langue russe)

맺는 말

"어떤 성인도 자신이 속한 영성의 모든 것을 드러내지 않는다. 그는 단지 그 영성의 수많은 인격화된 빛줄기의 하나일 뿐이다."[1] 성인도 그리스도의 한 지체일 뿐일진대 어떻게 한 성인이 그리스도의 헤아릴 수 없는 풍요를 모두 드러낼 수 있겠는가?

세라핌 성인은 그의 인격 안에서 하느님의 나라가 이미 빛나고 있었고 또 성령께서 놀라운 은총으로 풍요롭게 역사하였던 성인이었기에 그에게는 현재의 세상이 정말 우리가 흔히 말하는 '저' 세상과는 구별되는 의미에서의 '다른' 세상(하느님 나라)이 아니었던 그런 사람으로 우리에게 보인다. 그래서 교회는 성인의 축일에 '기뻐하소서. 복되신 세라핌 성인이여. 당신은 이생에서 이미 하느님 나라의 기쁨을 맛보셨나이다.'라고 찬양하지 않는가! 교회는 또한 방문객들에게 성인이 건넨 부활의 인사는 단순한 인사가 아니었으며 생의 마지막 몇 년간 줄기차게 불렀던 부활 성가들은 그리스도의 승리와 그의 부활의 능력에 대한 자신의 불타는 신앙의 선언이라는 확신을 표했다.[2]

많은 정교회 사상가들과 영성가들이 세라핌 성인의 생애와 가르침을 묵상하고 해석해 왔다. 그들 모두는 러시아의 이 스타레츠의 얼굴에서 빛나는 광채에 모두 큰 감동을 받았다. 파벨 예브도키모브는 그것을 '정교 신앙의 핵심을 드러내는 살아있는 이콘'이라고 주장할 정도였다.[3] 예브도키모브는 이렇게 쓰고 있다. "성령을 받음으로써 세라

---

1) Paul Evdokimov, "Saint Séraphim de Sarov", *Contacts* n° 73-74, p. 166, 1971.
2) "그리스도 안에 숨겨진 생명을 실제적으로 발견한 사람들은 첫 번째 부활과 함께 이미 부활했다."라고 그레고리오스 팔라마스 성인은 쓰고 있다. 성인에 따르면 '영혼의 부활'은 마지막 날에 있을 육체의 부활, 보편적 부활을 미리 맛보게 한다. 그것은 그리스도께서 주신 이미 사람의 마음속에서 활동하는 새 생명을 증거한다.
참고: J. Meyendorff, *Introduction à l'étude de saint Grégoire Palamas*, Editions du Seuil, Paris, p. 245.

핌 성인은 수도원 영성조차도 초월해 버렸다. 어떤 의미에서 그는 세상으로부터 물러난 수도자도, 세상 속에 살고 있는 사람도 아니다. 그는 둘 다이기도 하고 또 둘 다 초월한 사람이기도 하다. 그는 성령의 제자이며 증인이며 충직한 종이다."4)

오늘날의 그리스도인들에게 성인의 경험과 말씀과 행동은 주님의 날이 오기를 간절히 기다리는 우리의 사멸할 육체 안에서 일하시는 성령의 신화(神化)시키는 사역의 현실에 대한 가장 귀중한 증언이다.

성인의 사망 후에도 성인의 영성을 뒤따라 오프티나 은둔 수도처에서 수도생활을 했던 하느님의 사람들이 러시아 백성들 가운데서 어떤 역할을 했는지 우리는 잘 알고 있다.5) 약 1세기 동안(1828-1921) 도스토예브스키이, 블라디미르 솔로비요브, 이반 키리예브스키이 등 러시아의 쟁쟁한 지성들은 이곳에서 지적, 영적 영감을 얻어갔다. 도스토예브스키이가 스타레츠 조시마에 대해 말하면서 또 '러시아의 구원이 우리에게 오는 것은 고독과 침묵을 찾는 이 겸손한 이들의 기도 때문이라고 내가 말한다면 당신들은 놀라지 않겠는가?'라고 쓰면서 그가 『카라마조프가의 형제들』에서 묘사하고자 했던 은둔처의 분위기는 당시 오프티나의 영성이 아니라면 무엇을 말하는 것이겠는가?

대 시련의 시기에 스타레츠의 제자들은 영적 고향에서 멀리 떨어진 곳으로 흩어졌다. 그들은 북해의 숲 속에 그리고 알라스카에 이르기까지 퍼져나가 스승들의 금욕적이고 신비적인 전통을 이어갔다. 아마도 언젠가는 '그들이야말로 예수 그리스도의 신화된 인성이 역사적으로 실제 현존했으며 그것은 또한 모든 이들에게 참여 가능한 것으로 열려 있다는 가르침의 참된 수호자들'이었음을 깨닫게 될 것이다.6)

---

3) Paul Evdokimov, *op. cit.*, p. 167.
4) *Ibid.*, p. 179.
5) "1828년에서 1921년까지 오프티나는 스타레츠들을 대거 배출한 영적 학교로 유명했다."
   참고: Igor Smolitsch, *Moines de la sainte Russie*, Editions Mame, p. 131.
6) J. Meyendorff, *Saint Grégoire Palamas*, Editions du Seuil, Paris, p. 173.

참 고 문 헌

Boulgakov, S.(Archiprêtre), *L'orthodoxie*, Paris, 1958.

Troïtsky, D.(Archiprêtre), *Saint Séraphim de Sarov,* Tallin, 1939.

Behr-Sigel, E., *Prière et sainteté dans l'Eglise russe*, Editions du Cerf, Paris, 1950.

Behr-Sigel, Z., "La prière de Jésus" in *Dieu vivant* VIII, Paris, 1927.

Bobrinskoy, B., "Présence réelle et communion eucharistique", in *Revue des Sciences philosophiques et religieuses*, 1969.

Clément, O., *Transfigurer le temps*, Editions Delachaux et Nestlé, 1959.

Evdokimov, P., "Saint Séraphim comme icône de la Russie orthodoxe", Conférence tenue à l'Institut œcuménique de Bossey en 196?.

_____, *Les âges de la vie spirituelle*, Editions Desclée de Brouwer, 1964.

_____, "Saint Séraphim de Sarov", in *Contacts*, 1971.

Goraïnoff, I., *Séraphim de Sarov*, Editions Bellefontaine.

Gouillard, J., *Petite Philocalie de la prière du cœur*, Editions du Seuil, Paris.

Kologrivov, I., *Essai sur la sainteté en Russie*, Editions Beyaert, Bruges, 1933.

Kovalevski, P., *Saint Serge et la spiritualité russe*, Editions du Seuil, 1958.

Kovalevski, P., *Histoire de la Russie et de l'URSS*, Librairie des Cinq Continents, Paris, 1970.

Lev, G., "Une forme d'ascèse russe : la folie pour le Christ", in *Irénikon*, avril 1936.

Lossky, V., *Essai sur la Théologie mystique de l'Eglise d'Orient*, Editions Aubier-Montaigne, Paris, 1944.

Lot-Borodine, M., "La doctrine de la déification dans l'Eglise grecque", in *Revue de l'Histoire des Religions*, 1932-1933.

_____, *La déification de l'homme*, Editions du Cerf, Paris.

Meyendorff, J., *Saint Grégoire Palamas et la mystique orthodoxe*, Maitres spirituels n. 20, Editions du Seuil, Paris, 1959.

_____, *Introduction à l'étude de Grégoire Palamas*, Patristica Sorbonensia v. 3, Editions du Seuil, Paris, 1959.

Serr, J. et Olivier Clément, *La prière du cœur*, Spiritualité orientale, Editions Bellefontaine.

Smolitsch, I., *Moines de la sainte Russie*, Editions Mame, Paris, 1967

Tyszkievicz, S. et Belpaire, Th., *Ascètes russes*, Editions du Soleil Levant, Namur.

Zander, V., *Séraphim von Sarov*, Patmos-Verlag, Dusseldorf, 1965.

Récits d'un pèlerin russe, Editions du Seuil, Paris, 1968.

Un moine de l'Eglise d'Orient, *La prière de Jésus*, Editions Chevetogne, 1959.

"Entretien de saint Séraphim avec Nicolas Motovilov sur la doctrine du Saint-Esprit", traduit du russe par N. Evdokimov, in *Le Semeur*, mars-avril 1927, Paris.

"Un ermite des années trente du XIX^{éme} siécle", in *Journal de Moscou*, 1903.